Breaking Night

风雨哈佛路

一个最贫穷也最勇敢的哈佛女孩

[美] 莉丝·默里◎著 曹植◎译

纪念版

中信出版集团 · CHINA CITIC PRESS · 北京

图书在版编目（CIP）数据

风雨哈佛路：纪念版 /（美）默里著；曹植译. —2 版. —北京：中信出版社，2015.10（2025.8重印）
书名原文：Breaking Night
ISBN 978-7-5086-5462-1

I. ①风… II. ①默… ②曹… III. ①默里－自传 IV. ①K837.128.5

中国版本图书馆CIP数据核字（2015）第 206234 号

风雨哈佛路（纪念版）

著　　者：[美] 莉丝・默里
译　　者：曹　植
策划推广：中信出版社（China CITIC Press）
出版发行：中信出版集团股份有限公司
（北京市朝阳区东三环北路27号嘉铭中心　　邮编　100020）
（CITIC Publishing Group）
承 印 者：嘉业印刷（天津）有限公司

开　　本：787mm×1092mm　1/16　　印　　张：20.25　　字　　数：248 千字
版　　次：2015 年 10 月第 2 版　　印　　次：2025年 8 月第39次印刷
书　　号：ISBN 978-7-5086-5462-1/K・485
定　　价：39.00 元

谨以此书献给——

艾德文·费明

感谢你这么多年来热心地帮助我们。感谢你对我父亲的细心照顾。感谢你和我一起分享你的梦想。感谢你为我们所做的一切。每当我想起原来那些美好时光时，我都会想起你，谢谢你。

阿瑟·弗里克

我非常珍惜我们一起度过的美好时光：钓鱼、骑摩托车兜风、野营，每一分钟都那么美妙。你是我的指路天使和心灵导师。你是对的，阿瑟，你就应该选择和家人在一起。

罗宾·戴安娜·林

你是一位值得信赖、乐于付出的人。罗宾，你有美丽的灵魂，你是奉献的化身。这个世界因为你而变得精彩。感谢你对我的谆谆教导，感谢你的善良和你为我所做的一切。

感谢你们，是你们无私的爱让我走到今天。

绝不要让你不能做的事妨碍你能做的事。

——教练 约翰·伍登

想唱歌的人总能找到歌唱。

——瑞士名言

目录
contents

前言

我只有一张母亲的小相片，这张相片是黑白的，上面有很多折痕。相片里，她微微地弯着腰坐着，胳膊放在膝盖上支撑着她的后背。我对她这个时期的生活几乎一无所知，唯一的线索就是写在相片后面的字：1971 年拍摄于第六大街麦克家门前。根据她的生日我推算出她当时 17 岁，我也知道第六大街位于格林威治村，但我并不知道麦克是谁。

在这张相片里：她看起来很严肃，抿着嘴，像是在思考着什么；她的头发浓黑、弯曲，像烟一样；她的眼睛，我尤其喜欢，就像两个黑黑的大理石球一样闪亮。这一刻永远地留在了岁月的痕迹里。

我仔细地观察着相片里母亲的每一个特征，照着镜子比对着每一个细节：眼睛、脸型甚至嘴唇。我们在很多地方有相似之处，但我知道，我没有母亲那么漂亮。

在我无家可归四处流浪的那几年里，我经常将自己锁在朋友家的卫生间里，整夜照着镜子，将自己和母亲进行对比。每当夜深人静时，母亲那优美的动作就会不断浮现在我眼前。

我整夜都站在镜子前，直到黎明到来。住在杰米家时，我会在她母亲的闹钟将她吵醒前或在她上卫生间前，溜回客厅的沙发上；在鲍比家时，每当听到清晨垃圾车发出噪音，我就溜回折叠床上。

我经常静悄悄地穿梭在他们的家中，从没好好地休息过一次，因为我不知道自己每天的归宿在何处。

每当我躺下时，在黑漆漆的夜里，我都会用手指在自己脸上比画着，和母亲进行对比。我们有很多相似之处：她在 16 岁时也无家可归，她也经常逃课，她也经常在闲逛时做出自己的一些决定，布朗克斯区对我俩来说都意味着不安和危险。和我一样，母亲大部分时间都生活在恐惧中，而我每天都要为自己睡觉的地方发愁——是睡朋友家？还是睡火车上或楼梯间里？

每当我的手指从额头滑到嘴唇时，我似乎能感觉到母亲正用她温暖的身体拥抱着我。每当此时，我都会泪流满面，接着我又会用手抹干泪水，用从朋友那儿借来的毯子紧紧地裹住身体。

我尽力不去想她；住在朋友家时，我尽力不去想她；在街上流浪时，我也尽力不去想她。为了让自己睡会儿觉，我一遍又一遍地强迫自己不去想她。我实在太困了，需要睡觉，哪怕是短短的几个小时。

1. 学院大道

在一次例行探监中，母亲背着一岁多的姐姐莉莎，撩起她的衬衣，悲喜交加地向父亲展示她那圆滚凸起的肚皮。父亲透过玻璃第一次发现了我的存在。

在一次例行探监中，母亲背着一岁多的姐姐莉莎，撩起她的衬衣，悲喜交加地向父亲展示她那圆滚凸起的肚皮。父亲透过玻璃第一次发现了我的存在。

关于这个时期的生活，母亲总是解释说："小南瓜，原本不应该是这样的，我和你父亲从没打算过这样的生活。"

尽管母亲自13岁就染上毒瘾，离开家人独自过活，但她一直都坚持说："我和你父亲将来会有所转变的，总有一天我们会像其他人一样过上正常的生活。你父亲会有一份正式的工作，我也会成为一名法庭速记员，我们一直都有梦想。"

母亲染上了毒瘾，每当白色的可卡因粉末被溶解、注入她的静脉时，就像闪电般在她体内游动，给她快感，短暂的快感，日复一日。

"舒服……"每次注射完，她都会发出这样的尖叫。

母亲年少时就染上了毒瘾，或许是因为她成长的环境中充满了愤怒、暴力和伤害，她才会找这种方式去逃避。

母亲曾提起过她的母亲："莉丝，你的姥姥就是个傻子、疯子，每次你姥爷醉醺醺地回到家，用绳子、棍子或任何他能找到的东西在我们面前抽打垃圾，把屋子弄得一团糟时，你姥姥就像什么事情都没发生一样，嘴里哼着歌，随着轻快的舞步打扫着房间，5分钟后家里就打成了一团。”

母亲是家里最大的孩子，为了逃避家庭暴力，13岁时便离开家人开始四处流浪，每当提起此事她都感慨万千：“那个家我一刻都待不下去，我想洛里和约翰尼也和我一样待不下去。就吉米还好些，他们对他还算仁慈。我打赌你们肯定会赞同我的想法，我必须离开那个家，就算睡天桥下也会比在那个家更好，更安全。”

当我懂事时，我就一直很想知道母亲当时在天桥底下是如何度过的。

关于那时的生活，母亲是这样跟我描述的：“嗯，小南瓜，具体的我也记不清楚了，我只记得我和朋友们整天闲逛，讨论人生，讨论各自家庭的不幸，讨论我们怎样改变生活，怎么让日子过得好起来。我们不停地讨论着，大家都很兴奋，最后我们就飘飘然了。”

母亲是从少量吸食大麻和嗅胶开始染上毒瘾的。母亲在青春期时，寄宿在朋友那里，通过卖淫或者做点零活来养活自己，满足自己的毒瘾。

母亲对我说：“莉丝，当时的村子特落后，不过我那时有好几双厚厚的长皮靴。我当时才不在乎自己是不是瘦得不像样子，我穿着超短裤、戴着披肩，模仿那时‘酷极了’的偶像。小南瓜，你真应该看看那时我有多酷！”

我父母相遇在20世纪70年代，那时非常流行可卡因、低腰紧身长裤，还有络腮胡和迪斯科。母亲对父亲的第一印象就是：黑、帅、聪明。

“你知道吗？莉丝，当别人不知所措时，你父亲总有很多鬼点子，如果你那时见到他，你肯定也会说他真了不起。”

父亲出生于一个郊区的爱尔兰天主教中产家庭。他父亲是名船长，嗜酒如命，充满暴力。他母亲则是一位勤劳坚忍的家庭主妇。

父亲曾经对我说：“莉丝，关于你的爷爷和奶奶，你只需知道这点就好了，你的爷爷是个野蛮的酒鬼，你的奶奶不能容忍这点，尽管在那个时代离婚是件难以启齿的事情，但她最终还是和你爷爷离婚了。”不幸的是，爷爷奶奶离婚后，爷爷离开了父亲，再也没有回过家。

“莉丝，你爷爷的离开或许是件好事，有他在，情况可能会更糟。”

父亲的熟人曾这样描述父亲的童年生活：“孤独、无聊、心碎，一直生活在被父亲遗弃的阴影中。”

爷爷离开家后，奶奶做起了长时间的全职工作，养家糊口。奶奶不善言谈，沉默寡言，父亲大部分时间都是自己孤独地打发时间，要么待在家中，要么去朋友家玩儿，和奶奶之间的关系越来越疏远。

尽管奶奶平常工作很忙，没时间陪父亲，家里缺乏温暖，但她还是尽最大努力关心父亲的成长。为了不让父亲生活在缺乏父爱的阴影中，奶奶尽力让他接受最好的教育。为了让父亲上最好的天主教学校，奶奶同时做了两份记账的临时工作。在夏米纳德，父亲上的是一所名校，以培养社会精英而闻名。父亲的大部分同学都很富有，他们在16岁时大都会得到一份贵重的礼物——一辆汽车。而父亲每天上学只能坐大巴，奶奶每个月还要为父亲的学费发愁。

讽刺的是，这所上层私立学校并没有让父亲走向成功，反而让他成了瘾君子。

十五六岁时，父亲开始阅读一些美国经典文学作品；在同学的海边度假屋度假，根本不接奶奶的电话；他还在学校足球场的看台下藏了些兴奋剂来消遣。

父亲很聪明，学习能力也很强，但是在药物的作用下，他注意力不能集中，总是马虎地对待作业，还经常在上课时打瞌睡。后来，父亲勉强高中毕业，走了狗屎运，居然进了一所位于纽约市中心的大学。

对他来说，真正的生活才刚开始，大学成了他放荡不羁生活的跳板。除了长大几岁，没有生活在鲍德温郊区，而是生活在世界中心这些不同之处外，他高中时的那些劣习不久便卷土重来，一切照旧。没多久，父亲将他的天资用在贩卖毒品上，慢慢地，他变成了贩毒团伙的小头目。在这些人中，父亲的学历最高，受的教育最好，大家为他取了个“教授”的绰号，他们还时不时找他寻求指导，制定贩毒蓝图。

父亲大学时主修的是心理学，但在大二时便辍学了。那时他已有些社会经验，赚的钱比最低工资高那么一点儿。他面临着两种截然不同的生活选择：平淡无奇的生活和激情奢侈的生活。在毒品高额的利润和奢侈生活的诱惑下，他选择了后者。他索性搬到纽约东村，全心全意地从事毒品交易工作，每天生活在一群古怪的、有犯罪记录的人当中。碰巧的是母亲当时正和这群人混在一起。

几年后，他们在双方共同朋友的家中相遇了。那时，兴奋剂、可卡因就像饮料一样到处销售。每晚，在炽热的熔岩灯下，人们激情地跳着迪斯科，空气中到处弥漫着香烟的味道。父亲向母亲兜售兴奋剂和可卡因之前，已经和母亲见过几次面了。父亲给母亲的印象就像电影明星一样酷。

母亲对我说：“你父亲叫来所有的手下，在那里高声训斥着，你要是亲眼看见当时的情景，你就知道你父亲有多酷了。”

父亲和母亲正式交往时，母亲 22 岁，父亲 34 岁。母亲那时穿着佩花嬉皮短上衣、超短裤。父亲是这样形容母亲的：野性，长发，犀利的眼神，周身散发着迷人的味道。父亲说，他对母亲一见钟情，他喜欢她的单纯、坚毅和激情。父亲说：“她令人捉摸不透，又是那么天真无瑕。”

很快，他们就相爱了。在很多方面，他们像其他情侣一样，充满激情，如胶似漆。但不同的是，他们很少成双成对去看电影或吃饭，毒品才是他们共同的兴趣爱好，这玩意儿让他们越走越近。慢慢地，父亲和母亲疏远了原来的狐朋狗友，他们手牵着手，紧紧相互依偎着在曼哈顿大街上闲逛。他们还经常带着小袋的可卡因和啤酒去中央公园，在那里，他们舒展着躺在山顶上，在柔美的月光下紧紧相拥，不分你我。在他们相遇之前，父母各自对生活保有不同的理想；但他们相遇后，就彻底走向了一条不归路。

1977年初他们开始同居，1978年2月生下了姐姐莉莎，那时我母亲23岁。

莉莎还是婴儿时，父母便干起了一桩利润更大的贩卖止痛药的勾当。为了使止痛药处方合法化，他们装成医生办公室的医护人员。父亲曾说过，这种止痛药足以杀死一匹马，一般是为收容所里的癌症患者准备的，一小粒就值15美元。靠这种假处方骗来的止痛药，父母每个月仅从老主顾那里就能赚数千美元。

为了躲避警察，父亲处心积虑。利用电话簿和地图，父亲仔细地寻找纽约市所有地区的药店，每个星期他都会光顾这些药店。在这勾当里，最危险的是走进药店根据假处方获取药物。如果药剂师要打电话向医生证实处方是否真实，这桩生意的风险就大大增加了。

父亲想出了一个办法来拦截药剂师的核实电话。那时电信公司不会核查医生的证书，所以父亲频繁地更换姓名和电话号码，甚至还从他原来的教授（纽曼博士、科恩博士和格拉瑟博士）那里获取灵感，想出更好的办法。药剂师每次都会打电话亲自核实处方的真实性，但每次核实都会有医生和秘书亲自接电话证实。当然，医生和秘书就是我的父母亲，他们合伙作案，工作起来很卖力，整天都在干活，几乎租遍了纽约市的廉价旅馆。那时，他们太忙，不得不叫朋友来照顾才几个月大的莉莎。

在他的团伙的帮助下，父亲伪造处方，再用这些处方换取巨额利润。父亲说，他的计划很周密，如果不是母亲出错，他的计划绝不会失败。

尽管父亲承认至少一半错误是他自己造成的，但他还是坚持说："要是你妈妈小心些就好了。"

没有办法证明，到底是母亲的毒瘾让她忽略了明显的错误，还是她不耐烦的典型性格造成了毁灭性的后果。父亲曾经认真地提醒过母亲，药剂师好像已经有所察觉了，叫她一定要提防："你看，如果你提前一整天将处方交给药剂师，当你到达药店时，药剂师却通知你再等20分钟，这种情况只有一个可能，那就是药剂师已经报警，警察正在路上了，如果是这样，你必须跑得越快越好。”

母亲的性格很坚毅，追求她想要的东西总是坚持不懈。在她被捕后，她肯定会这样解释：“莉丝，当时药剂师很有可能就给我药了，我想赌一把。”

众目睽睽之下，她戴着手铐钻进了一辆警车，旁边的警察一脸的得意。那时，大家都不知道母亲已经怀上了我。

在后来一年多的时间里，联邦调查局的人搜集了各种证据，有文件资料，还有我父母进入各大药店的录像。如果这些证据还不够，下面的这些证据就更有说服力了：联邦调查局的人抓住父亲时，在他的住所里发现了大量的可卡因和止痛药，还有许多奢侈品——一衣柜的貂皮大衣，数双高档皮鞋，数件皮衣，数件黄金首饰，数千美元的现金及一条缅甸巨蟒皮……

父亲被认定为多起欺诈案件的主犯。为了引人注目，控告方推出了满满三大购物车的假处方，这些假处方都是经我父亲之手开出的。

审判官问道：“芬纳蒂先生，你还有什么可说的吗？”

父亲回答说：“尊敬的法官大人，我无话可说，你看着办吧。”

因为这事，父母几乎失去了对莉莎的监护权。但是在母亲被逮捕后到最终审判之前，她被严格要求参加父母改造计划。法院开庭的那天，母亲又挺着个大肚子，这使她获得了宽大处理，最终被释放了。

父亲就没这么幸运了，他被判了3年有期徒刑。他从看守所被转移到新泽西帕特森的帕塞克监狱。他服刑的第一天，正是罗纳德·里根当选总统的日子。

在母亲被宣判的那天，她带着两盒香烟，她以为在法庭上会花很长时间。但出乎意料的是，法官怜悯地看了母亲一眼，就决定判母亲缓刑了。当时的保证金是1 000美元，这些钱是父母剩下的最后一笔钱。这1 000美元以支票的形式返还给了母亲。

母亲拿到支票后，立即燃起了开始新生活的希望。她用这1 000美元购买了一些涂料、厚厚的窗帘和地毯，翻修我们在学院大道的布朗克斯公寓。当时这个区域正慢慢地成为纽约市犯罪率最高的地方。

我出生在秋天，那时暑热还没消退。邻居家的孩子们不停地打开消防栓放水来防暑降温，母亲则开着嗡嗡响的风扇。

1980年9月23日下午，还在看守所等候法院判决的父亲接到了姥姥的电话，得知我已出生，虽然被感染了少量毒瘾，但庆幸的是没有先天缺陷。即使在孕期，母亲也不是很注意自己的身体，但我和莉莎都很幸运。我出生时体重9磅3盎司，身体健康，当时还撒了护士一身的尿。

“皮特，她长得很像你，和你的脸一模一样。”

那晚，父亲在监狱里为我取了个名字——伊丽莎白。父母没有正式登记结婚，我出生时他又不在场，没法核实他的父亲身份，所以我跟母亲姓“默里”。

回到家里，我被安置在为我新装饰的婴儿房里。每次母亲回家看我和莉莎时，她从来不敢正视和接受自己那身社会工作者的装扮。

我和莉莎穿着崭新的衣服，冰箱里装满了食物，我们的公寓干干净净。母亲笑容满面，因为她得到了工作奖励，还获得了照顾我和莉莎的稳定的福利。我们家的一切都重新开始了。

在后来的几年里，母亲都是偷偷地探望父亲，冷静地扮演着单身母亲的角色，以便获取资助。偶尔，经过我们家附近的教堂侧门，一位修女会向母亲派发一些免费的美国奶酪、无盐花生黄油和一些长条面包。母亲手里拿着这些东西，莉莎用小推车推着我，我们都静静等候着，等修女在我们身上画完十字后才能离开。

这些东西，加上葡萄干和燕麦片，就是我们的早餐和零食。在Met Food超市，一包8根的热狗才卖99美分。我们的晚餐就是这些廉价的食物，还有一些通心粉和奶酪。

在衣服方面，尽管我们没有见过奶奶，但她一直在帮助我们。假期时，她会从一个叫长岛的地方邮寄一些包裹给我们。我记得父亲曾经说过，长岛是个美丽的地方，街边都是整齐漂亮的房屋。这些邮寄东西的包裹盒子尽管很旧，但它里面却装着珍宝。在一层一层的报纸下面，我们发现了很多让我们兴奋的东西：漂亮的衣服、小小的厨房用品、好吃的饼干等。在盒子的开口处，还工整地写着一些非常礼貌的话——母亲从来就没耐心地看过。盒子里有时还会放一张 5 美元的钞票。

母亲每次都将字条丢掉，把钱用橡皮筋捆好，放在化妆台上的一个红盒子里。每当钱够厚时，她都会带我们去麦当劳解解馋。她自己则买些云斯顿香烟、黑瓶装的啤酒及一些奶酪。

我 3 岁时，父亲出狱了。在父母房间里的大号席梦思床上，父亲在我旁边展示着他的出狱证明。我当时两眼发直，很奇怪我们公寓里怎么会有男人的声音，母亲怎么会温顺地在这个男人身边走来走去。父亲的动作很迅速，也很性急，这让我很难注意到他的脸庞。

他头戴报童帽，清晰且严厉地大声对我说道："我是你的父——亲。"好像我听不懂他的话似的。

我惊慌失措，躲在母亲身后，小声地哭着。那晚，我独自睡在自己的房间里，而不是像往常一样睡在母亲的身旁。那是自我出生以来，父母的第一次团聚。一些细微的声音时高时低地穿过隔墙，从他们房间里传了出来。

在随后的几个月里，母亲变得越来越懒散，很少做家务活。脏盘子散落在厨房的水池里，很多天都没人清洗，我也变得越来越脏，没人打理。我们一起去公园的次数也越来越少了。我当时很不明白，为什么他们不再重视我，置我于不顾。我决定寻找办法，重新回到他们中间。

我渐渐发现父亲和母亲有一些奇怪的共同爱好，而且这一切都瞒着我。每天，按照惯例，在厨房的桌子上，他们都会摆放一些勺子和其他东西：一小杯水、鞋带、皮带……然后他们就会悄悄说一会儿话，他们不许我去厨房打扰他们，但是从远处观望是可以的。为了探个究竟，我经常扒着门缝往里看，他们在桌子旁做些奇怪的事情，到快结束时，他们中总有一人会关上厨房的门，将我完全隔开。

直到一个夏日的傍晚，这个谜才揭开。那天，我坐在我的小推车上，小推车停放在厨房门口，我在那里静静地待着。厨房很久没人打扫，我看见蟑螂在门缝里慢悠悠地爬来爬去。母亲打开厨房的门出来时，我看见她紧绷着脸，嘴唇紧闭。

这时我说了一句让我回忆多年的话，我举起双手一字一句地说道："完事啦？"

母亲突然警惕起来，一愣，弯着身子，带着一种不可思议的口气对我说："小南瓜，你刚才说什么来着？"

我重复道："完事啦？"我当时很高兴，因为感觉母亲突然又对我感兴趣了。

她突然向父亲喊道："皮特，你看，她知道啦，她全知道啦！"

父亲轻轻地笑了笑，然后接着做他自己的事情去了。母亲则在我身边，抚摸着我的头发，对我说："小南瓜，你知道什么啦？"

从此，每次他们进入厨房后，我都坐在厨房门口，静静地等待着。我当时很高兴，因为能在他们的游戏中扮演观众。

后来，他们索性敞开大门，让我随便观看了。

我 5 岁时，我们家的全部经济来源就是政府救济金。每个月的第一天，救济金会按时发放。这一天，也是我们全家最高兴的一天。这天早晨，我们都会举行一些圣诞节仪式来庆祝一下。对救济金的期盼，从某种程度上说，也给我们全家人带来了一丝欢乐，至少这些救济金能保证我父母每个月有 24 小时的欢乐时间。

政府每个月会向那些因为种种原因不能工作而没有收入来源的人发放几

百美元的救济金，但我经常看见一些四肢健全的邻居一窝蜂地跑到邮筒前，焦急地等待着属于他们的救济金。由于我母亲有先天眼疾，几近失明，所以她能得到政府发放的SSI救济金（社会安全生活补助金）。

我知道母亲有资格获取这种救济金，因为我陪她去面试过，她被认定为合格的救济金领取者。我还记得，母亲在接受面试时，有位工作人员对她说："你快瞎了，千万别开车，如果你在路上开车的话，你会成为马路杀手。"

那位工作人员握着母亲的手，对她表示祝贺："祝贺你有资格获取救济金，而且你还有能力过马路。请在这边签上你的名字，每个月的一号，是你领取救济金的日子，请注意查收。"

从此，每个月的一号，我们都会按时领取救济金，这也是我们家每个月唯一的希望。邮递员的到来总会引起多米诺效应，大家都望眼欲穿。我的工作，就是在卧室窗边探着头，等候邮递员的到来，以便第一时间通知父母。

"莉丝，你要是看到了邮递员，赶紧告诉我。"

如果母亲提前几分钟知道邮递员的到来，她会在第一时间从抽屉里拿出福利卡，跑到邮筒前守候着，然后第一时间将救济金支票从邮筒里取出，去支票兑换点换取现金。我在这件事中扮演着非常重要的角色。

每个月一号的早晨，我都会用手扒着窗户，伸长了脖子，注意观察邮递员到来的每一个信号。每当看见身穿蓝色制服的人在街上出现，我都会迫不及待地向父母汇报。我会注意他们的反应。这项任务让我感觉到了我在家里的重要性。

"该死，真该死，这家伙速度真慢！"

父亲一遍又一遍地重复着，兜着圈子走来走去，极力平复焦躁情绪。

"好啦，珍妮，再不要买可卡因了，我们还要交电费，还要为孩子买半磅大红肠，我还要钱文身。"

有时我也可以稍等候片刻再宣布，以示我的重要性。但每次当我看到邮递员时，我都忍不住大声地喊了出来：“快看，他来啦，我看见他啦，快看！”然后我们全家人一窝蜂冲出去。

在支票兑现点的玻璃窗后面，有着大家各自期待的东西。孩子们都迫不及待地挤到自动售货机前挑选着各自喜欢的礼物：小玩具、卡通书、粉红或红色的装饰品等，每个25美分。在支票兑现点附近，还有为那些想碰碰运气或嗜赌如命的男男女女准备的彩票销售点。但是对于大部分人来说，只有等支票兑现才能实现这些小小的愿望。

女人们带着孩子排着长长的队，皱着眉头紧紧地掌控着每个月为数不多的救济金。男人们（如果来了的话）都站在一边，靠在冰冷的金属墙板上，他们要么和女人一起来等着救济金兑现，要么比女人早些来,巴望着从她们手里分些救济金。女人们则尽量留住大头。我和莉莎都已经习惯了他们面红耳赤地争吵。

莉莎在25美分的自动售货机前徘徊，一直盯着她喜爱的贴纸。而我和父母在一起——他们和其他人不一样，他们有着共同的“追求”，我则尽力地讨好他们。和母亲一起排队的时间最为欢乐，排队时母亲时不时地靠着我，这让我感到无比幸福。

“我们前面还有8个人，现在只有7个了，别着急，妈妈，工作人员的速度很快。”

我时刻为母亲报告排队进展，母亲的微笑让我开心极了。在这一刻，我知道，母亲不会离开我们，她不会离开我们去干那些非法的勾当——这一刻她只会和我们在一起。

曾经，我们一家四口来到洛斯天堂剧院看打折电影《爱丽丝梦游仙境》。路上父亲向我们解释说：这个地方原本非常富裕，聚集了很多富人。但是我所看到的，却是另一番景象：空荡无人，到处堆满了垃圾，蟑螂四处乱跑。

母亲时不时地出去吸“烟”，我知道她不是不想和我们待在一起，而是无法控制自己。电影放映完，母亲独自离开了我们。

我们回到家，发现房间的录音机里传出来悲伤嘶哑的歌声，母亲吸着烟，站在镜子前，仔细研究着自己纤细赤裸的身体。

“你们去哪儿啦？怎么没跟我一起回来？”母亲问道，我就纳闷了，是她自己先离开的。估计她那时已经神志不清了，都不知道自己做了些什么。

我知道，只有在排队等候兑现支票时母亲才不会离开我。不管她多么烦躁不安，没有钱她是不会离开我的。所以我抓住这个机会，牵着她的手，问她童年的一些事情。

“莉丝，我忘记了，我只记得我是个坏孩子，我偷别人的东西，还经常逃课。我们前面还有几个人排队呢，小南瓜？”

每次我问她问题时，她总是把话题转到排队上，督促我盯着。让她回答我的问题需要一些技巧，我不仅需要问她问题，还要让她知道，我一直在关注我前面排队的人数。我一直不断地安慰她：“就快到我们了。”其实，我内心希望和母亲一直在那儿排队，时间越长越好。有时我还问我小时候的情形。

“我真的忘记了，莉丝，你是个好孩子，你不哭也不闹，你最多发出‘嗯、嗯’这样的声音，这样很好。莉莎就不一样了，她喜欢哭闹，还撕坏我的杂志。我还一直担心你智力有问题，可是医生说没事。你一直是个好孩子。对了，小南瓜，前面还有几个人？”母亲再次转移话题。

尽管母亲一遍又一遍地重复着相同的回答，但我还是不厌其烦地问。

“我开始说的第一句话是什么？”

“‘妈妈’，你当时把你的奶瓶递给我，说‘妈妈’，就像你在告诉我把奶灌满一样。你这个小白痴！”

“我那时多大了呢？”

“10个月。”

“我们在这个房子里住了多久了？”

“几年了。”

“多少年？”

“莉丝，很多年了，快轮到我啦！”母亲再次打断我的问题。

我们家有两个房间，客厅是给我和莉莎的，客厅旁边的厨房是父母的。与其他大部分时间不一样，每个月的第一天我们的食物都会很丰盛。我和莉莎在黑白电视机前享受着我们的大餐，父母则在厨房享受着他们共同的欢乐。

最后，我们4人将会享受那天中最美好时光——我们坐在一起，看着那台破旧的黑白电视。

外面，孩子们围着冰激凌车，聚在一起兴高采烈地做着游戏。

姐姐莉莎充满了神秘感，她总做些恶作剧，还经常吓唬我。她很有天分，我印象最深的是她会扎各式各样的辫子，会把手指弄得嘎嘣响，还会吹口哨，吹一整首《家有仙妻》的主题曲。她在我心中威信很高，好像什么都懂，我对她总是深信不疑。也正是这种盲目的信任，导致她总是愚弄我，经常拿我开涮。

“莉丝，上次妈妈去兰花沙滩带回来一些贝壳，你可以从这些贝壳里听到海的声音，现在我们离海很近了，我在你头上面再加个沙发垫子，你把耳朵贴在沙发垫上，用力贴，一会儿你就会听到海的声音。”

“真的吗？”

“当然，别让我说第二遍，你知道的，我只说一遍。如果你想听海的声音，你就这样做；如果不想听，你就别做。”

“我做了，但是我没听到。”

“用力些，使劲贴，然后听。”

她接着就坐到了我的头上，还放了一个很响的臭屁。这段恶作剧为我增长了教训，在万圣节的一次游戏中，我就把一块口香糖藏在手中并揉到了莉莎的头发里。

作为妹妹，有时候我还是捞得着些便宜的。比如有时我会阅读姐姐从别处借来的书，有时我还会学着姐姐应对家里出现的各种问题。当看到莉莎做错事情时，我至少知道哪些事情是不能做的。这样我也知道怎么更讨父母的欢心。

星期六是曼哈顿人集中丢弃废旧家具的日子。这时，父亲就会说：“这些家具都好好的，丢掉真可惜了。”曼哈顿人常丢弃一些几乎全新的家具，从垃圾堆里，你总能找到一些你自己喜欢的东西。父亲有几个熟悉的淘宝点，他常带我去淘，我自己淘到了一些小玩意儿，摆在我的卧室：3 个金属兵、玩具手铐、弹珠，还有玩具枪和皮带，我看起来就像一名警察。

借着这些玩具，我总是幻想着有关父亲的故事：一位被人低估了的英雄人物，经常利用他的智慧，将人糊弄得团团转。

有时，我会和父亲一起去市区淘宝。我站在父亲旁边，父亲背对着行人，认真地寻找着。他一头黑发，表情严肃，衣衫褴褛，还时不时强装着当年“教授”的表情，惹得人们用怪怪的眼神盯着我们。我那时尴尬极了。

父亲似乎看出来了，他脱掉了报童帽，目不转睛地盯着我说：“莉丝，你感到很难为情是吗？我才不管他们在想什么。你认为对你好的东西，你尽管向前冲去努力争取，不用管他们在背后胡说些什么。”

听完父亲这席话，我感到自豪了许多，就像他在和我分享一个秘诀一样——如何忘记别人对你的评论。我尝试着照父亲说的去做，但还是很难做到。我只有一遍又一遍地用父亲的话安慰自己。

有时父亲会发现一些“好东西”，他经常向我们讲过去的一件事：一个小伙喊他“垃圾工”时，他发现了一个崭新的键盘，顿时那小伙就哑口无言了。父亲经常自豪地重复着他当时的回答：“看，伙计，肥差！”

每次他为我们淘到一些二手玩具，或者淘到送给母亲的旧大衣时，他总会说：“你看，他们的损失，我们的收获。”

父亲有时也会修理一些东西，如背包和眼镜盒之类的，每次他都是面对着我们坐在沙发上翻着他的工具包，我们则在一边充满期待地等着。这时候我们不能打扰他，他也不喜欢被打扰，因为一旦少了一个步骤，他就会紧张不安，从头再来。

但我和莉莎总是没有耐心。

“你在做什么？快告诉我们！”莉莎问道。

“是的，快告诉我们。”我跟着问。

“稍等会儿，宝贝们。”

他被一个拉链给难住了，但他总是有自己的办法，他锤了锤，继续做。

“当当当当，亲爱的，好啦！”

这时，母亲刚睡醒，看了看我们，耸了耸肩。

一次，父亲为莉莎做了一个塑料玩具吹风机。吹风机很脏，贴纸代表按钮，用不同的颜色标记着。莉莎拿着吹风机，不停地转着眼睛，轻声说道：“谢谢爸爸。”

“我猜你就会喜欢。”父亲说，然后翻动着他的工具包。

“我们现在可以吃饭了吗？”莉莎又问。

“稍等会儿。”母亲竖着手指头回答。

接着父亲为我做了一个玩具卡车。卡车看起来又旧又脏。

我知道该怎么回应父亲的馈赠。我对父母亲说的每句话和做的每件事都是经过深思熟虑的，这样我就能得到他们的注意。这件事也是如此。爸爸给了我一个“男孩子的玩具”，我自然知道怎么不女孩子气地回答他。他不喜欢女孩子，从他之前说的话里就能听出来。

每当母亲看的脱口秀节目谈论到有关女性的话题，如“抑郁”和“勇敢地抵抗自己的男人”时，父亲总会在客厅里模仿一个悲伤女人的声音：“哦，这个世界对女人太不公平了，对女人来说太肮脏了。让我们举行一个永不散场的怜悯舞会吧。”

莉莎喜欢待在角落里照镜子，并尝试不同的微笑和面部表情，她可以花一个小时的时间做这件事。每当莉莎照镜子时，父亲也会重复着同样的动作，他转动着眼睛，抬起下巴，双手抱着后脑勺，用同样的语调说着：“你能看着我的脸吗？噢，好的，我现在就看。”

父亲每次说完都会哈哈大笑，莉莎则慌张和愤怒地将她的镜子藏起来。

“真吓人。”我记得莉莎曾经愤怒地说过。

后来我决定和父亲一样，做每件事都带点“男子气概”，这样他就会忘记我是个女孩。

我尽量不让自己的声音表现出柔弱的一面，裙子对我来说简直是个笑话，女孩样式的帽子我可没兴趣。我知道，我这样做会吸引父亲的注意，会让他开心，会让他更加关注我。

想到这些，我拿起父亲为我做的玩具，模仿男孩子做出夸张的表情说：“哇，谢谢爸爸，太好了，我很喜欢。”我故意将玩具倒在咖啡桌上玩来玩去，发出很大的声音，生怕他听不到。

父亲笑了笑，手又伸进他的包里。

他转身对着母亲说：“最后的人将得到最好的礼物。”母亲一脸好奇地看着他。

父亲打开一层层的报纸时，我猜，给母亲的礼物一定会很特别。

“好啦。”父亲舔着自己的嘴唇，就像服务员端着一盘好菜一样，拿出一个厚厚的玻璃珠宝盒。

母亲接过盒子，轻轻放在手上，脸上露出了会心的微笑。刚开始我还以为她不怎么感兴趣，但后来我发现她特别喜欢这个“珠宝盒”，尽管里面没有任何珠宝。母亲目不转睛地看着盒子。

珠宝盒是用圆形玻璃雕刻而成的，上面有个厚厚的银盖子，盖子上有精美的设计图案。盖子的角落还有朵精美的银玫瑰，当转动这朵玫瑰时，它就会转着圈发出优美的声音，尽管像在跳悲伤的芭蕾舞，但它还是很美。突然，我也喜欢上了这个盒子。

莉莎大声说道：“爸爸，这个盒子能给我吗？”她的想法和我一样。父亲没理她。

母亲问道：“这么漂亮的盒子，他们怎么就舍得扔掉呢？”

“不知道，他们损失可大了。”父亲一边回答一边解开他的运动鞋鞋带。父亲习惯每次将鞋带打 2 个甚至 3 个结。

“现在可以吃饭了吗？”莉莎问道。

莉莎的话正合我意，我的肚子早就咕咕叫了，我只是没说出口而已。我们一整天才吃了一顿蛋黄酱三明治早餐。大部分时候，我们每天只能吃到鸡蛋和蛋黄酱三明治，尽管我和莉莎早就腻烦这些东西，但它们能让我们填饱肚子，否则我们只能喝水。救济金支票兑现过了 5 天，我们的钱就已经用完了，冰箱里空荡荡的。我一直盼望着吃一顿像样的晚餐。

“稍等会儿，稍等会儿，等我弄完手上的事就可以吃饭了。”父亲回答说。

莉莎看电视时，父母在他们的房间忙着自己的事情。我在门口静静地看着。

母亲挑了张朱蒂·科林斯的唱片播放。自从父亲出狱后，母亲就不听朱蒂·科林斯的歌了，我想肯定是有好事，她才放这歌的。和往常一样，他们为了共同的目的分工协作。父亲坐在床边，小心翼翼地将一些粉末撒在《纽约客》杂志上，母亲将这些东西集中在一张葱皮纸上，舔了舔纸边，又捏了捏。母亲点燃打火机，点了几次才把那团纸点燃，她盯着这支“香烟”，把它递给了父亲。我以前从来没见过父亲吸烟。

我不由自主地问道：“你们在做什么？化妆台上已经有香烟了，你们为什么还要做新的呢？怎么闻起来不像香烟的味道？”

从他们紧张的笑声中，我知道自己一直被他们蒙在鼓里。

“莉丝，够了。”父亲和母亲咯咯地笑着，就像是我说了幼稚的话一样。当时我的脸红红的。

父亲说道：“现在够了吗？”

一股奇怪的味道弥漫在空气中，我赶紧用衣领挡住鼻子免得吸进去。他们一直生活在他们自己的世界里，这个世界不是我努力就能进入的。我静静地站着，眼睁睁地望着母亲，希望能从她那里得到希望，希望进入他们的世界，了解他们的秘密，可是母亲竟然没看我一眼。

“我们晚上还吃东西吗？”当莉莎喜欢的节目在我们那台小电视上闪烁个不停时，她气愤地问道。

母亲平静地回答说：“当然了，亲爱的。”她踉踉跄跄地走进厨房，就像在太空行走的宇航员一样。她这种可怕的动作只有我一个人发觉了。

不久，我和莉莎就坐在客厅的桌子旁，准备吃摊鸡蛋，喝冰水。

母亲将盘子端到我们面前时，争吵就开始了。

莉莎抱怨地说：“为什么老吃鸡蛋，我不要鸡蛋，我要鸡肉！”

母亲回到父亲身边重吸一口后，平静地回答说：“没有鸡肉，只有鸡蛋。”

“我要一些真正的食物，我再也不想看见鸡蛋了，我们每天都在吃鸡蛋，我恨透鸡蛋了，我要吃鸡肉。”

父亲收起笑声说道：“你把它当作鸡肉就好了，反正是鸡身上冒出来的。”

“去死吧。”莉莎愤怒地说。

“鸡蛋也挺好吃的。”我轻轻说道，心里希望事态能好转起来。

莉莎小声地说："你撒谎，你和我一样讨厌鸡蛋。"

莉莎讨厌我说假话，当然她希望我站在她那边，一起争取更好的食物。

此时我不敢再说话，只好将番茄酱倒在鸡蛋上，让鸡蛋的味道好些。莉莎说得对，我也非常讨厌鸡蛋。此时电视上正放着唐纳德·特朗普和一位官员握手的画面。我大口大口地吃着，希望这样能好受些。我在盘子周围玩着我的玩具卡车，小块的鸡蛋撒在了桌子和莉莎身上。

我们以前也争吵过几次，莉莎每次都失败。我想得很简单，如果只有鸡蛋，我们还是必须吃的，不然就得挨饿。我知道如果莉莎不再吵闹，我们都会和睦相处，但是我也非常感谢莉莎，她在为我们争取更好的食物，哪怕机会渺茫。我在家一直是个听话的女儿，我不照镜子，我没有女孩子气，我喜欢卡车，我还吃鸡蛋。

莉莎一直吵闹着，直到眼泪从眼角流下来。当她知道毫无效果时，她对我大声吼道："我讨厌你。"此时，房间里充满浓烟味，伴随着吉他声和男人唱歌的声音，父母对莉莎的话没做出任何回应。

莉莎这种不屈服和对生活高标准要求的性格的形成，要从我出生前说起。

母亲怀我时，有神经衰弱的毛病。那时父亲在监狱里，她一边要照顾莉莎，一边还要处理自己精神上的问题。她自己一个人应付不过来，就把莉莎送到了一个寄养家庭生活了近8个月。

收养莉莎的夫妇很富有，但没有自己的孩子，所以他们把莉莎当作自己亲生的孩子一样照顾。当母亲病好后来接莉莎时，莉莎把自己锁在衣柜里拒绝离开。母亲不得不撬开门锁，强行将莉莎带回学院大道，当时那对夫妇都眼噙泪水，我想，莉莎一直都没有脱离这个悲伤的阴影。

莉莎把双手合在胸前，看着电视大声说道："我不是穷人，我的父亲是唐纳德·特朗普。"

这时，父亲说话了："既然这样，你快去你父亲唐纳德那里拿些鸡肉回来吃吧，你干吗不去呢？"

母亲收住了笑声，用手拍了拍父亲的膝盖。

突然，莉莎将她的盘子扣在我的盘子上，把我盘子里的鸡蛋压成了一块饼。她跺着脚起身，将门狠狠地关上。此时父母亲已经做完他们自己的事情，两个软绵绵的身体像煮熟的面条一样躺在沙发垫上。

“我讨厌所有的鸡蛋。”我小声地说，但是此时没人在听我说话。

母亲的母亲，也就是我的姥姥，住在位于里佛岱尔·冯科特兰公园对面的一栋20世纪60年代的老房子里。她每天抽烟，做祷告，给我们打电话。

她是跟我们家唯一有来往的亲人。

奶奶有时也会从长岛邮寄些东西给我们，但自从父亲吸毒后，他就成了他们家的害群之马。她从没来看过我们，也从没有来过我们住的地方。

尽管母亲13岁时便离家出走，但后来母亲和姥姥还是和好如初。我和莉莎刚出生时，姥姥每个周六都会带着老年半价卡，坐着9路汽车来学院大道看我们。

每次姥姥来之前，母亲都会快速地清理房间，将垃圾往床下和沙发底下藏，把盘子放在厨房水池里用热水清洗。在姥姥到达几分钟前，她还会在我们头上喷些空气清新剂。

在炎热的中午，姥姥预计会12点整到，但母亲和往常一样，直到最后一刻才开始打理我们。当姥姥到时，母亲为我喷的清新剂还像毛毛雨一样在我头上缭绕着。姥姥似乎穿得有些多了，满头大汗，走了几步楼梯后便大口喘着气。她的头发是银灰色的，皮肤布满了皱纹。姥姥到家时，莉莎一般在看电视，对她来说，姥姥应该主动弯着腰和她拥抱。而我见到姥姥后，便主动伸开双臂抱着她的腰，问她旅途是否愉快。她的回答往往很简单，脸上还带着一丝满意的微笑。

“亲爱的，一切都很美好，仁慈的主又给了一天的时间，让我来看望美丽的孩子们。”

姥姥是一位虔诚的天主教徒，在她黄褐色的皮包里，一直带着一本詹姆士版的《圣经》、发卡、立顿茶叶和两包波迈牌香烟。无论去哪里，她都会挎着包，上厕所也不例外。

通常，除了我之外，没人愿意和姥姥交谈。母亲说，姥姥在家太寂寞了，她和别人谈话时，一直到要把别人的耳朵说聋了才停下。母亲还说，我最终会和其他人一样，失去和她交谈的耐心。

“莉丝，总有一天你会明白的，你姥姥只会越帮越忙，她根本起不了什么作用。”

那时我还无法理解母亲的话。我只觉得姥姥和其他人不一样。她对我很有耐心，她会认真回答我问的每一个问题，不管我问多少遍，她都耐心地解答。比如，我问她彩虹是如何形成的，我和莉莎谁更像小时候的母亲等问题时，她总是从她那本《圣经》中寻找答案，并让我知道，这个世界上所有的未解之谜，都是上帝创造的。在门的一边，母亲看着我们，说我俩真是天生一对。

姥姥常在厨房里为我们泡茶、讲述经文。姥姥在茶里放了两块糖和牛奶，仔细地搅拌。我喜欢这甜甜的茶香。我坐在那儿，双膝顶着下巴，用睡袍盖着我的双腿，喝着茶听姥姥讲述经文。

“莉丝，不要咒骂，上帝不喜欢嘴巴脏、说大话的人。我偶尔为你可怜的母亲打扫一下房间，上帝会看着、会听着的，他不会忘记的。他知道人们所犯下的错，相信我，亲爱的，有太多的罪人，从未踏进充满上帝之爱的天堂的大门。上帝是我们的主人，他是万能的。”

与姥姥谈论的唯一与宗教无关的事情，便是我的理想。

“我要当喜剧演员，在舞台上为大家讲笑话。”我想姥姥会对我的想法感兴趣，相反，她满怀焦虑地看着我，放低眼镜，手指向天空。

“亲爱的上帝，不，千万别那样做。别那样做，莉丝。没有人会因为你的笑话而笑的。甜心，要做一个家庭佣人。我在 16 岁时就开始做佣人。你会喜欢这样做的。如果你找到一个好主顾，认真地照看他们的孩子，你不仅可以免费吃住，还能过着美好而诚实的生活，这样上帝会为你感到骄傲的。这不好吗？莉丝，你一定要做个佣人，你要好好地为未来做必要的准备，等你有了丈夫后你就会知道了。”

在那个年龄，我还很难听懂姥姥所说的话。我当时想象着这样的情景：在一个方方的、大大的白房子里，一对夫妇坐在一张方桌前，那儿有个胖乎乎的号啕大哭的小孩正等着我伺候。

姥姥微笑着看着我，我也向她笑了笑。姥姥对我未来的想法让我十分沮丧，我表面上装作同意她的观点，但心里决定要遵守自己的承诺。我找了个理由，说要去客厅里拿些东西，就跑到了莉莎旁边，和她一起坐在沙发上。

姥姥并不需要与我或任何人进行一次良好的沟通。如果她一个人在厨房里待的时间太长的话，她就会闭着眼睛跪在地上，和上帝进行交流。此时，莉莎就会调低电视音量，偷听姥姥与上帝充满激情的对白：“万福玛利亚，满被圣宠者，主与尔偕焉。”她一遍又一遍地念着，不停地捻着手里的念珠，当她念的经文变得富有节奏时，我们就知道她应该和上帝对上话了。

姥姥的祷告声变得越来越大时，莉莎就会“啪”的一声关掉电视机。她祷告的声音让我感到发颤，这声音就像她用电台的市民频道呼叫主为她指点迷津一样。姥姥可以这样闭着眼睛，一动不动地待上好几个小时。当姥姥在厨房和上帝进行交流时，厨房就变成了我们的禁区。

莉莎当时在一边笑嘻嘻的。

“嘘，莉莎，小声点，我要听。”

从姥姥的表情和反应来看，我相信她可能真的到了天堂，和主在进行交流。

“你这个笨蛋，姥姥是疯了，妈妈说她不是和上帝说话，她就是个疯子。”莉莎责备我说。

当母亲为姥姥的到来而忙碌地做准备时，她曾多次告诉我，姥姥是如何毁掉她的童年生活的。当母亲还小的时候，姥姥就逼她放学后几分钟内必须回到家。每次姥姥还会将母亲的手表和家中客厅里的钟表时间调成一致，如果母亲晚到家，哪怕是晚一两分钟，姥姥就会用手边能拿到的任何东西打她，如电线、鞋跟等，把母亲打得鼻青脸肿。深夜里，母亲和她的弟弟妹妹们经常从被窝里被拖出来，姥姥让他们手里拿着盘子和勺子，尽可能大地制造出各种声音，念着姥姥自己创作的经文，驱逐邪恶，祈求主的保护，一遍又一遍，直到姥姥筋疲力尽为止。

母亲说，这些就是她离家出走的主要原因。

在她小的时候，她经常坐在昏暗的卧室里，听着悲伤的歌曲，想起这些烦恼的事而哭泣：“这样的童年真让人头疼，难道她想让我以后当‘美国小姐’吗？”

大量的药物和与上帝的交流，让姥姥后来安静了许多。不然，母亲说她早就该进地狱了。

母亲也曾经以一种温和的态度向我解释说：“但是，小南瓜，这不是她的错，不能怪她，其实我很爱她，这是遗传的问题，她的母亲，她母亲的母亲都有这种问题。我偶尔也会有一点点这种问题，但绝对和她不一样，百分之百不一样。我得到治疗后，这种病就彻底根除了。你姥姥总是生活在这种半虚幻的世界中，她无法控制自己。”

父亲发现母亲有时出现幻觉听到奇怪的声音后，就把母亲送到了北中布朗克斯医院，进行了为期两三个月的治疗。在我出生之前，母亲尝试过几种药物但效果不好，后来就改吃氟奋乃静和甲磺酸苄片。父亲说母亲攻击别人的可能性不大，因为母亲已经患这种病很多年了，一直都没事。另外，我也确信，母亲百分之百不会伤害我们。

在厨房里，姥姥会意地对自己笑了笑。

“终于好啦！”莉莎转动着眼睛对我说，她用手指在自己的头上画了几个圈，表示姥姥脑袋有问题。

在母亲和莉莎指出姥姥这些问题前，我还一直没有将姥姥和上帝的对话与她精神失常联系在一起。顿时，因为自己的无知，我的脸羞得通红通红的。

但我还是挺直脖子对莉莎说：“难道我是个笨蛋吗？你们在想什么呢？难道我不知道姥姥不是在和主对话吗？”

夏天，母亲会通过另外一个政府救济项目来弥补家中的收入空缺，如公立学校里派发的免费午餐。我和莉莎经常不得不哄着母亲起床为我们做些准备，所以我们几乎从来没有按时到达过那里。直到最后一刻，母亲才会匆匆忙忙地为我们打点。

“哇，真疼，妈妈。”

“坐着别动！如果你乱动的话，会更疼的！”母亲用梳子用力地梳着我的头发，就像拿铁钉划过我的头骨一样。

“莉丝，只有15分钟的时间了，我们必须快点出发，我的动作会尽量温和些的，如果你坐着不动，就不会疼。”我知道，这完全是鬼话。

莉莎在门口伸出舌头向我做着鬼脸。她的头发自己就能收拾。我看着她，满脸怒火。当我将头转过来时，我的头被梳子弄出了个大包，母亲动作迅速，像梳理干草一样在我头上使劲梳着。我闭上眼，紧紧抓住床垫的一角。

“你看，如果你坐着不动，就好多了。”

那天我整整揉了一上午那可怜的头皮。

如果到得晚了，我们只能吃些残羹冷炙，或者连残羹冷炙都没有了。由于我们是SSI救济户，所以这免费的午餐对我们来说就更不容易了。但是我们必须得到这些免费的午餐，这顿午餐通常是我们每天最为像样的一餐。

7 月的阳光格外强烈，像要融化整个布朗克斯区。炎热的天气迫使我们的邻居从他们那肮脏、没有空调的房间里走出来，到破烂的路边避暑。

我向路边的老婆婆们挥手问好。她们整天无所事事地在草坪的椅子上闲聊，听着收音机。

一个老婆婆经常给我硬币买花生口香糖，我向她微笑着打招呼："早上好，玛丽。"

"早上好，孩子们。早上好，珍妮。"老婆婆向我们挥着手。

在街角的小商店前，一群波多黎各老男人正玩着多米诺骨牌，牌就放在煤块上一块腐烂的板子上。母亲经常称呼他们为"肮脏的老流氓"，因为他们的思想很肮脏，一有机会，他们还会对小女孩做些肮脏的事情。当我们靠近这群"老流氓"时，我低着头看着我的鞋，好像向母亲证实我很听她的话。他们用脏兮兮带着啤酒沫的嘴吹着口哨，发出怪声，向母亲喊着我永远无法听懂的话："mami，venga aqui，blanquita."

我们弯着腰继续向前走着，路上遇到母亲的几位朋友，她们正坐在路边盯着正在玩耍的孩子，手上拿着一大串钥匙，上面挂着波多黎各塑料国旗，钥匙随着晃动发出有规律的叮当声。孩子围在喷水池旁，年轻人在街角游荡。

我和莉莎牵着母亲的手，帮着她过马路。

"还有四条街，对吗，妈妈？"

母亲心不在焉地笑着回答："是的，小南瓜。"

自助餐厅里充满了鱼的味道。我失望地拿起一个四格的泡沫托盘，排着队，看着我前面的鱼肉蛋糕。

派发牛奶的女士问我："你在这儿比家里吃得好些，是吗？"

“是的。”我垂着头回答说。

“快点，向前移动。”

我拿了一小瓶牛奶，坐到一张长长的拥挤的桌子旁，尽量不让盘子里的小土豆滚下来。

莉莎在她的鱼肉蛋糕里弄了个洞，将黄色的奶酪灌了进去。我看着墙上贴着的广告，广告上有孩子们举着勺和叉子的图片，向大家讲述合理营养的重要性。这时一位拿着硬纸板的女士和母亲说起话来。

“嗯，你孩子多大了？女士。”她问道。

“大的 7 岁，小的快 5 岁了。”母亲眯着眼笑着对她说。但是我当时可以肯定那位女士离母亲太远，没法看清母亲的脸。那位女士在板子上记着什么。

她还问了母亲很多私人的问题，如家庭救济金数额，母亲的教育水平，是否和父亲住一起，父亲在哪里，他是否有工作等等。我在一边咬着小土豆，土豆的中间非常凉，像冰块一样。

她指着我继续问道：“那么你准备什么时候送她去学校呢？”

母亲回答说：“这个秋天，学校在 P.S.261 号。”

“嗯，真的吗？很好，谢谢你，女士。请享受你们的午餐，孩子们。”说完，她走去问旁边的父母。

母亲把我抱到身边对我说：“我的宝贝长大了，再过 2 个月就要上学啦。”

我在心里默念着“长大了”，看着自助餐厅里的那些大人，寻找着大人的感觉，我希望自己身上也有这种感觉。

那位拿着硬纸板的女士询问着另外一位母亲，当她记下相关信息时，那位母亲显得十分紧张。我不喜欢母亲微笑着回答那女士的问题，就像回答坐在木桌子后面发放救济金的老太太一样，声音中带着哀求。我不喜欢母亲每天为生活而发愁，不喜欢母亲恐惧卑微地和自助餐厅工作人员说话。这些都让我感到害怕，因为那些陌生人有权决定我们的生活，他们能给我们些生活来源，也随时能拿走。

自助餐厅里写着：食物只为孩子们准备。尽管这样，在母亲的要求下，莉莎还是偷偷地将一小块鱼塞进母亲的嘴里。为了不让餐厅里的工作人员发现，母亲小心翼翼地吃着鱼，而我则在一旁放哨。看着母亲和莉莎，我想起了母亲说的话——“你已经长大了”。

我很珍惜莉莎上学后的那几年时光。每天早上莉莎上学后，我就能和母亲单独相处了。我们每天睡到自然醒，醒后母亲就会和我一起坐在沙发上，如果有足够的食物，母亲还会让我吃些花生黄油和果酱三明治。我们在一起看早上的娱乐节目。每当看到鲍勃·巴克的《价格猜猜看》时，她总会点着烟说：“鲍勃·巴克是世界上最后一位绅士。”她还会眯着眼贴着电视说：“他的白头发可真亮，他的西服刚刚才熨好。”有时，我们还一起扮演竞赛者的角色，假装自己赢了小船、家居用品和环游世界等奖项。每当电视里的竞争者赢了大奖时，我都会站起来大声地鼓着掌。母亲则在一旁静静地看着，发出“嗯、嗯”的声音。只有这段时间，母亲才完完全全属于我一个人。

有时父亲会带我去图书馆，帮我挑选一些图画书，他自己则会挑选一些厚厚的、封面上有身着西服外套的成熟男人相片的书。我们从没还过书，父亲每次都会用不同的名字申请新的图书馆借书卡。很多个晚上，我都会拿着父亲的书跑进卧室，借着床边的灯光，开始寻找那些母亲为我读过的熟悉的内容。但那些词太长了，让我感到很疲惫。所以我经常看着看着，闻着书的味道，感受着与父亲某些特殊的相似之处，之后就睡着了。

过了不久我就开始着急起来，我想，如果我上学去了，以后就不能和母亲分享早上的时光了，这种着急的心情只有我自己能体会。

同时我还有些期盼：上学会是什么样的呢？上学会帮我长大成人，变得像周围的大人一样吗？我很想知道这些，但我又不敢去问母亲，因为我知道，问这些只会让母亲联想到她自己，会不愉快。我只能今后自己慢慢地去揣摩。

一个周末，一位穿着西服戴着三角帽的播音员在电视上宣布：今天，7月4日，是我们伟大国家的独立日，让我们一起来庆祝吧。随后，他和他身边的一位女士向大家挥着手，共同吹响了卡祖笛。这种笛子的声音比我们家风扇的声音稍微小些，很刺耳。我独自坐在沙发上，面无表情。之前母亲向我们承诺过，天快黑时，她会带着我们到市区的河边看烟花。想到这些，我急忙穿上我的蓝色短裤和扎染衬衣——一身过节的装扮。但我在房间里待的时间太长了，我出来时，母亲早去了“水槽酒吧”，这个酒吧是她最近发现的，她每次都从那里回来得很晚。她从圣帕特里克节（3月17号）后就经常光顾那里了。

父亲和母亲曾带着我们参加过一次圣帕特里克节。

那天，在蒙蒙细雨中，我们从86号大街开始，穿过公园，看见那些身穿苏格兰短裙的男人吹着风笛，用力地敲打着鼓，声音震耳欲聋。为了图个吉利，我和莉莎脸上画了幸运草图案。在坐火车回来的路上，父亲一直让我睡在他的腿上。

那天母亲没有和我们一起回来。正当我们准备离开福特汉姆大道时，她遇到了正去酒吧的一位朋友，她就跟着朋友一块儿走了。父亲对我们解释说：“你们也知道，圣帕特里克节上可没有什么可喝的。”回家后，我洗掉了脸上的图案，坐在窗户边等着母亲回来。几个小时过去了，我时不时地靠着窗户打瞌睡，直到凌晨3点，母亲才回来。她醉醺醺的，浑身酒味，走路摇摇晃晃的，进门倒头就睡了。从那以后，她就经常光顾那个酒吧了，她随时都可能过去。

随后的几个小时里，我一直穿着蓝色短裤和扎染衬衣，坐在沙发上，不断换着电视频道。我想母亲可能是因为我的原因才偷偷去酒吧的。因为我经常一遍又一遍地问她“你必须要去酒吧吗？你到底几点能回来呢？”之类的问题。有时我是情不自禁地问她这些，我还跟着她到门口，牵着她的手舍不得松开。每次她出门之前，我都重复地说：“快点回来，好吗？好吗？”直到她关上门为止。我想这可能让妈妈有点烦。如果我不那么黏人，妈妈可能就不会溜出去了。

几个小时又过去了，重播的新闻都结束了。我站了起来，离开客厅准备去睡觉。当我走到卧室门口时，母亲突然回来啦。

“你猜我带什么东西给你啦？”母亲高兴地说。

我听到了几声打火机点火的声音，我想母亲可能在点烟。紧接着我又听到了一阵噼里啪啦的声音，像是小蜜蜂在振动翅膀。

“妈妈！”

“看我为你们带什么礼物啦？小南瓜，叫你姐姐去。”

母亲点着一根魔术棒，它闪闪发光，银白色的光照亮了整个客厅。

“当当当当！”母亲举起这根魔术棒唱道。直到这时我才发现，母亲另外一只手上的塑料袋里装满了烟花。

那晚，我们坐在门阶前，和邻居们一起把母亲带回的烟花一个不剩都放完了。我和小朋友们一起跳舞，转着圈，烟花在我们身边噼里啪啦地响着。父亲在一旁护着我们，他拿起一个玻璃瓶，教我怎么把烟花放在瓶子里，让它在空中炸开而不伤手。母亲则坐在门阶上和1A公寓的路易莎聊着天。

“嘿，莉丝，你去拿根木棍放在瓶子里面，这样你就不会被烧着了。”父亲对我说。

我在父亲旁边缩成一团，帮他点燃烟花。点燃后，父亲用自己的身体挡着我，护着我。此时，我闻到了他身上的味道，和刚划过的火柴的味道混合在一起。他的手可真大，他拉着我，向我演示如何抛掷这枚小型“炸弹”。我们一起退后，看着烟花瓶在空中炸开，粉色的光束喷洒而出，划破了黑色的静谧夜空。不到半个小时，我们就放完了所有的烟花。每次，当银光划过漆黑的天空时，我和姐姐都会鼓掌喝彩，母亲挽着父亲的手，靠着他的肩膀微笑着。

那是1985年的夏天，就在我上学前不久，在我的印象中，这是我们一家四口最后一次甜蜜开心地在一起。在那之前，不管家中发生什么事，我都不会与别人比较，我也不知道我们家和其他人家的区别。我只知道我的母亲是位真正的母亲，父母一起共同努力满足我们的需要。就算他们不努力去满足我们的需要，我也不会在意，因为我不知道除了父母的爱之外我还需要什么。

夏天的逝去，不仅带走了温暖，也带走了我们家和睦团圆的气氛。我猜，你可能会认为，我们一直生活在由4人小世界组成的某种泡沫幻影之中，但在我眼里，我们家和其他在学院大道里生活、挣扎的家庭一样。有时我们会面临很艰难的事情，但我们拥有彼此，这就足够了。

那年8月，我像往常一样，站在厨房的椅子上，数着Met Food超市优惠券的有效期——这是我从莉莎那里学来的。之前我见她经常看着日历，把超市廉价猪肉和99美分的墨西哥料理优惠券贴在具体的日期旁。莉莎边看日历边抱怨着新学期的开始。明天，我就和莉莎一样开始上学了。

“现在你已经加入我们的行列了。”莉莎说着，分些她多余的学习用品给我，“不要再在家里无所事事了，你要像我们一样，开始学习了。”

这时，我想起了莉莎每次从学校回家后就直接进入房间做作业的情景。几个小时后她才出来，眼睛通红，无精打采的。而我却坐在母亲的腿上，悠闲地看着电视。随后，她总会和我抢电视或者沙发，因为她学习很用功，而我却一直在那儿坐着无所事事。她这种为我上学所做的思想准备，在我看来，更像是实施某种形式的报复。

莉莎从她的衣柜里翻出一些旧的草纸，把它们对半撕开。

“拿着，你今后会需要这些东西的，记住了，别把它弄反了，不然别人会取笑你的。你知道的，大家都喜欢开别人的玩笑。”说着她便拿出了一叠给我。我学着莉莎的样子，将纸放在文件夹里，此时母亲在房间里走来走去。

“莉丝，明天，简直是不可思议，时间过得可真快，感觉你昨天还戴着尿不湿！”母亲显得有些惊慌失措。我不知道她当时注意到自己在大喊大叫没有。

母亲刚和父亲在厨房里享受完，显得十分亢奋。她紧绷着下巴，撅着嘴，目光呆滞，在屋子里兴奋地转圈，我知道她会这样持续一段时间。我整整催了母亲一周，让她为我上学做些准备，可是她这周基本上是在床上度过的。幸运的是，支票兑现的日子到了，母亲不得不起床，重新回到现实生活中。

母亲点着烟，深深地吸了一口说：“小南瓜，看看你，现在都开始上学啦，真不可思议，你会爱上学校的，你会很出色的。”

母亲的话让我很兴奋，我心里也暗暗想自己或许会喜欢上学的。

母亲突然问道：“等等，你有笔记本吗？”

“有，妈妈，在这儿，你看。”我努力地将一本厚厚的笔记本举起来放在她面前，但她一眼也没看。

“很好，对了，我为你剪过头发吗？”

“剪头发？没啊，我需要剪头发吗？”

“是的，小南瓜，在上学之前，每个人的东西都是新的，他们都会去理发、刷牙。去咖啡桌旁边坐着，我去拿剪子，现在就为你剪头发。你的头发不用剪太短，只需要剪剪前面的刘海就好了。”

她匆忙地跑到那个破抽屉里找剪刀，她的动作很鲁莽，没什么耐心，事情刚做一半就停下，就像她说话一样，这句话还没完就说到下一句去了。

“莉丝，你就……会好看的……等会儿就好看了。”

从远处我就可以听到旧抽屉里发出的叮叮当当的响声。莉莎已经睡觉了，她说明天还要早起，还警告我说，如果我有什么好事一定要告诉她。

母亲冒失的动作让我提心吊胆。她知道怎么理发吗？她的视力那么差……我可不想我的头发变成她那样：长长的，乱蓬蓬地搅成一团。想到这些我担心极了。

她手里拿着一把生了锈的剪刀，大声地喊道："来啦，开始吧！"父亲这时仍在厨房，我可以听见他坐立不安地发出一些轻微的声音。

没办法，只能这样了。我必须静静地坐着，注意着母亲的每一个动作。母亲让我闭着眼睛，免得头发掉进去。我手里拿着一张活页纸，接着掉下来的头发。我从来没梳过刘海，可母亲却不知道这点。她只是把我长一些的头发剪短。当我感觉到那冰冷的剪刀从我前额划过时，不禁慌了起来。

我问母亲："妈妈，你确定这不会太短了吗？"

"小南瓜，没事的，我把你头发弄整齐就好了。就快好啦，坐好了。"

在我旁边的地板上，头发四处散落着。母亲不耐烦地跺跺脚，时不时骂上两句："可恶。"

我的心在怦怦跳，可是我又不能扰乱她的注意力。

一点点地，母亲将我的刘海剪得非常短，就剩小小的一部分了，才将剪刀放在咖啡桌上。我急着摸摸额头的刘海，结果只摸到短短的头发茬，眼泪忍不住流了出来。

"妈妈……你把我头发剪得太短啦，妈妈，我的头发是不是太短啦？"我呜咽着说。

此时，母亲已经穿好了鞋子和衣服，准备去酒吧。从她的表情，我知道她已经兴奋过了，现在需要酒精帮助她安静下来。

"我知道，亲爱的，头发会长回来的，我只是把你头发弄整齐而已。该死的剪刀真不好。以后我再给你修剪。"

莉莎说过，学校的孩子们都喜欢开别人的玩笑。我一想到他们会取笑我，就轻声地哭了出来。母亲牵着我的手，领着我走到卫生间的镜子前。突然，她弯下身贴着我的肩膀，指着我的额头说："小南瓜，这头发还会长回来的。我小时候，我的妹妹洛里剪坏了我最喜欢的发型，我当时也非常生气。不过她对我说，头发会长回来的。你明白吗？”

我擦了擦眼泪，看着我俩一起在镜子里的模样。母亲的目光有些游离，手上还黏着我的一些头发。

“不管怎样，你的头发可以长回来，莉丝。校园生活会充满乐趣的，你慢慢就知道啦。”

说完，她轻轻地亲了亲我的额头，转身离开了房间。我听到她下楼梯时嗒嗒的脚步声越来越远。

2. 困惑之中

每当放学铃声响起，我都会第一个冲出教室，走在同学中间让我感到非常紧张。我穿着破烂的衣服，和他们格格不入，从他们看我的眼神我就知道。

“我告诉你，虱子不喜欢红色，如果你放些红色的东西在头发里，它们就会掉了。我发誓，莉丝，我就是这样对付它们的。”

“是的，骗子！”

父母整天不在家，回家也只是拿些他们需要的东西就匆忙离开，于是父母不在家时，莉莎总会捉弄我，她喜欢从我身上找乐子，打发无聊的时间。

“看着，莉丝，我会帮你扎辫子，不光是扎很多辫子，还会让这些小辫指向各个方向。”

“怎么会？我知道你在骗人。”

尽管我大部分时间都很相信莉莎，但自从上了一年级，被人捉弄很多次之后，我的直觉慢慢变得灵敏些了。我这样说可能口气不太好，但我知道莉莎肯定是有办法来对付我的。

“好了，莉丝，我只是帮助你，没有捉弄你的意思，我知道你不喜欢那样，但是如果你想摆脱头发上的那些虱子，就必须这样做，这也是我能想出来的唯一的办法。”

是的，我的确想除掉头发上的那些虱子，它们已经折磨我几个星期了。

我用指甲使劲挠头皮，结果又痛又痒。晚上，我都可以感觉到这些虱子在我头上爬来爬去，烦死人了。我经常被噩梦惊醒，梦见这些可恶的虱子在啮食我的头皮，还在头发里下蛋。

刚开始，事情没那么糟糕，我几乎注意不到它们。直到有一天，房管的女儿戴比敲开我家的门，告诉母亲让她多注意我们头上的虱子时，我才发现事情的严重性。

戴比说："我发誓，珍妮，那些虱子就是地下室里的，你得好好看一下你的孩子们，她们上次和你一起在地下室待了很久。我今天花了整整一个下午才把这些恶心的东西从头皮上弄掉。"

这时，上个周末发生的一幕在我眼前闪过。我当时在公寓管理员值班室门口站着，看着母亲用钱和鲍勃交换一小袋用锡箔纸包起来的东西。那是个中午，我手上的香草冰激凌已经融化了。人们不是在地下室的两个脏床垫上躺着，就是在我周围走来走去。戴比当时就在那里，她站起来拥抱了一下我和母亲，嘴里还散发出啤酒的臭味。地下室挤满了人，有人在打呼噜，有人衣衫不整。苍蝇趴在屋顶上，上面布满了黑黑的虫子尸体，只有一个光秃秃的灯泡发出一点儿亮光。

母亲带我离开那里时，我看见一个没穿上衣的男人站了起来，他没注意到我，揉了揉眼睛，摇醒另外一个睡着了的女孩。我看见他们在空空的酒瓶和装满烟灰的烟灰缸旁亲吻，非常恶心。

戴比离开我们家时，母亲走进客厅，轻声地问我们是否抓到过虱子。我并不是很肯定地回答说："我的头皮发痒。"莉莎也这么说。母亲这才答应为我们买一瓶QUELL的洗发水。我们已经近一个月没用洗发水了……

"来，给我个发夹。"每次莉莎为我扎完一个辫子后，都会向我通报进展，一脸的笑容。每次当莉莎开怀大笑时，我就越发觉得里面有蹊跷。

"对不起，对不起，莉丝，这看起来很滑稽，但我真的没办法。如果我的头发像你那样，你肯定也会笑我的。相信我。真的很糟糕，但别着急，这是除掉虱子的唯一办法。”

我还是尽可能相信莉莎，让她帮我编下去，但她咯咯的笑声让我生气。有时看她太得意，我就会起身离开，可她又是我摆脱虱子的唯一希望，我又不得不回来恳请她继续。最终，她勉强答应继续为我扎辫子，还警告我说，不应该怀疑别人的好意。我尽力将注意力从她身上转移开，想象着摆脱虱子后的感觉。

莉莎使劲地揪着我的头发，那些虱子陆续地掉了下来。我缩着身子，看着钟表上的时间一秒一秒地流逝。之前爸爸妈妈许诺要为我们买些零食回来，但他们已经好几个小时没出现了。为了不让他们看到这尴尬的一幕，也为了不让莉莎因为他们看到后说的话而再次取笑我，我希望她能快点完事。

过了大概 3 个小时，莉莎终于完工了。由于跪在薄薄的地毯上的时间太长，我的腿又酸又麻，我变换着不同的姿势让自己舒服些。

“好啦！莉丝，现在仔细地听着。下一步我们需要一些红色的东西，任何能黏在你头上的东西。虱子害怕红色。走，我们现在就去找，到时候你就知道这是多么有用了。你最好快点，不然效果会不好的。”

“红色的东西？”

莉莎将父亲淘宝时找到的芭比娃娃穿的红色衣服放在我头上最大的辫子上。

“就这样，会管用吗？”

“我们还需要更多，快，它们会跑到另一边去的，快，不然会更费事儿的。”

我在家中翻来翻去，疯狂地寻找着，但还是没有发现任何红色的东西，突然我想起了母亲的梳妆台上的红色玫瑰。我一把抓住绿色花瓶里的红色塑料玫瑰，跑到床上。莉莎欢呼了起来：“快点，莉丝！”

我将塑料玫瑰的花瓣一片片撕下来，努力地将它们固定在我的辫子上。等我弄完了，我的脑袋就像戴着一顶由玫瑰花瓣做成的帽子，还有一件小小的衣服伸向前方，就像独角兽的角一样。我看着莉莎，问她是不是这样就可以了。

她解释说，20分钟后我就会看到变化了，关键是尽量坐着不要动。我关上了卫生间的门，搬着凳子坐在浴缸里。我想，这回这些可恶的东西会因为害怕红色而像下雨一样掉下来了吧。

我决定脱掉所有的衣服，免得这些可恶的虱子还在哪个衣褶或衣兜里存活。很快我就一丝不挂地弯着身子坐在凳子上，静静地等待着奇迹的出现。

时间一分一分地过去，什么事情都没发生。

莉莎敲门问我情况怎么样了，我叫她离开。我脚下那空空的浴缸变得冰冷，我禁不住一阵颤抖。又过了一会儿，一只虱子掉了下来。

我打了一个冷战，摇着头，随即另外一只又掉了下来。那两只虱子在白色的浴缸里扭动着，缩成一团，就像它们在学校里为我制造麻烦那样。

一年前，我就因为可恶的发型遭受了冷遇。那时，幼儿园的老师要求我和小伙伴们一起走，每次结伴而行时我都会哭，因为我不愿意让别人近距离地看我怪异的发型。我知道他们会取笑我的。很快，我成了一个有着怪异发型的爱哭的小女孩。他们用不同的名字叫着我，排挤我。现在我已经一年级了，我一次又一次地对自己说："我是个好女孩儿。"

可现在，这些可恶的虱子又把我的一切给毁了。

在一次麦克亚当斯小姐的听写测试课上，我坐在一个名叫戴维的男孩子旁边。助教雷诺兹小姐在教室里走来走去维持秩序。

教室里只能听到铅笔写字的声音和雷诺兹小姐的脚步声。我在试卷上努力地写着"周日"这个词。

麦克亚当斯小姐在桌子前喊出了另外一个词——"时间"。正当我要写字时，我的头皮突然痒了起来。我使劲地抓了一下，突然一只灰色的虱子掉了下来，正好落在我的试卷中间。我迅速将虱子从桌子上弄掉，瞥了一眼四周，幸好没人发现。

头皮还在发痒，我继续挠着，两只虱子又掉了下来。一只掉在了地上，另一只掉在了我和戴维共用的桌子上。此时麦克亚当斯小姐又说出了另外一个词，这次我没有记下来。

我的头皮一直在发痒，越来越痒，不断地分散我的注意力，我尽力克制自己不去挠头皮。突然，戴维举起手，拿着试卷，顿时教室鸦雀无声。

“雷诺兹小姐，我桌子上有一只奇怪的虫子。”这只虱子正趴在他试卷的顶部，就在他拼写的“时间”的旁边。

他旁边的一位女孩哇哇哭了起来：“呜呜，戴维，你真恶心，真恶心！”

“不是我的！不是我的！我也不知道从哪里来的。”戴维脸红红的，双手抱着胸口，眼泪冒了出来。

教室顿时传来阵阵窃窃私语声。

这时，雷诺兹小姐走了过来，寻找所有人桌子里的零食。她曾经严厉地告诉我们，不要将食物带到教室里来，以免将蟑螂带进来。

这时，我又忍不住抓了一下头皮，又一只虱子掉在了我的试卷上。这时，坐在我右边的女孩塔米卡叫了起来：“天呀，看，是从她头发上掉下来的！”

教室里沸腾了，大家议论纷纷。

雷诺兹小姐用她冰冷瘦削的手抓着我的手腕，在同学们的唏嘘声中，把我拉出教室。当着一位秘书的面，她让我坐在办公室中间，远离所有的东西。她拿着冰棒棍翻着我的头发，一会儿她就发现虱子了。她没有害怕，又继续找着，说我的头皮已经被“感染”了。她还让在一边的秘书看了看。虱子掉在了办公室的绿色地板上。

雷诺兹小姐将我拉到教室门口，让我站在那儿，然后转身在一位教师的衣柜里找着什么。

塔米卡看着我，在她旁边女孩的耳朵边嘀咕着什么。同学们咯咯地笑着，指着我，瞪着眼睛。麦克亚当斯小姐拍着桌子大声地向他们喊道：“安静，友善些。”

雷诺兹小姐手里拿着一瓶醋，对我说：“有办法了，我们走吧，一会儿那些吸血的虫子就会跳起来了。”同学们在我们身后哈哈大笑。我感到十分羞辱，但我更担心那瓶醋的作用。

雷诺兹小姐把我带到教学楼前，我看见两位老师正站在那儿吸烟。学校附近的街道真是繁华，汽车声、火车声夹杂在一起。这时，我突然想到了逃跑。但当雷诺兹小姐抓住我的肩膀后，我逃跑的念头就彻底打消了。她让我弯着腰，双手扶着墙。她捋起袖子，把冰冷的醋浇在我的头上，头皮挠过的地方一阵阵刺痛。雷诺兹小姐在我头上用力地转着圈浇着。醋的味道真刺鼻，我差点儿吐了。

我耷拉着脑袋，只见醋从我头上流下来，洒在水泥地上和我的脚下，除此之外我看不见其他任何东西。不久，我又看见附近多出来了很多双脚——老师们出来休息了。

我绝对不会再走进这个教室了。我怎么面对同学们的冷嘲热讽？怎么面对戴维和塔米卡？还不如死了算了，就算我不死，雷诺兹小姐也会杀死我的，因为我让她在她同事面前难堪了。

雷诺兹小姐让我站起来时，她笑了笑对我说：“好啦，孩子，你不想别人误认为你是沙拉酱吧？走吧，回教室。”

我看见虱子在浴缸的水里无助地漂着。辫子扎得太紧，我的头皮隐隐作痛。雷诺兹小姐和莉莎的“治疗方法”都没起到作用。

我站起来照着镜子，大吃一惊，我费尽周折整理的玫瑰已经不成形了，这时莉莎主动走过来帮忙。一会儿，我头上的玫瑰又整齐地摆放好了。

一只虱子在芭比娃娃红色的衣服边上悠闲地爬着。是莉莎撒谎了吗？还是她忘记什么东西了？ 我穿上衣服走出卫生间，向莉莎喊道：“这没用，我该怎么办？”

莉莎努力地收住笑声。这时，我听到了父母上楼的声音。莉莎在一边看着我恐惧的样子，忍不住大笑起来，笑得发抖。此刻，我才意识到莉莎又在捉弄我。

莉莎抓住我的双手，防止我破坏她的杰作。我挣扎着跑进房间关上了门，手使劲抓住门把手。

我将芭比娃娃的衣服拉掉，愤怒地将它丢到窗外，拔掉头上的发卡。在旁边的房间，父母将塑料袋弄得沙沙作响。我用身体挡住门，但莉莎在门外用身体顶着，试图将门打开。我俩就这样对抗着。我一边用手解着小辫，一边用手挡着门。当莉莎正在使劲推门时，我突然晃了一下，莉莎顿时摔了一跤。

这时母亲探着头问道："怎么回事？"听到这话，我的眼泪止不住流了出来。

"莉莎，怎么回事？你把妹妹怎么了？"

"没有，我什么都没做！是莉丝叫我帮她做发型的。现在她又哭了，我也不知道是怎么回事！"

"出去！"我大声喊道。

母亲继续问道："莉莎，告诉我，这是怎么回事？"

"滚出去！笨蛋！"我声音更大了。

莉莎从地上站了起来，走时还不忘嘲弄我。

母亲弯着腰抱起我，我顿时被她的温柔融化了。

"怎么啦，我的小宝贝？告诉妈妈发生什么事了？"

母亲用手梳着我的头发，擦干了我的眼泪。她又吻了吻我的脸颊和额头，眼里充满了柔情，我想她也快哭出来了。在妈妈的怀里，我所有的愤怒和委屈全部消失了。

"告诉我怎么回事，小南瓜，乖，别哭了！"

但只有哭泣才能让母亲离我更近，所以我一直在哭。

在这个世界上，很多人都排斥我，只有母亲才知道我值得拥抱。所以我让她抱着我，让她不停地问我，这样我就能听到她的声音。在她怀里，我感到安全和温暖。我将头靠在母亲的肩膀上，颤抖着哭泣着。

我一直在努力做一个好学生。我真的努力了。我要做这样的学生：每次回答问题时都高高地举起手，每次都能给出正确答案，完成老师布置的所有作业。就像米歇尔一样，上故事课时她是最棒的，每次都在同学们面前大声地朗读。或者像马科一样，总是知道数学题的正确答案。我努力地像他们一样，做个好学生，得高分。可是，事与愿违。我需要做的事情太多了。

或许在学校里睡觉会对我有所帮助，但我又没法在学校睡觉。一周 7 天，我几乎天天能听到我们公寓前嘈杂的汽车声。父母几乎整晚进进出出，永无休止。他们对毒品的依赖越来越严重，比以往任何时候都严重。我都知道他们每天什么时候会做些什么。

每个月的前六七天，父母就会把救济金花完，一分不剩。没钱了，母亲就会到水槽酒吧或麦戈文酒吧，从各种不同的老男人那里要一两美元。有时她会恳求别人给几个 25 美分的硬币去玩自动点唱机，或者干脆从别人口袋里偷钱。有时母亲会带着男人来到家里的卫生间，或者带着男人去后面的小巷，几分钟后，她就能赚更多的钱。直到她攒够了买毒品的钱，才会罢休。

购买一点点毒品最少需要 5 美元。每次从酒吧回来后，母亲便直接向父亲汇报："皮特，我有 5 美元。"这时，他们会静悄悄地穿上衣服，偷偷溜出去，以防被还没睡着的莉莎发现。

父亲知道，当我们挨饿时，如果他买毒品被莉莎发现，那将引来无休止的咒骂、侮辱、眼泪和争吵。

莉莎会这样喊着说："你不能花这些钱！我们要吃饭！我正饿着肚子，我的肚子在咕咕叫。我们到现在还没吃晚饭，难道你们又要出去逍遥吗？"

莉莎和父母亲争吵时，我知道她做得非常正确。我们饿着肚子，冰箱里只剩下一些变质的蛋黄酱和生菜，他们不应该将所剩的最后几美元都拿去买毒品。莉莎的愤怒并没有错。

但对父母吸毒这回事，我的态度却不像莉莎那么坚决。母亲说她需要毒品来麻醉自己，来忘记童年时期悲惨的遭遇，这些遭遇经常在她脑子里挥之不去。虽然我不确定父亲吸毒是不是也为了忘记过去不幸的遭遇，但我知道，如果父亲不吸毒，他将会十分痛苦，一连几天在沙发上痛不欲生地躺着。那时，我都很难认出他是我的父亲。

莉莎对父母的要求很简单，她所需要的就是好好地吃上一顿饭。这一点，我和莉莎一样。

但我注意到，如果我们一天没饭吃，父母可能已经两三天都没饭吃了。父母总会以这样或那样的方式告诉我们——他们无能为力。

他们不会故意伤害我们。他们并不是白天跑出去疼爱其他的孩子，而晚上回来后对我们凶狠。父母没法给我所期望的东西，可我又怎么能责怪他们呢？

我记得，有一次母亲在我生日那天偷了我 5 美元。这是奶奶从长岛邮寄给我的。我把钱放在梳妆台的抽屉里，准备去杂货店买些糖果吃，可是转眼就泡汤了。母亲看到我将钱放在那里后，等我离开就把钱拿走买毒品去了。

半个小时后，母亲带着一小包东西回到了家。看到她，我非常愤怒，我要她把钱还给我，大声地说了一些至今仍很难想象出来的尖酸刻薄的脏话。母亲没有说什么，转身离开了，我跟着她继续骂着。我想，她肯定是想躲着我，私下里享受她的毒品，但我错了。我看见母亲将那小包东西扔进了厕所，在那儿大声地哭着。这时我才意识到她丢进厕所的是她买的可卡因。

她满含泪水地看着我说："莉丝，我不是个怪物，我忍不住，停不下来，原谅我好吗，小南瓜？"

我也大声地哭了出来。我们坐在卫生间的地板上相拥而泣。她的注射器就放在马桶的水箱上面。我发现母亲的手臂上布满了针头留下来的印记。母亲低声下气地不断地问着我同一个问题："莉丝，原谅我好吗？"

我原谅她了。她自己也不想那样做；如果她自己能控制，她也不会那样做。

"好啦，妈妈，没事啦，我原谅你！"

这次我原谅了她。2个月后，当我看见母亲将我们从教堂拿来的感恩节火鸡卖给隔壁邻居换钱买毒品时，我再次原谅了她。原谅她并不意味着我没有受伤害。每次当我们挨饿时，我的心都要碎了。但我不会因为自己受伤害而责怪我的父母。我不生他们的气，我不憎恨他们。如果我有什么需要憎恨的话，我憎恨那些毒品和毒瘾。我知道他们很爱我。这点我深信不疑。

晚上，母亲偶尔会来到我的床边，帮我盖好被子，对我轻声地唱那句永远重复的"你是我的阳光"。她对我微笑着，用手指梳着我的头发，亲吻着我的脸，对我说："你和莉莎是我的小天使，我的小宝贝。你们是我今生最大的快乐。"我知道她一直深爱着我们，她那云斯顿香烟和可卡因的混合味道一直在屋里盘旋着。闻着这些味道，我渐渐地进入梦乡。

一个冬日，大概凌晨4点钟左右，憔悴的父亲在我强烈的要求下，答应陪我出去感受那年的第一场雪。那时，在清晨昏黄灯光的照耀下，洁白的初雪像钻石一样闪烁着，我依偎在父亲身边，推着他向前走。他边走边讲着他大学时发生的事情，并教我他在上大学时学到的东西，反复强调着这些东西对我今后很有用。我们一直向前走，大街上只有我们两个人，当时我感到父亲是属于我一个人的，整个世界都属于我们俩。我知道父亲一直深深地爱着我。

毒品毁了我们的家，虽然我和莉莎深受影响，但更让我担心的是我的父母，他们才是最需要保护的，而我有责任去保护他们。我们不断听到附近发生许多强奸和抢劫案的新闻，而且他们在毒品面前太脆弱了，甚至不顾自己的安危，整晚在外面寻找毒品。

尽管母亲几近失明，经常受伤害，但她还是无所畏惧地整晚穿梭在学院大道上。母亲视力很差，除了能感受到汽车或者人向她靠近之外，就算有熟人甚至家人从旁边走过，她都认不出来。这一切让她随时随地都可能陷入危险的境地。

有很多次母亲在我们的社区附近被人攻击，我每次都深受惊吓，不断地哀求她在家待着，可什么也阻止不了她对毒品的依赖。有一天晚上，我看到她满脸青肿地回到家，后来才知道她被人抢劫了。劫匪从她身上没有发现任何值钱的东西，所以才愤怒地打了她一顿。

还有一次，当母亲带着她的毒品回家时，我发现她的腿在不停地流血，在我的追问下母亲才告诉我她被车撞了。

“没事的，莉丝，我很快就会好起来的。我当快递员的时候就被车撞过，我真的没事。”母亲简短地回答我后，便向父亲要注射器。母亲或许清楚她所面临的危险，但有一点她肯定更清楚，那就是她要的就一定要得到。

尽管母亲视力很差，但她十几岁时还在繁忙的曼哈顿大街当了3个星期的快递员。速递公司一般不会聘用那些视力很差的人当快递员的，但母亲急需现金，她向他们隐瞒了这个事实。她向朋友借了辆山地车，冒着生命危险穿梭在大街上。直到那辆山地车完全报废了，她才停止了那份工作。这就是她的做事风格，她会不顾一切地去争取她想要的东西。

父亲和母亲一样不能照顾自己。毒瘾发作时，他会不顾一切地穿梭在危险的黑帮地带。有一次，他满脸鲜血回到家中，在我的追问下他才告诉我——有人按着他的头使劲往水泥上撞，他花了近一个小时才挣扎着回到家。但第二天父亲又接着出去找毒品了。像母亲一样，他对毒品的依赖胜过一切。为了毒品他根本顾不得自己的安危。

在上学期间，晚上要睡个好觉是不可能的。必须要有人站在窗边数着时间盼着他们回家，必须有人确保他们是安全的。这个人除了我之外还有谁呢？他们一般会出去三四十分钟，如果时间比这长，那就意味着有麻烦了，我倚靠在窗户旁，看着他们逐渐消失的身影，琢磨着我的计划。如果有什么麻烦，我会第一时间跑到街角，用付费电话拨打“911”。

但我晚上的职责并不仅仅是这些。有时，我会花几个小时的时间，在父母身边寻找另外一种能为他们提供帮助的办法。父母似乎很愿意我参与他们的活动，为此我也十分高兴。晚上，父亲会偷偷溜出家门，以防被莉莎发现，而我则在一边放哨，确保他顺利出门。

父亲回家时，我会在公寓外的走廊四处查看动静。当时我感觉自己和父亲就像犯罪团伙一样。

出门前，父亲总会藏在客厅的隔板后，小声地对我说：“帮我注意莉莎，时机到时就告诉我。”之后他就在一边等着我的信号。

“现在出发……别着急，你正被掩护着。”我小声地说道。看着父亲点着头向外走出去，我心里充满了喜悦。我们就像一对黄金搭档。

每次母亲焦急地等待父亲带回毒品时，我也是没法睡觉的。我和母亲坐在客厅里谈论她的青春岁月，上学的事情早被我抛到九霄云外。

“莉丝，你没看到我那个时候，我穿着高帮皮靴简直是酷极了。”

“真的吗？”尽管我已经听过无数次了，但每次我都假装从没听过，充满好奇地问她。

“当然啦，我还梳着爆炸头。那时我就有一头卷发，意大利血统都这样。你爸爸当时还留着络腮胡，也很酷。”

就像和她的老朋友聊天一样，母亲和我详细地讲述着这些事情：她的街头流浪生活，吸毒的场面以及和她原来的男朋友做爱时的情景，尤其是她的童年生活。我认真听着，时不时地点头同意那些我很难理解的事。但母亲从来不会注意我的表情，她讲得太投入了。

当母亲提到她所谓的冒险时，我们晚上最为有趣的时间就开始了。但我知道这只是暂时的，是她毒瘾快发作时的表现。不久，她就会感到抑郁，浑身难受。在听母亲讲故事时，我会时不时地走到窗户旁观察父亲回来的迹象。

每当听到父亲沉重的脚步声时，母亲便会拿出勺子做些准备。我记得她每次都会用一个旧塑料碗盛水，清洗注射器。当她将注射器的水推出时，她总会说："嗯，原来经常有人找我做模特，但大部分模特代理都要性交易。这种人到处都是，他们就是一堆垃圾，不过我还是从他们身上捞了一把。"

他们注射毒品时，我就在一旁看着，这渐渐成了我生活中的一部分。

每晚都是这样，当父母注射可卡因时，我总会和他们在一起。那时莉莎已经睡觉了，我将父母亲留在身边看护，保证他们的安全。就算他们兴奋到了极点，我也在他们身边，在他们触手可及的地方。

他们对可卡因的反应通常是一样的：眼睛睁得大大的，就像受了长期的惊吓一样。他们的脸像触电似的，不由自主地微微抽搐。母亲通常还会吸着鼻子，握着拳在屋子里不停地转着圈。

大概20分钟过后，母亲开始对我讲故事，这时她已经冷静下来。

"莉丝，你知道的，我是你姥爷最疼爱的女儿，他发誓要带着我们离开那里，他会带我们去巴黎的。我知道，洛里也知道。每个人都知道我是他最疼爱的女儿。可是，在我小时候，他却把我的锁骨打断，他还要把我扔出窗外！"她的声音越发凄厉，眼睛一直盯着客厅的天花板。母亲童年的不幸让我心碎，我希望我能带走她童年时期一切不幸的回忆。

在母亲身后，父亲抽搐着，狂躁地摆弄着他那些工具，一遍又一遍地仔细清洗。

"莉丝，是酒精把你姥爷变成那样的，他也为他所做的事感到非常懊悔，他很爱我，你也认为是这样的，对吗？"母亲问我，她喝着劣质的啤酒，开始哭了起来。

母亲撕扯着她的T恤，让那断裂过的锁骨露出来。每次，她的脸上都会露出恐惧，那些不幸的往事又重现心头。为了逃避现实，为了更好受些，她便开始吸毒，但往往事与愿违，毒品让她陷入了更大的痛苦。

我向她坚定地说："我爱你，妈妈！我们都很爱你！"

“我知道，莉丝。”

我知道我安慰她的话从不起作用，她太伤心了，无法痊愈。

当母亲说话时，我放弃了我所有的东西：睡觉、家庭作业、电视，还有那些在黑暗的卧室里放着的没玩过的玩具。我为她的不幸深感难过，我也能感受到她的不幸，所以我们之间的交流就变得很畅通，超越了年龄和阅历的界限。

我以一种朋友的身份和她交谈，有时甚至不知道我在说什么。我坚定地说：“他一定很爱你，他是你的父亲。我想是那些啤酒让他变成那样的。如果他能停止喝酒的话，我想他肯定会是一位好父亲。”如果这些话能让母亲舒服些的话，那也是暂时的。

当母亲出去时，我习惯性地回到我的位置——窗户旁，确保母亲会出现在学院大道上。我自己一遍又一遍地默念着“911，911……”。每次她离开，我会用我喜欢的电视节目来判断她回家的时间，我一遍又一遍地看着电视，直到早上 5 点的早间新闻开播。当我准备睡觉时，天就快亮了。那时，酒吧也关门打烊了，只有妓女、流浪汉和瘾君子才会在大街上闲逛。

最终母亲安全地回到了家中，她筋疲力尽地倒在父亲身旁，鼾声如雷地睡了。此时我才能放松下来，休息一下。

清晨，我们家唯一的声音，就是早间新闻和母亲的呼噜声。我穿着从长岛寄来的蓝色长袍躺在床上睡觉。我时常暗想，如果他们不吸毒，他们就会多些时间来陪我和莉莎。如果可以的话，他们还可能让我们的生活变得更好。

“莉丝，起床，赶紧起床！”我上幼儿园时，莉莎经常因为我逃课而大怒。在我上一年级时，她对我的逃课更加无法容忍了。

“你每天都这样，你赶紧起床！”她边说边将我的毯子拿开，我在床上冻得直打哆嗦。窗外，孩子们正在赶班车，一位吹着哨子穿着蓝色雨衣的妇女引导着他们。其实那时我的睡眠时间还不到 2 小时。

每天，在一种神奇力量的驱使下，莉莎不用闹钟自己就会起床、洗脸、穿衣服准备上学。每当她穿好衣服后，我们的战争就开始了。

开始，她说话的语气还算温和 ：“莉丝，该起床啦……莉丝，太阳晒屁股了！”但不久她就失去了耐心，想尽各种办法来叫我起床。

冬天，她会将我的被子掀开放到一个角落，我的身子完全暴露在寒冷的卧室里。为了取暖，我缩成一团。那一刻，我很恨她，这种恨超过恨上学，超过恨那些在学校里取笑我的孩子。

“我是你的姐姐，你必须听我的。如果你还不起床，我就要泼你冷水了。”她尖声叫着。她说到做到，不一会儿，她就拿来一杯冰水泼在我头上。我愤怒极了，但即使这样，有时我也很难起床。

莉莎叫我起床时，我感觉才刚刚倒头入睡，要知道我陪了父母一整晚。在这些特殊的早上，我会穿着我头天晚上放到床边的任何衣服，小心翼翼地离开房间，以免将父母吵醒。但莉莎却不这样，每隔 5 分钟她都会大声地提醒我——如果我再不快点我们就会迟到。在外面，寒风吹打着我的脸，驱赶着我的睡意。但荧光灯和嘈杂的教室却起着反作用，它们让我昏昏欲睡，最终我一点儿学习的兴趣都没有了。

麦克亚当斯小姐每天都会指导我们进行阅读，我自己几乎都能读懂，因为母亲经常在我床边读这些内容给我听，所以我一直在试着阅读其他的内容，如莉莎的三年级教材和一些父亲带回来的犯罪小说。这些会让我感觉更加轻松。

在课堂上我迷糊地猜想着 ：母亲现在起床没？如果起床了，她现在是不是在看《价格猜猜看》节目？她还有心情出去散步吗？如果我在家，她会带我出去吗？

麦克亚当斯小姐上完阅读课后，她检查了一些我从来不会注意到的数学问题。课堂里的每一分钟都那么长，一分钟就像一小时一样。当她说话时，我通常会想出一些点子来打发时间，比如我肚子疼、感冒、难受等，被学校护士送回家里。这些理由至少有一半是真的。每当麦克亚当斯小姐随机提问时，我就感到胃痛想吐。

每当放学铃声响起时，我都会迅速地将课本放在书包里，抢在其他同学前面第一个冲出教室。走在这些同学中间让我感到尤其紧张。我总自我安慰地想：母亲用洗发水和梳子将我头上的虱子全部弄掉了。尽管这样，我还是感觉与其他同学不一样。他们知道，我自己也心知肚明，从他们看我的眼神我就能看出来。我穿着肮脏的衣服和破旧的袜子，内裤也破烂不堪。我一直警惕着我身上发出的臭味，我也知道他们也一直警惕着。

我试着用父亲的方法来掩饰内心的不安——“谁在乎他们想什么？他们就是闲着无聊。”在某些方面我觉得自己比他们更加成熟，比如：在6岁时，有谁可以在他们的父母面前随意骂人，可以不按时睡觉，知道性还知道简单模仿，知道怎么使用毒品？想到这些，我心中有一丝安慰。但在很多方面我又感到自卑和不安，如：我不能像其他小朋友一样和别人交朋友，不能像他们一样充满自信地举着手回答老师的问题。想到这些，我内心又十分不安，暗想我是不是比他们成长得快，走了许多不该走的路，我会不会到时候伤痕累累，与众不同？我内心充满了恐惧，放学铃声就成了我最大的期盼，因为那时我就可以回家了。

走出教室后，我迅速地跑回家，可以不用想在学校里发生的事情，似乎得到了解脱，可以好好休息会儿了。回到家后的整个下午或者整个傍晚，我都可以睡在客厅的沙发上。

在接下来的12月，我一直向母亲哭诉学校里让我失望和沮丧的生活，母亲终于允许我尽量多地待在家里。这样，我们又经常一起坐在沙发上看着电视吃三明治。父亲每天都睡到下午，每次他醒来发现我还在家中后，他总会大怒：“莉丝！你怎么还在家里，不去上学？下次按时去上学好吗？”他每次看到我在家时都会这样说，可是第二天早上他从来没叫过我起床。

在一个星期四的早上，也是我逃课3个星期后，我听到了一阵急促的敲门声。我从门厅里听到了一男一女在那儿交谈着什么。他们用力地敲着门，我的心差点蹦了出来。我小声地走向父母的房间，他们正熟睡着。我隐约地听到门外的那两个人在谈论屋子里发出的味道。

在过去的6个月里，父母几乎没有打扫过房间。我们屋子里到处都是灰，窗户还被母亲在发怒时打破了一块。在风雪天，我们想尽办法用塑料袋将窗户封住，免得雨雪飘进来。但这通常起不了多大作用。我们的厨房通常是湿湿的，房间里也非常寒冷。那个冬天我和莉莎都冻病了。我们的冰箱也坏了，父亲只好将牛奶盒、奶酪放在窗户边。我想，走廊里的那两个人肯定是闻到了浴缸里臭水的味道。

我们的浴缸坏了很久了，莉莎每次洗澡只能站在浴缸里，用桶装着水一点一点地往身上浇。但她每次洗完澡后都没清理浴缸里的水，时间一长，浴缸就变黑了，发出一股股臭味。

几分钟后，我听到他们离开了我们的公寓。他们在门下塞进来一张纸。

我小心翼翼地向门口走去，拾起他们留下的那张纸。纸上写的是关于缺课的事情，还说请莉丝的父母或者监护人打电话给一位先生，纸的下方还留着一个电话，旁边还有一个大人牵着小孩的卡通图片。我当时还不完全明白旷课的意思，但我猜肯定是与我不去上学有关。

我确认父母还在睡着，于是把纸撕得粉碎，将它们扔在不同的垃圾桶里、湿纸巾下、香蕉皮下、啤酒瓶下，直到它们消失得无影无踪。

一天晚上，母亲回来时向我们宣布她刚交了一个女性朋友，一个住在我们附近的名叫泰拉的女人。

“我排队买毒品时，看见了另外一位白人女士站在那里，这很少见，你知道吗？所以我们开始交谈了起来。”母亲停了停，然后对我们说，“我喜欢她。”

在泰拉的公寓里，他们这些毒友经常一起吸毒。很快，母亲、莉莎和我也经常出现在泰拉的公寓。

泰拉留着前短后长的发型，穿着笨重的毛衣和仿旧的牛仔裤，她有一个7岁的女儿，叫斯蒂法尼。斯蒂法尼很野蛮，经常发怒，我和莉莎总在她背后捉弄她。她有着橄榄色的皮肤，小眼睛很黑，一头直直的黑发；她肯定更像她的父亲。她的父母很少联系。母亲告诉我她的父亲是20世纪70年代比较有名的情景剧演员，尽管他赚了不少钱，但泰拉说他几乎没有给斯蒂法尼买过任何东西。

在泰拉的公寓里，当母亲和泰拉在厨房里吸毒时，我、莉莎和斯蒂法尼就一起玩着玩具看电视。我注意到，她们吸毒的方式与我父母在家里的吸毒方式不一样：泰拉整个过程一直喋喋不休，我的父母却很安静。刚开始我还认为是吸毒方式不同的原因，但后来听了泰拉和母亲的交谈后我才知道事实并不是这样。

她们一起时，母亲和泰拉一直在重复着3个话题：斯蒂法尼的父亲、毒品的质量以及她们吸毒的方式。和大部分人一样，泰拉一直是吸食毒品，而我的父母亲则是静脉注射。我听到母亲每次都解释她注射可卡因的原因。

“上帝呀，珍妮，你怎么这样对待你自己？”泰拉问道。

母亲回答说：“这样总比让那些粉末毁掉你的鼻子强。我总不能还不到50岁，鼻子的软骨就都坏掉吧。”

“珍妮，他一直认为抚养孩子是件非常简单的事情，他从来没有尽过责任，你也应该知道，其实抚养孩子并不是那么简单的。”

我发现母亲一直不善于和新朋友交谈，至少在她兴奋时是这样的。母亲通常会用简短的一句“我知道”来回答她的问题；尽管这样，泰拉还是不断地自言自语。

“如果我起诉他，他肯定不会有好下场，他无法逃脱责任。”她边说，边用两只手指拿着烟不停地吸。

母亲和泰拉似乎有很多共同点。她们从小都深受家庭暴力的迫害，都有着暴力的父亲，她们还没做好准备就有了孩子，都靠政府救济金生活。在毒品方面，她们都选择可卡因，唯一不同的就是她们吸毒的方式不一样。泰拉不断听着母亲谈论她是如何讨厌等待救济金，是如何在酒吧里和别的男人搭话，如何在街上拦着别人要钱的。

母亲说：“我真的讨厌等待。”

可泰拉却称母亲的要钱方式为“淘金”。

“不，珍妮，你以后不要那样做了。你应该见一个叫罗恩的人。他一直照顾我，他也可能会帮助你的。这样你就不需要再向别人伸手要钱了。那样不好。”泰拉坚定地说。

在接下来的周日，我们一起见到了罗恩。他年纪偏大，大概60多岁，很瘦。他用不同的口气和孩子们说话。

当我们坐在泰拉的沙发上时，他对我们说：“嗯，你好，美丽的小女士们。大家今天过得怎么样？”

这时斯蒂法尼站了起来，抱着他的大腿。我和莉莎则有些害羞，躲在了后面。他试图用糖果来向我们示好。我从他的手中抓了3块糖，迅速地剥了一块。他对我微笑着，用手抚摸着我的头。

“这才是好女孩！”他说。

在他进入厨房前，莉莎一直保持安静，把糖果握在手里。

“别吃那些垃圾。”说着，莉莎从我的手中夺走了那几块糖。

“为什么不能吃？”我不解地问。

“我们不了解他，这就是原因。”

“你真讨厌！”我大声地叫着。

刚开始，莉莎就不喜欢罗恩。她不断地提醒我：“他是个陌生人。我们不了解他。”

但他是泰拉的朋友，这样他还是陌生人吗？陌生人会带我们出去吃饭吗？如果是陌生人，他还会买糖果给我们吃，带我们坐他那辆红汽车吗？况且母亲会这么快就和一个陌生人这样亲近吗？

罗恩为泰拉购买毒品，所以她猜测他也会这样对母亲。

我、莉莎和斯蒂法尼趴在泰拉家的地毯上看电视，泰拉把母亲介绍给罗恩后，不久他们3人就钻进了泰拉的卧室，紧关着门，很久后才出来。偶尔我们能听到从里面传来的笑声和砰砰的撞击声，但我们不知道里面到底发生了什么。罗恩第一个回到客厅。

他搓着双手问我们：“现在哪位小女孩饿了呢？”

罗恩带着我们所有人到了泰拉公寓附近的一家餐馆吃饭。他对我们说，我们可以吃自己想吃的任何东西——这可是我和莉莎从来没经历过的，为此我们感到非常惊讶。那么多食物看起来就像假的一样。我点了一份薄煎饼——我和莉莎一起吃都吃不完。莉莎也点了一份。斯蒂法尼点了我和莉莎都非常憎恨的鸡蛋。她边吃边用叉子敲打着桌子。

吃饭时，母亲、泰拉和罗恩在一旁低声地说着话。罗恩大部分时间都在说话，他贴着她们，把手放在她们的大腿上。我看到母亲经常为他的这种行为感到愤怒。

吃完饭，我们来到布朗克斯区的一块荒凉的地方。那儿的男人们戴着闪亮的珠宝，围着巨大的音箱跳着舞。罗恩从他胸前的口袋里掏出一些钱给母亲和泰拉，我和莉莎则按母亲的吩咐坐在了车子里。母亲和泰拉把钱交给了一个男人，我知道她们是在购买毒品。当我们在等待时，罗恩回来了，和我们聊天。

“我的小姑娘们，你们怎么这么漂亮？我的车子里像载了美丽的超模。”

斯蒂法尼大声地笑着，我则一直望着母亲。

与母亲和泰拉交谈的那些人让我感到非常紧张。我紧闭着双眼，直到听到母亲上车才把眼睛睁开。我们离开那里时，泰拉告诉罗恩她们已经买了DIMEBAG(毒品)。

尽管母亲不断地告诉泰拉，我和莉莎非常了解毒品，但她还是在我们面前很小心。

“DIMEBAG，泰拉，我知道怎么拼这个词。”莉莎说。

母亲突然打断莉莎的话 :“噢，安静，莉莎！”

回到泰拉的公寓后，在罗恩的陪同下，他们3人又在一起待了几个小时。

每个周日，罗恩都会开着他那辆红色汽车到泰拉的公寓接我们外出，这种外出就成了我每个星期最期盼的事情。每天我都会扳着指头算，盼着周日的到来。但每次当父亲在场时，我都会掩饰我的兴奋，不走漏一点儿风声。凭着直觉，我知道母亲不愿意让父亲知道太多有关罗恩的事情。父亲所知道的，仅仅是我们一直和母亲的朋友在一起，仅此而已。

罗恩肯定像我一样期盼着周日的到来，因为他每次去泰拉那儿从没迟到过。他每次都是上午11点到泰拉公寓门口，然后按3次喇叭。我们漫无目的地开着车，一连几个小时。泰拉把音乐开到最大，我们一起大声地唱着歌。

之后我们会回到泰拉公寓附近的餐馆，吃着薄煎饼、香肠，喝着橙汁。罗恩则像往常一样，坐在她们中间低声地和她们交谈，她们还时不时发出阵阵的笑声。趁她们不注意时，罗恩还时不时地瞟着她们的胸口。

有一天，泰拉有事，罗恩还是照常来看我们。他建议母亲、莉莎和我一起去他的房子看看。

他拉着母亲的手，哄着母亲说：“拜托，珍妮，我们可以再买一袋。你会喜欢我住的地方的，真的不错。”

我们坐了很长时间的车才到他住的地方，那也是我第一次清晰地记得在高速公路上开车。车在路上狂奔，我觉得就像一次冒险，而莉莎则在一旁睡着了。

没有泰拉在旁边，母亲和罗恩似乎不知道如何交谈。罗恩播放着乡村音乐。母亲一路感到不安和烦躁。我看到罗恩的手不时地伸向母亲的大腿，但母亲每次都迅速地避开，免得被我们看见。

罗恩住的地方才是真正的房子，有两层楼那么高，带有前院和车库。房间里，一块厚厚的玻璃墙将客厅和餐厅隔开，葡萄盆景挂在一架黑色钢琴上面。所有的东西都是金黄色的木头做的。母亲和罗恩直接进了厨房。我和莉莎坐在他那黑色皮质沙发上看着电视，不一会儿我们就睡着了。

几个小时后，罗恩用他那粗糙的手把我弄醒：“孩子们，醒醒。”他穿着短裤。

莉莎问：“我妈妈呢？”

“她去商店买啤酒去了，很快就会回来。”

我之前从来没看过罗恩穿着短裤。我不禁想为什么母亲会离开我们呢？

“商店有些远，所以她要过会儿才能回来。她叫我照顾你们俩，她还说你们需要洗个澡。”

一两个月不洗澡和不刷牙对我来说是常事，他这么说让我感到非常奇怪。有一次，当我帮忙分发考试试卷时，老师注意到我脖子上黑乎乎的脏东西，告诉我晚上洗澡时要使劲洗干净。当时我非常尴尬。

家里的浴缸一直坏着，我想应该是母亲要我们趁这个机会好好洗个澡。

浴室里充满了柠檬的香味，里面的瓷砖格外干净。我和莉莎泡在肥皂水里时，罗恩一直看着我们。在浴室里，罗恩显得格外消瘦，就像女人一样，一对大大的乳头露在外面。我真希望他穿着他的夹克离开我们。我们洗澡时，罗恩的眼睛一直盯着我们的下身看。我惊恐地抱着双腿将身子缩成一团，莉莎也十分不安和愤怒。

“你母亲要我检查你们每个部位是不是都洗干净了，先让我看看你们的脚和腿，抬起来，不然我看不见。”

在他的指导下，我们抬起脚、踝关节、脚窝和大腿，在他面前使劲地洗着。

“现在，请你们洗洗身上最难洗的地方，你们得站起来认真地洗。快点，我得保证你们已经洗干净了。”

“怎么保证？”我不解地问。

他急着说：“拜托，快点，站起来，让我仔细看看。”

莉莎愤怒地说：“我们知道怎么洗澡，你没必要看着我们！”罗恩吞着口水，眼睛瞟着四周，目光游移不定。

莉莎说话的时候，我已经站起来，拼命洗了起来。

罗恩说：“莉莎，我就是要确保你们都洗干净了。莉丝知道的，是吗，莉丝？”罗恩看着我们的眼神让我十分惊慌。

莉莎突然愤怒地喊了起来：“出去！我们自己会洗澡。”

莉莎说完，罗恩便失望地转身离开并关上了门。我和莉莎迅速地穿上了衣服。

5个星期后，也就是我出生6年多后，母亲第一次精神失常。

我模糊地记得，一天晚上我被送往一家家庭救助中心进行身体检查。我平躺着，看见一位医生从盒子里拿出一只乳胶手套。他把手套戴上时，我打了一个冷战，我从来没看见过只戴一只手套的。正当我准备告诉他他忘了戴另一只手套时，他就走开了，和一位金发的女士聊了起来。我看到他们都穿着白大褂，四周的墙白白的，房间的桌子上放着一些白纸，纸上写着我的名字——伊丽莎白·默里，名字旁写着我的出生年月——1980年9月23日。

“伊丽莎白，你饿了吗？今天吃东西了吗？来点儿汤和三明治怎么样？伊丽莎白，你可以告诉我们实情，亲爱的小宝贝，你父亲碰过你吗？”他们柔声问道。

那晚过得可真慢，随后的几个星期过得更慢。母亲变得都认不出自己来了。她到处狂叫着，即使没人的时候也那样。“把你的手拿开，不然我会杀了你！”当警察把她送到救护车上时，她拼命地挣扎着喊。

父亲后来告诉我，我和莉莎坐在警车上，母亲的救护车紧随其后。

在车上我一直紧闭着双眼。我没有告诉任何人母亲精神失常是我引起的。

那天母亲回到罗恩的家时，莉莎叫她到浴室和我们待在一起。我想莉莎肯定会告诉母亲刚才发生的事的，所以我抢先告诉了她。母亲听后，脸上的表情变得特别恐怖，她愤怒地跑出浴室冲向罗恩，我听到母亲打了罗恩几个耳光。我从来没见过母亲这样愤怒。

后来我们坐了很长时间的火车才回到家。路上莉莎告诉母亲，有一次在泰拉家，罗恩要给她拍一些相片。她们的谈话让我特别尴尬。我的头发还是湿的，一路上，我一言不发地趴在母亲的腿上睡觉。一连几天，这件事情都没有结束。

“莉丝，告诉我罗恩对你做的每一件事，宝贝。你一定要告诉我，小南瓜，告诉我好吗？”

我感到非常羞耻，我都不敢看母亲的眼睛。当我告诉她，我在洗澡时看见罗恩捏着斯蒂法尼的胸部时我是如何害怕的，我的喉咙就疼了起来。我还告诉母亲，有一次罗恩在泰拉的房间里，帮我拉开裤子的拉链，将手伸进去使劲摸我，都把我弄疼了。他离开后，我就用浴室里的凡士林来缓解疼痛。

我告诉了母亲一切，除了一件事——我知道他这样做不对，但我当时并没呼救，因为我知道罗恩可以让母亲过得更容易些，也让我和莉莎过得更好，我不想毁掉这一切，所以我当时并没制止他。

我知道这就是我让母亲精神失常的原因。我本该早点阻止罗恩的无礼行为，可是我并没有这样做，结果事情变得更加糟糕。

在医生办公室里，我听到了医生说母亲精神失常全都是因为滥用毒品，只有我知道医生的判断是错的。一位穿着高跟鞋的女士对一位护士说："去检查一下孩子。你应该听到了孩子的母亲是怎么说她父亲的。去叫位医生来为孩子做做检查，我们就知道到底发生什么事情了。"

"医生只是做个检查而已，不会痛的，就是有点不舒服，你要保持镇静，做一个勇敢的女孩儿，好吗，伊丽莎白？"

医生两只手指向上指着，就像牧师做祷告一样，然后将润滑液涂在指头上。

"亲爱的伊丽莎白，一会儿就好了，你要把脚放在这里，勇敢些，保持镇静。"医生说。

我躺在床上，两腿分开，医生把椅子拉近时，我浑身发抖。医生随即拉过来一盏灯，此时我非常想母亲，我多希望她在我身边保护我，安慰我。

当医生开始做检查时，我感到一阵阵尖锐的痛，眼泪不停地流了下来。医生检查的地方，是父母叫我不让任何人碰的地方，是我自己都不知道的地方，是没人相信父亲从未碰过的地方。

"好啦，伊丽莎白，我们现在出去吧，亲爱的，你现在可以穿衣服啦。"

我的身子弯成C形，当我看见我两腿间流着鲜红的血时，一种强烈的恐惧感袭上心头。我吓得对着天花板大哭起来。

电视上那些艾滋病人的画面栩栩如生地浮现在我脑海里。我记得有人说过，凡是得了艾滋病的人最终都会死掉。母亲会很快死去吗？

3. 海啸天气

1986年母亲精神失常后，她的病比我们任何人想象的都要严重。4年内母亲精神分裂发作6次，每次都需要被关进精神病院一到三个月。

母亲在精神病院里的生活并不复杂。她的房间里只有一张床、一个小柜子和一个小洗脸池。我看见母亲精神恍惚时眼睛睁得大大的，就像煮熟的鸡蛋，呆呆地看着四周。

随着时间的推移，母亲的毒瘾比原来增大了2倍甚至3倍，随时都有可能发作。毒瘾发作时，她语无伦次。我当时真不知道她在精神病院是如何度过的。原来只要一有机会她都会去吸毒，可精神病院里连毒品的影子都看不到。我想这也是唯一可以让她戒毒的地方。

学校里的海报说吸毒就是慢性自杀。母亲住进精神病院后，我开始想，或许那里才是唯一可以拯救她的地方。母亲每次住院都会为我带来希望，尽管希望渺茫，我想只有在那里她才会清醒。

每次母亲从精神病院回来后，看起来焕然一新：她的腿和腰胖了些，黑眼圈消失了，头发也变浓密了。她还经常拜访戒毒会，珠宝盒里装满了她从戒毒会里拿回来的钥匙链。

但好景不长，不到一个月她又恢复原样了。这一般从她缺席戒毒会的会议开始。她待在家里的时间更长了，从早上到下午6点钟一直按着遥控器更换电视节目，从房间里进进出出。就这样，她慢慢退出了戒毒会。

当救济金发放时，她又开始购买毒品，而且从来不接戒毒会打过来的电话。毒品让精神病院开的药作用减效不少，没多久她又住进了精神病院，留下父亲一个人在家当全职爸爸。

母亲住进精神病院的那段时间，我们家的经济状况稍微好了些，就像那时父亲住进监狱一样。在那段时间，我们3人有时会连续一个月天天一起吃晚餐，白天我们通常也会吃些东西。

父亲那时会在家听着他喜欢的老歌，在烤箱旁做着美味的牛排。每周我们会探望母亲两次，在探望母亲时，父亲会给我和莉莎每人4个25美分的硬币当零花钱。我通常会将这些零花钱留一半放到存钱罐里。我知道这些钱很少，但攒下这些钱能让我拥有属于自己的一笔钱。母亲快出院时，我能通过我存起来的硬币算出她回家的时间。

在1990年，母亲偷我的零花钱之前，我发现我居然存了20多美元。我经常把它们称作“疯狂的硬币”。那时父亲的钱也多了些，因为他吸毒的次数也减少了，一周不会超过七八次。母亲不在家的时候，父亲看起来也似乎精神了很多。

母亲回家后，在他们又恢复原样前，家里会有短暂的一段平静的时间。我们一家4口有时会去看电影，母亲会还为我梳辫子。父亲还会带着我去图书馆。

像摆钟一样，我知道父母会向两个极端走去，要么积极向上，要么坠入深渊。他们的生活就这样向两个极端来回摆动着。

这种生活模式直到1990年的夏天才被打破。那时，他们的婚姻也走向了低谷。我对母亲的爱变得动摇起来，几乎每天我都期盼着母亲重回精神病院，那样我们才能平静下来。

那年夏天父母每天都争吵，有时甚至动粗。这种争吵主要由母亲挑起，主要是因为母亲怀疑父亲对她不忠。母亲那时一直说父亲“真不是个好东西”，“他一直就那样，一直都在骗我”。

虽然母亲的医生认为母亲已经痊愈了，但她还是经常无理取闹，她的脑海里经常浮现出父亲在外偷情的情景。

“莉丝，她就这种脾气。你长大就知道了。”父亲分辩说。

有时我甚至不知道母亲是否有理由去怀疑父亲的不忠。当母亲向父亲大声嚷嚷时，我总是为父亲辩护。有时我也不知道为什么父亲偷偷摸摸离开家，我只能模糊地记起一些父亲离开家的情景。

我记得我6岁、莉莎8岁时，有一次，父亲带着我们在曼哈顿的大街散步，我们向一个公园走去。当我们快靠近公园时，父亲突然松手把我推向莉莎。我记得当时他这样让我很惊慌。

“莉丝，和莉莎一块走吧，她会带你去见梅瑞迪斯。”

我不知道我们该去何方，也不知道为什么父亲不和我们一起去公园了。我又伸手拉他，但父亲往后退了退，对我摇着手说不。

“快点，莉丝，牵着我的手吧，我们去见梅瑞迪斯，她就在那儿。”莉莎说。

我看见一个棕色头发的女孩站在公园的马路对面，向我们微笑地挥着手，就像我们曾经很熟悉一样。几年后，莉莎也证实了这段经历，她说在父亲遇到母亲前，他已经有了一个女儿。我们有个叫梅瑞迪斯的姐姐。在她2岁时父亲就遗弃了她。

我记得父亲在家或在母亲面前从未提过梅瑞迪斯。她也从没来拜访过我们。没有人在我们面前提起父亲过去的生活，或者提起过我们还有个姐姐。在父亲毫无理由地离开家时，我就会猜想他还有什么事是我不知道的，就这样，父亲又多了一分神秘感。

不管这是否是事实，母亲经常在他面前发怒，经常怀疑他，她向他叫喊着挑起争吵。大部分时间，父亲都会对母亲的责备和怀疑不予理会，父亲越这样，母亲就越生气。最后，他们分床而睡，根本不像一对夫妻，这一切也早在我们的预料之中。

就这样，客厅里堆满了母亲的东西：香烟、火柴、钥匙、内裤、破旧的杂志等等。白天母亲睡觉时，我会轻轻走过去关上窗户，或者为她盖上被子。当我靠近她时，我能闻到一股酸酸的啤酒味。每次醒来，她会在屋子里不停地转着圈，抱怨所有的事情。她频繁地去商店买啤酒，大口地喝着，偶尔还会放声大哭。

现在，吸毒成了他们唯一一起做的事情。他们不吸毒时，父亲会在床头柜旁看书，有时从我的卧室里都能听到他哈哈的大笑声。这也是他避免争吵的方式。

每当父母亲开始争吵，我和莉莎就会关上门，她听她的音乐，我看我的书。我会在桌子前一连几个小时阅读父亲带回来的书。我起先是慢慢地读，后来速度越来越快，一个星期我就能读一本书。尽管我经常缺课，但由于我经常读书，年终考试我还是通过了。由于每次考试我都是高分，不管我是否在学校真的学到了东西，最终我还是会顺利地升级。

一年级后，我每天都在我家附近闲逛，来摆脱家里的烦恼。1987 年 7 月，我遇到了里克和丹尼。他们是兄弟俩，相差两岁，长得很像，都有褐色的皮肤，龅牙，发型也相同，无论走到哪儿，别人都以为他们是双胞胎。我比里克大一岁，比丹尼小一岁，或许是因为年龄相差不大，我感觉我就是他们的姐妹。

第一次遇到他们时，他们正在垃圾堆上的床垫上玩耍。我第一次看见他们，就觉得他们和我们学校的孩子不一样——他们很脏，很野蛮，就像我自己一样，容易亲近。

当我看见他们在床垫上蹦蹦跳跳时，我问里克："我能在这个蹦床上玩吗？"

“可以，欢迎。”他回答说，笑了笑，走到床垫的另一边。

我们一起玩了一个小时，高兴地聊着天。他们和我有很多相似之处，比如丹尼在幼儿园时的老师也是我的老师，我们都喜欢奶酪，里克也喜欢捉迷藏，他和我同月同日生。几个小时后，我来到了他们的家，他们家是个三居室，挤满了人，家中有他们的哥哥约翰、小弟弟肖恩、继父和母亲，他们的母亲也叫莉丝。她是个非常热情的人，晚饭时不断冲我微笑，给我盛米饭和豆子。那天晚上，里克、丹尼和我一起疯狂地玩着电子游戏。

在之后的3年里，我有一半的时间是在里克和丹尼家度过的。我在他们家吃了无数次西班牙晚餐，还经常和他们一起去公园和动物园。他们家的影集和录像中到处都有我的身影。我最喜欢的相片是在我和里克过生日时拍的，我们在一起拍了很多张一起吹蜡烛的相片。里克的妈妈莉丝还把我俩的名字同时写在蛋糕上。

我很珍惜我和他们一起度过的时光，但我从没告诉过他们我的家庭情况。他们也从来没有问过，就算偶尔提起，我也是立即转换话题。所以我一直能很好保守着我的这些秘密。每次我进他们家前，为了避免尴尬，我都会认认真真地洗澡，还把我的头发扎起来。有时在他们家过夜，为了掩盖我那发臭的鞋子，我都会将鞋放在远处的角落里，放在男孩子的柜子里，或者放在厨房的垃圾桶后面，这样里克的妈妈或许会认为那是垃圾桶散发出来的臭味。同样，回到我自己家，我也会向父母隐瞒一些事情，不能让他们知道得太多。

每次母亲睡在沙发上，头上的苍蝇乱窜，烟蒂在啤酒瓶上冒烟时，我知道我不能告诉她我和里克一家一起出去野餐，一起晒太阳，一起吃自助烤肉这些事情。同样，我也不能告诉父亲和莉莎，我在外面享受到的欢乐让我感觉自己背叛了他们。我发现我需要到处隐瞒，在学校里，在我自己的家里，在里克和丹尼家中，我都没法展现真实的自我。如果我想在学校不被人另眼相看，如果我想在家里成为“好女儿”，如果我想在朋友面前表现得“正常”，我都必须隐藏些什么。

夏天，我已经9岁了，我每天都拼命想离开家出去找点新鲜事。有时里克和丹尼的父母不和我们在一起，我们3个人会在布朗克斯区闲逛，直到我们的脚酸痛得不行。我们能走多远就走多远，一路上，我看到了许多新鲜有趣的事情。渐渐地我们变成了捣蛋鬼、街头混混，我们经常搞些破坏，做些我们不该做的事情。

有一次，我们在里克家看了一部有关洞穴探险的电影，我们决定要搞一次冒险活动。我们找来一些树枝，将纸袋捆在树枝的一端当火把。火把做好后，我用里克的打火机点燃了它，对他们说："现在我们开始真正的探险啦！"

接着我们就爬进了一个黑乎乎的房间，当我们爬到房子的顶部时，房顶突然着火了，火光四射。我第一个退了出来，里克站在那儿惊呆了。

"伙计，着火啦！"

我抓着他们的衬衣使劲将他们往后拽。

我大声地叫着："快跑，快跑！"

我们拼命地跑着，一直跑到附近的一辆小货车后面躲着，大口地喘着气。在我们躲藏的地方，我们看到消防员正赶过来。

就这样，我们一天天在街上闲逛，不断寻找刺激，制造些小麻烦。和其他人不一样，家里没有规定我几点必须回去，所以我经常哄着他们陪我玩到很晚才回家。我不想他们回到家太晚挨父母的骂，可我也不想他们那么早就回去，所以有时我们一直待到黑暗的夜空出现第一道光——我们称之为布朗克斯的"曙光"。

每次他们回家后，我都感到无所事事。我尽可能慢地往家走去，脑海里回忆着白天发生的一幕幕。回家时，我会为第二天的活动做好准备——或许我们可以偷偷溜进电影院看一整天的免费电影，或者下个周三趁布朗克斯动物园免费时去那儿玩。

到家后，一股刺鼻的臭味扑面而来，我知道这是浴缸发出来的气味。我们的浴缸坏了很久了，现在变得更脏了。除了电视发出微弱的光外，房间里完全黑乎乎的。我知道莉莎已经回房间了，因为我听到了她房间里的音乐声。母亲此时正在她那黑暗的卧室里抽着烟，用力吸着鼻子，听着那首悲伤的歌。

“晚上好，妈妈！”我对着她点燃的烟头说道。

“晚上好，伊丽莎白。”听到她叫我全名时，我感到浑身紧张，因为她只有精神失常时才会那么叫我。

我大步地走进房间，坐在沙发边上，尽可能离门近些：“怎么啦，妈妈？”

她苦笑着回答说：“唉，我，我真的不知道怎么了，伊丽莎白。我感到很孤单。”

“爸爸呢？”

“谁知道去哪儿了。”她冷漠地回答。

“你们又吵架了？”我不安地问她。

她说：“你爸爸一点儿都不懂体贴人。你知道吗？伊丽莎白。有好多事儿，等你长大了我再告诉你。”

“我现在就想知道。”

“不，你一直为你爸爸辩护……我真的很孤单，我需要爱，你知道的，每个人都需要别人的爱。”她说话的声音越来越高，大口地喝着酒。

我的心怦怦直跳。看着她的样子，我知道她又要精神失常了：她将电费单看成救济金支票，把她自己看成科恩·爱迪生（电力公司的名字）。当我喊她妈妈时，她对我大声地喊道：“我不是你的妈妈，我是爱迪生，你这个小贱人，我是不会给你钱的，滚开！”等到领来了真正的救济金支票，她却放在自己的口袋里，几个星期都不去兑现。有几个晚上，我和莉莎实在太饿了，我们不得不舔着牙膏和樱桃味的唇膏充饥。

当她精神失常时，她一会儿大声喊叫，一会儿一言不发或者自言自语。一旦她能控制下自己，我和莉莎就会迅速打扫房间，把垃圾扔到楼下的垃圾桶里，然后在房间里喷些空气清新剂，再把浴室的门紧紧关起来。根据当时的情形，我觉得她最多只能在家待一个月的时间就得重回精神病院了。

“妈妈，我非常爱你！”我用最为关爱的语气对她说。

“不，伊丽莎白，我需要的是男人的爱，你知道吗？是男人的爱，男人的爱。”她一遍又一遍地重复着同样的话。

我说：“爸爸很爱你！”

在黑暗的房间里，我没有听到她的回答。接着，我又轻声地说了一遍，估计只有我自己才能听到。

在一个星期四的下午，我正准备穿鞋出去，门外突然传来了一阵急促的敲门声。我立即猜到在门外的应该是社工。我小心翼翼地走到门口，准备从窥视孔往外看。

这时，我发现母亲神志不清地走到了门前，穿着脏脏的超长T恤，正打开房门。她身后的客厅里到处都是垃圾、破旧的衣服和满地的烟蒂。此时的我感到惊慌失措。

母亲打开门后，我看到了一个身着笔挺西服的20岁左右的白人青年。我想，他肯定是来检查我们生活状况的社工。

我急忙跑到厨房搬出来一把椅子，用毛巾使劲儿擦干净，这样至少他还有个地方能坐着。

这时，莉莎从她的房间里走了出来，令我感到惊奇的是，她居然说出了他的名字，和他打起招呼来。

莉莎问：“马特，对吗？”难道她为我们叫来了儿童福利工作人员吗？

他惊奇地问：“你就是莉莎吗？”

“是的，请坐吧，坐到咖啡桌旁或许会好些。”

因为上次一位社工对我说，如果下次再看到我这么消瘦，他就会立即带我们走。想到这些，我立即穿上了一件长袖衣服，让自己起来更胖些。莉莎坐在了沙发上，母亲也走了过来，而我则坐在这位“社工”旁边。这时父亲也刚从商店回来，我的肚子已经饿得缩成一团了。

他吹着哨子走进了客厅，马特此时正在找能放下公文包的干净地方。我祈祷着他没有发现一只蟑螂正在向他的鞋子靠近。

父亲和他打招呼说：“你好。”

“你好，先生，我叫马特。”马特边回答边将手伸向父亲和他握手。当我腾出一块干净的地方让马特放包时，他已经将他的公文包放在自己的腿上了。

这时，我看见母亲张开着双腿，父亲给我使了个眼色，我赶紧坐在母亲面前用身体挡着她。我意识到我们很久没坐在一起了，房间里悄然无声。我看着马特，想知道他到底来干什么。

“嗯，我今天过来，是为了和大家一起分享由《大英百科全书》提供的难得的机会。”

听到这话后我放松了很多，但我马上又紧张了起来，因为我看见父亲一直紧张地站在那里。

“对不起，先生，你刚才说你是从哪里来的？”父亲双手抱在胸前，身子弯向马特，眼神里透出一丝怀疑。

此时我突然想起3个星期前发生的事情：在一个深夜，我和莉莎正在看电视，一则商业广告突然出现在电视上，一个男孩和一个女孩艰难地写着家庭作业，并时不时地向他们的父母寻求帮助，可是每次他们的父母都只重复一句话：“亲爱的，请自己看。”然后这两个孩子就认真地查看《大英百科全书》，在《大英百科全书》的帮助下，他们考试都拿了A，全家人坐在一起进行庆祝这个好成绩。那个节目的解说员还邀请观众参与免费家访，参与的观众可以免费获得两个分册。当时莉莎目不转睛地看着电视屏幕，还记下了屏幕上显示的电话号码。可我没想到她真的会打电话。

“这是我们的手册，你可以看看。”马特随后舔了舔自己的嘴唇。

我问马特："你要喝点水吗？"

"不，不用了，谢谢。"他说话时甚至没看我一眼，我的脸变得通红。

"这些是给你的。"他刚要把手册递给莉莎，母亲就从他手里拿走了手册。

他动了动身子，继续发着他带来的手册。我已经开始流汗了。很明显，他也在流汗。从卫生间里传出来的臭味实在难闻，他不停地清着自己的嗓子。莉莎戴上了眼镜，仔细地看着。

"拥有自己的《大英百科全书》的好处是不可估量的，是教育智慧……"

父亲打断他的话说："好的，知道了，知道了！"

马特说话时，两只苍蝇从他脸上飞过，他假装打开小册子翻动着页面，以便赶走苍蝇。这时我期盼母亲不要开口说话。

母亲盯着他断断续续地说："你想你……刚进来……就能摆脱掉……它们吗？"

"对不起……我没明白你的意思。"马特结结巴巴地说。

我迅速地回答他说："没事，没事的，请继续。"

母亲此时眼睛睁得大大的，不停地点着头。

"妈妈，是我叫马特来的。"莉莎终于忍不住了。

母亲继续目不转睛地盯着马特。

尽管知道母亲精神失常，但莉莎一直表现得一切都很正常似的。

"这些东西多少钱？"莉莎抬起头问他。

"幸运的是我们有不同的付款方式可供选择……"

父亲再次打断他说："请告诉我，先生，这些书是不是和图书馆里的一样？"

"嗯，自己拥有一套《大英百科全书》和从图书馆里借是不一样的，我们有几种不同的支付方式，任何人都可以支付得起……"

母亲在一旁抠着鼻子，马特假装没看见，但当母亲用沙发擦手指时，马特皱了皱眉头。

莉莎问：“如果我只买其中的一部分呢？比如小册子上的特别版，或者战争版？”

莉莎当时在想什么呢？难道她不知道每天早上醒来时看到的是什么？我们饭都吃不上，哪儿还有心思看伯罗奔尼撒战争？看着她向马特点着头，我知道，我们永远都支付不起。我希望莉莎能清醒点儿，知道自己在做什么。

马特离开时，我真不知道是我还是马特的心情更放松。在随后的三个半月里，母亲一直待在精神病院。每次看到《大英百科全书》的广告时，父亲都叉着手抱在胸前看着莉莎。而每当想起我们家的第一个客人时，我都感到万分羞辱。

令莉莎失望的是：免费的两个分册从未寄到家中。

母亲住进精神病院5天后，我们的救济金支票还没来。我翻遍了屋子里的每个角落，都没找到可吃的东西。我真的很饿，饿得发抖，我不得不出去看看在哪儿能弄点吃的。这时我想起了里克和丹尼认识的一个叫凯文的男孩，他就比我大一点儿，但他的口袋里经常放着一些钱，他还经常在我们面前无休止地炫耀他找到的工作。

当时已经是上午10点了，白天我们很少看见他，我和里克他们穿梭在学院大道上，或许我们能在凯文下班的路上遇到他。最后我们在12路公交车站那里找到了凯文。我让里克把我介绍给他。

“凯文，伙计，这是我的朋友伊丽莎白，我们希望你能帮她找找工作。”

“你们想赚钱是吗？”凯文笑着问我们。里克和丹尼点了点头。

“是的。”我立即走上去，“你能告诉我们你在哪里工作吗？什么地方都行，我们现在能过去干活吗？我的胃饿得疼死了。”

凯文告诉我们如何偷乘公交车。我们在公交车的后门附近，等着人多时一起挤上去，这样司机就不会发现我们。凯文接着说我们的目的地是布朗克斯动物园附近的半自助加油站。在那里我们可以抢着为顾客服务，这样或许能得到一些小费。

凯文一路上都在为我们讲解他的工作。我安静地听着，时不时点点头。当我意识到凯文的“工作”有些不正当时，我的肚子已经咕咕叫了，我顾不上考虑凯文的“工作”性质，一心只想快点赚些钱。

“当你帮他们加完油后，你们一定要站在那里像木头一样别动，就像在提醒他们还没付小费一样，让他们感觉自己很吝啬。这样他们就会给钱，尤其是白人女孩。这样你们才会有所收获。你一定要紧紧抓住加油棒，在他们说‘不’前，直接为他们加油。”

他的办法真的很管用。刚开始我还不是很熟练，经常把油洒了一地。但几个小时后，我就很熟练了。到了晚上，我一共赚了 30 多美元，这是我迄今为止有过的最多的钱。刚开始，我们的工作并不顺利，因为有时加油站的正式工人会驱赶我们。他们说我们妨碍他们的工作，私自进入他们的地盘，他们要报警。但我们的动作比他们快，并且我们分头行动，所以他们总是抓不着。每当凯文看到加油站的工作人员盯着他时，他就朝他们竖起中指。

司机对我的第一反应一般都是非常不情愿和愤怒，并且我每次需要说好几次他们才能听明白我的意思。他们往往会说：“你需要什么？”“油怎么样了？”甚至有时我需要大声地说话他们才能明白我的意思：“我能为你的车加油吗？”最后，我意识到是我的自信心不够，所以他们才听不明白我的意思。不久，我就熟练了起来，我微笑着对他们说：“让我帮你的忙吧。”这往往很管用。

尝到了赚钱的甜头后，我常去那儿干到傍晚才收工，我比里克、丹尼和凯文干的时间都长。白天我只在去麦当劳买汉堡时才休息一小会儿，边走边吃，匆忙地返回加油站，一直干到天黑才坐上公交车回家。在“免费”公交车上，我一直回忆着当天发生的事情，想起这个新的赚钱方法，心里美滋滋的。

不过在去加油站的第二天，我发现凯文带我们过来，是为了解决他一个人无法解决的事情——加油站的工作人员经常赶他。我们能帮他放哨，这样他就可以安心地赚钱了。那天，我们整整为他工作了一天，分文没赚。从那之后，我再也没和他说过话。但自从有了这次经历后，我开始想，或许我自己也能想出一些办法来填饱肚子。

公交车沿着福特汉姆大道前行，街道两旁都是商店。透过窗户我看见人们从商店里进进出出，包里装满了东西。我当时在想，我和母亲经过那个加油站很多次，可我怎么从来没有想到还可以从那里想办法解决我吃饭的问题呢？或许我也能从这些商店找到赚钱的机会，我想，每个商店都应该有经理，他们都能随意聘用任何他们选中的人。虽然我知道我才 9 岁，还不到法定的工作年龄，但如果我极力说服他们的话，或许他们还能聘我帮他们拖地或者打扫卫生。我在心里暗自想着。

今天实在是太累了，不过这几天赚的小费把我的裤袋塞得满满的，足够为我、莉莎和父亲买一顿中餐。我把头靠在窗户上，开始琢磨着第二天的计划。

第二天早上，我开始在福特汉姆大道寻找工作。我不想被加油站的工作人员到处追赶，我想要一份安定体面些的工作。我走进每一个商店和那里的雇主交谈，每次我都装得十分严肃和有责任心。但不管我怎么努力，没有一个人愿意和我认真交谈。

“你想工作是吗？你找别人去吧。”尽管我每次都非常清楚地说：“我想要的不是一份真正的工作，可以是任何工作，打扫卫生也行。”

他们的回答都如出一辙。“你至少要满 14 岁才行，孩子，你多大了？ 10 岁是吗？”一位女士微笑着对我说。整个收银柜台的人都笑了起来。我感到非常尴尬，非常沮丧。我对我自己的工作能力一直都很有信心，可我被拒绝的次数越多，我就变得越有自知之明。我开始注意自己那蓬乱的头发、脏兮兮的鞋子和指甲里的脏东西。昨天的喜悦在今天看起来似乎有些愚蠢。

我一直沿着福特汉姆大道走着，遭到一个又一个的拒绝。最后我走到了购物区的尽头，准备向加油站走去。

由于加油站工作人员总是追赶我，所以我开始并没打算再去。里克和丹尼昨天已经告诉我他们那天赚的钱已经足够了。但我想，如果我去那儿的话，或许至少不会空着手回家。

我觉得自己应该中午后去加油站，午饭后为别人加油。然后我再去另外一个有很多商店的地方碰碰运气。

除了要不断警惕加油站的工作人员外，头两个小时还算顺利。我知道交通高峰时会有很多人来加油。我看见他们的车子里：小孩子们尖叫着，大人们数着钱，和我年龄相仿的孩子坐在后座上打闹，好奇地看着我。

当我奔跑着给司机加油时，兜里的零钱不时地蹭着我的大腿。失去一个客户意味着失去一份小费，所以我争分夺秒地加着油。很快，我就能买得起麦当劳里的任何东西了，我心里开心极了。我在顾客间穿梭着，兜也慢慢地鼓了起来。

到一点钟时，我已经赚了不少小费，但我也被追赶了3次。最后一次，当加油站的工作人员抓着我的后背大声叫嚷着要把我抓起来时，我决定不再回加油站了。他们使劲地要把我推进他们的小亭子，我拼命地挣扎着逃跑了。

在山脚下的一个凳子上，我坐着数我当天赚的小费，一共26美元。我的皮肤被太阳晒得通红。我把钱放进裤兜里，向大广场街走去，穿梭在各个商店中。

很不幸，我的运气一点儿也不比上次好，没有人愿意和我认真交谈。我的问题和原来一样，他们的回答也一样。最后，我不得不回家去。在回家的路上，我又开始琢磨着到其他的地方试试运气，不过这时我的信心已经开始动摇了。

我进了一家超市，我知道我可以偷走一袋牛排和一块黄油，虽然我支付得起，但我不想花掉我赚的任何一分钱。我知道，在和里克、丹尼一起偷了很多次后，我是不会被抓住的。我知道怎么做，我有信心。

超市里晚上买东西的人很多，这就进一步增强了我不会被发现的信心。超市的店员们忙碌着，我观察着超市经理和助理的动静，只有他们才会注意超市的安全。这时我看到了几个比我大几岁没穿工作服的孩子站在收银台的后面，帮忙包装东西并跟顾客要着小费。

我数了数，他们一共有4个人，都是男孩，要么是黑人，要么是拉丁人，他们每个人占着一个柜台，人们付完账后都会给他们小费。我密切地注视着那两个空着的柜台，我没有立即走上去，而是观察着他们是如何工作的。薄袋子用来装鸡蛋和面包，厚些的袋子用来装些较重的东西，重的东西和较轻的东西分开搭配。微笑和礼貌可以换来小费。带着半分喜悦和半分害怕，我走进了一个没人占领的柜台。

这个柜台的收银员都是一些西班牙女孩，她们都穿着紧身衣，梳着同样的发型。在我站的那个柜台，一位收银员向我笑了笑。我们没有言语交流，但她的微笑告诉我：我被接受了。我在袋子架上取出来一个袋子，她将收完钱的东西往我这边堆放。我整齐地摆放着：盒子有角，所以需要两次包装；盘子要放在上面……

在那位买东西的中年男士付完账之前，我就将所有的东西装好了，这让我感到很骄傲。但当我把东西交给那位男士并看着他的眼睛时，他几乎看都没看我，就直接向门口走去。我一直盯着他的背影，希望他意识到自己还没付小费，但令我失望的是他头都没回就走了出去。

这时超市的一位经理大声地叫了起来："亲爱的顾客朋友们，我们的超市将在10分钟内关门，谢谢你们的惠顾，晚安。"

一会儿，一位高高胖胖的妇女和她的孩子推着三大车东西走到了柜台前，车子里堆满了东西，就像他们在超市待了一整天一样。她手里拿着一堆优惠券，挥着手说："女士，我这里有优惠券，所以请你别多收我们的钱。"

“是的。”收银员回答说。那位妇女接着强调说：“我一直盯着你，你可别多收我的钱。”

当她在付账时，她的三个孩子在一边打闹着。

“别闹啦，去整理这些该死的东西。”听完她的话后我紧张了起来，或许，找她要小费会为我带来麻烦。

这位妇女一直盯着柜台的收银员，我迅速地为她装着袋子：肉类的东西放在一起，牛奶分开装，轻重均匀……

很快我就整齐地为她装好了袋子，安静地站在一旁等待着。

在等待小费时，我发现了袋子架附近有一个黄色的袋子，里面装满了好吃的东西：香肠、薄饼、奶酪……

我顿时觉得特别饿，盯着这个黄色的袋子不住咽着口水。这时，超市正在关门。两个收银员正忙碌地记着什么，有些人关着窗户外面的门，看来我没有时间挑选自己的东西了。

我弯着腰假装系鞋带，观察四周，发现没有人在注意我，我立即迅速地将黄色袋子移到了没人看得到的柜台下面。我站了起来，对着那些没有注意我的人傻傻地笑着，我的心怦怦直跳。

那位妇女大声地喊着：“走吧，孩子们。”

我将几大包东西放在她手上，她接着将袋子分给了她的孩子们。我真希望她不要对我说话，她的嗓门很大，让我害怕。

她看了我一眼说：“看你，笑得多甜呀。”

我的罪恶感让我不敢直视她。

“这是给你的，亲爱的。”她低着头把一些湿漉漉的零钱放在我的手上。

我勉强又对她挤出了笑容：“谢谢你，女士。”

“你笑得真美，现在走吧，孩子们。”

她走出了超市的大门，孩子们则跟在后面费劲地拎着东西，最小的那个孩子边走边摇晃着，就像只小企鹅。

这时，另外几个装袋的孩子已经走了，超市里只剩下收银员还在那儿忙碌着。

在确保没人注意我的时候，我抓起袋子快步走出了超市。

家里的电话一遍又一遍地响着，父亲在旁边看着他喜欢的电视节目。我趴在桌子上睡得正香。

在梦中，我隐约听到母亲在电话的另一边叫着我的名字："莉丝，你在听电话吗？"她一遍又一遍地重复着。我揉了揉眼睛，清醒了过来，这才接起电话，意识到母亲真的在和我通电话。

"妈妈？"

"莉丝，我想你就应该在电话旁边。我们又在学一些东西，我为你做了一个杯子，尽管做得不太好，我不是很满意，但做得还挺像的。"

"陶瓷的是吗？你会做陶瓷杯子啦？你感觉好些了吗，妈妈？"

"我想我肯定是好些了。嗯，但我在这里很难受……我真的需要一小包，哪怕是特别特别小的一包。这真的很难受，你知道吗？这些该死的护士就像盖世太保一样，我甚至连抽烟都不行。"母亲抱怨着，"我就像坐牢一样，他们不知道想抽烟的滋味，真应该让他们试试。"

"我知道，妈妈。"

精神病院里面的工作人员都知道我和莉莎的名字。他们经常问我们的学习和生活情况，为我们换牙提出建议，还记得我们的生日。但我拒绝他们的好意，因为我很不喜欢他们对母亲说话的口气，那种口气就像大人对小孩说话一样。所以每次当他们和母亲说话时，我都假装没听到，每次探望母亲时，我都远远地站在一旁看着她。

"妈妈，等你回家，我们一起去吃麦当劳。"我想告诉她我工作的事。

“好的，莉丝，没问题。”

“不，妈妈，我不是让你带我去那儿，我的意思是等你回家后，我们一起去麦当劳，我请你。我有份工作啦。”

“什么？小南瓜，真的吗？你知道的，我小时候曾经在一家农场干过一阵子活。”

她又清醒了起来。

“我们在那里挤牛奶，这份工作真的让人很恶心，但是你知道吗，我们刚挤出来的牛奶比在商店里买的要新鲜得多。”

“你很快就要回家了是吗？听得出来，你已经好多了，你很快就能回家了。”

“这个星期二，快了，莉丝，医生说我这星期二就能回家了。”

“真的吗？你保证？”

“当然，我保证，小南瓜。”

“嗯，不管怎么样，你这周二就能回家是吗？”

“是的，莉丝，嘿，我爱你，小南瓜，叫你爸爸来接电话吧，好吗？”

“好的，妈妈，我也爱你。”

父亲接起了电话，粗粗地喘了一口气，边说话边看着电视。

“嘿，珍妮。别着急。是，是的，是的……”

当父亲在接电话时，我喊着莉莎的名字，走进了她的房间。

莉莎坐在床上，看我走进来，迅速地用毛毯盖住胸部，她没穿上衣。我赶忙往后退了退。

“噢，对不起。”

她责怪我说：“你没看见我在穿衣服吗？”

“对不起，妈妈刚才和我们通话，她一会儿就挂了。”

“等一小会儿，我马上就好，现在请关上门。”

“好的。”我关上门走了出去。

门并没有完全关紧。从门缝里我仍能看见莉莎的房间。在门外，我听到父亲在那不断地“嗯、嗯、嗯”。我假装离开莉莎的房间几步，偷偷地从门缝看着她。

不久，我看见她掀开毯子露出上身，正准备戴一个粉红色的胸罩。我被眼前的一幕惊呆了，她原来从没向我提起过胸罩的事。我只记得有一次她到处寻找零钱。看到莉莎的胸罩，我想很快我也会用得上它。

莉莎费劲地穿着她的胸罩，试了一次又一次。胸罩对我来说太神秘了，我没法不多看她一眼。我想，她正变成一个真正的女人，像妈妈一样。如果我们每个月多交流几次，或许她会告诉我她的这些秘密。

看着现在的她，我不由得打量起自己来。我经常穿着短裤、T恤，爬着树，脏兮兮地和男孩子们一起玩耍，像一个十足的“假小子”，再看看我的胸，和里克、丹尼的一样平。

看着她涂着口红照着镜子，我欲言又止，真不知道和她说些什么，只好站在门口望着我的姐姐。

门“砰”的一声响，把我从睡梦中惊醒。我抬起头，看见母亲泪流满面焦躁不安地把莉莎的棉大衣放在我旁边的椅子上。我从沙发上站起来，关上了电视走到母亲跟前。

“怎么啦，妈妈？”母亲关了灯开始哭，她并没有注意到我的存在。

“莉丝，是你吗？”她问我，就像被我吓了一跳似的。

“嘿，妈妈，怎么啦？你还好吗？”

“没事，宝贝……今晚我很不舒服、不开心，这个家伙……不跟我做交易……我本打算用莉莎的大衣和他交换的，可是他们怎么都不收。我走了半天到那里，什么都没得到。”她抽噎着说道。我心里阵阵抽搐，每次她这样时，我很恨自己不能为她做些事情让她能好受些。

“这个家伙”指的是一个毒贩子。“交易”说的是用莉莎的大衣和他交换一小袋可卡因。通常，当母亲身无分文时，她会将家里任何值钱的东西拿去和毒贩子交换毒品——旧鞋、闹钟等等，所以毒贩子们给她取了个绰号——“女魔头”。

母亲就这样经常毫无畏惧地和这些毒贩子打交道，他们随身带枪，还有犯罪记录。我真不知道这些人为什么没有伤害她（或许伤害过她，只是我并不知道而已）。但我记得有一个毒贩子每次只要求父亲一个人去购买毒品，因为他认为母亲太不会做生意了。有时，那个毒贩子告诉父亲，为了把母亲打发走，他让她免费吸毒。

母亲要将莉莎的大衣和毒贩交换时，毒贩拒绝了母亲的要求，拒绝她的理由不是因为钱，而是因为一些原则问题。

那个毒贩子看到母亲拿着的是小孩儿穿的大衣时，就把大衣还给了母亲，还给了她一枚大大的硬币，叫她回家照顾孩子去。母亲后来告诉我这枚硬币是戒毒会发的，用来激励吸毒的人戒毒用的。如果戒毒表现良好，就会得到这种硬币作为奖励。

母亲瘫在床上，难受得死去活来：“你看，他们都在那儿开心地吸，就是不和我做交易，还给了我这个垃圾（一个戒毒硬币），啰里啰唆的……就像他自己是个好人似的。”

我一直和母亲待在一起，直到她睡着，然后我就钻进了自己的卧室，把这枚硬币放在我的毯子下面。后来有几年，我一直将这枚硬币放在梳妆台的抽屉里。

这枚硬币的后面这样写着：

愿上帝赐予我平静，让我接受无法改变的事情；赐予我勇气，让我改变我能改变的事情；并赐予我智慧，让我能分辨这两者的不同……

当我和母亲一起参加戒毒会举行的会议时，我才明白上面这句话的意思。开会时，这些瘾君子们在教堂的地下室里拍着手朗诵着这句话。他们在会议开始和结束时都会这样朗诵。

房间里往往会站着一些戒毒成功的人来现身说法。那些成功戒毒的人有时在会议结束后走到母亲身边，他们想帮助她。

我可以感觉到他们经常利用我和莉莎来接近母亲。我对其中一个矮矮的白人的印象比较深刻。我记得他弯着腰笑着问我是否还要些饼干。当时我手里有了一些，而且嘴里还正吃着。

我无法分辨他是好人还是坏人，只站在那儿傻傻地看着他。他笑着走到母亲身边，和她交谈关于自我克制的问题。母亲一支接着一支地抽着烟，身子晃来晃去（精神病药物的副作用），根本听不进去他在说什么。母亲当时刚从精神病院出来不久，也正处于"门槛"阶段，她一直做着心理斗争。那天，从戒毒会回来后她没去购买可卡因。但在深夜时，母亲又无法克制自己，又将家里的烤箱和我的自行车兑换成了毒品。

几年后，我渐渐地了解到母亲大概有 5 种不同的状态：疯狂、吸毒、酗酒，有时很安静、友好。在领救济金那天会特别高兴，刚从精神病院出来时精神健康向上。后者是最令我高兴的，可惜每次这种状态只会持续两周左右。

刚从精神病院回来时，母亲还能克制住自己，她会讲一些精神病院的故事逗我们玩儿。每次讲完笑话后，她都会哈哈大笑。那时她的头发和皮肤上都有一股香皂的味道。当她频繁地拥抱我时，我很喜欢这种味道，因为一切是那么让人舒心。

但这次和往常不一样。这次，精神病院的工作人员似乎为我们送回来了一位陌生人。她还穿着在医院里的衣服，那里的工作人员认真地核对着地址，让她熟悉我们的名字和周边的环境。

我第一眼看到她时，她表现得极其镇定。她程式化地拥抱着我们，脸上勉强露出一丝笑容。

“妈妈，你在吃不同的药是吗？”

“莉丝，我不知道，或许吧。”

莉莎一个问题接着一个问题地问她，母亲很少回答，即便回答也是敷衍她。除了莉莎外，她的眼睛到处看着，好像是在寻找着什么。

回到家后父母又睡在了一张床上，但一个星期后母亲便搬到了沙发上，或者靠着窗户静静地坐着，一坐就是几个小时。外面的天气看起来和她的心情很搭。

她回家后的第一个星期每天都在下雨，雨下得很大。天气预报员不断地更新最新天气情况。在接连下雨的第三个晚上，母亲说这就是“海啸天气”，并夸大其词地说着海啸的破坏性。

“或许这就是海啸来临的前兆。”母亲告诉我说。

“什么是海啸？”我好奇地问。

“莉丝，海啸就是大浪，它能杀死很多人，还能摧毁房屋和村庄，像大山那样大。”

有时和母亲聊天时，感觉她就像个陌生人。我想学习，但我又不想以这种方式向她学习。

“如果这只是个大浪的话，它是怎么摧毁这些东西的呢？浪在海上，但人和村庄在陆地上啊。”

“是的，但是这种浪与其他的浪不一样。它不像海滩上的小浪，它比那些浪大多了。”外面电闪雷鸣，汽车警报器不停地叫着。

我披着一个被单问她：“那这种浪到底有多大呢？”

“非常大，有我们这栋楼那么高，大概六七层楼那么高。”她把手高高举起，对我说：“我告诉你，莉丝，像这样，它们在落地之前可以让整个天空变黑。”

“哇，真大，那你遇到过海啸吗？”

“噢，没有，没有，海啸只会在离我们很远的地方发生。但我原来经常做噩梦时就能梦见。当我还是个小孩儿的时候，我看见了海啸的新闻，我经常幻想着在这种大浪下拼命地游泳，但每次我在梦里，都没侥幸逃脱海啸的袭击。”

“那你现在还梦到它们吗？”

“经常梦见，昨晚还梦见了。我想是这场雨让我想到海啸的。”

“为什么人们不在海啸来临之前就离开呢？”

“如果他们能预测海啸的话，他们会离开的，但他们常常无法预测，所以等海啸来时就晚了。我现在要去睡觉了，小南瓜，我累了。”

“但是，妈妈，如果他们跑得很快都不行吗？”

“不管他们跑多快都不行，莉丝。当他们看见它时就已经晚了。”

父母几天就会将家里的救济金花完，他们只给我和莉莎购买 3 美元的食物。不到一周钱花光了，吃的也没了，我们必须重新算计着能吃点什么。每天，我都在超市里卖力地工作。

那年 10 月份，我已经上五年级了，我们为秋天的朗诵比赛做着准备，每天练习朗诵《夏洛的网》。我用从画廊里拿出来的纸做着夏洛的模型。每个班级中最好的 3 个模型，12 月份将会在学校的大堂里展出。第二天早上的第一件事就是，学校的图书管理员会选出优胜者。如果我做的模型够逼真的话，我肯定会有机会胜出。

整个晚上我都在努力地做着模型，还时不时地站在远处欣赏着我的作品。

父母从他们的房间里走了出去，直奔酒吧或者毒品交易的地方。从他们的交谈声中，我发觉他们肯定又吵架了。不止一次，我看见母亲泪流满面地跑出公寓直奔酒吧。从窗户旁边，我看见她渐渐地消失在雨中。

到了凌晨4点，他们还没回家，我筋疲力尽，打着瞌睡。我把模型放在梳妆台上，确保它好好的不会被风吹跑后，倒头就睡了。

“嘿，小南瓜。”母亲叉着腿坐在我的床边，手里拿着一瓶快喝完的啤酒。

“你要我陪你说话吗？你还好吗？”我轻声问她。

她用手背狠狠地擦了擦脸上的泪水，一句话也没说，只是坐在那儿深深地吸着烟，泪水不停地往下掉。每当母亲开口说话时我总知道怎么做，但这次不一样，她的沉默让我紧张，不知所措。

“妈妈，和我说说话吧……你知道我爱你，妈妈我爱你。不管发生了什么，你都可以告诉我，没关系的。有人在酒吧里对你说了些刻薄的话是吗？妈妈，怎么了？请你告诉我吧……妈妈，我爱你。你别哭啦。我们都在这里，我们都爱你。不管发生了什么，没关系的，我们都很爱你。”

她一脸茫然。我想今晚又会是漫长一夜。光这种想法就已经让我感觉筋疲力尽了。想起明天早上的朗诵比赛，我真的希望母亲现在像我一样犯困，这样她就能早点睡觉了。

“好啦，妈妈，和我说说话。”我抓着她被眼泪浸湿的手对她说。

她突然说起话来：“莉丝，记住，我会永远和你在一起，永远。当你长大有了孩子后，我还要为你照顾孩子。我要看着你从学校毕业。你一直都是我的小宝贝。你知道吗？不管你以后长多大，你一直是我的小宝贝。”

我开始害怕起来，但我努力掩饰着：“让我抱抱你，妈妈。我知道你会一直和我在一起的。我也会和你一直在一起。别担心，妈妈。”

“莉丝，小南瓜，我生病了……我生病了，我得了艾滋病，在精神病院时就诊断出来了。但是你爸爸认为在发病之前不要说出来……医生为我做了血样测试。我得了艾滋病，莉丝。”

这时电视上那些艾滋病人的画面，栩栩如生地浮现在我脑海里。我记得有人说过，凡是得了艾滋病的人最终都会死掉。母亲会很快死去吗？我吓得发抖，眼泪直流。

“妈妈你会死吗？妈妈你会死吗？”

这时我完全清醒了过来。母亲双手抱着我，我们在床上一起哭了很久，不敢相信眼前的一切。

“妈妈……你不能走。”

“不是现在，小南瓜。我至少还能活几年。”

“什么？不，妈妈！”

我无法控制自己的情绪，开始号啕大哭。

“我的意思是我还会和你在一起很多年。别着急，我哪儿都不会去的。我爱你，小南瓜。我不会死的，我会活很长时间的。我也许没有艾滋病，谁知道呢，不要在意我说的话。”

母亲说这个已经太晚了，我很了解她，我知道她一直就不擅长保守秘密。我确定这是真的。她的话收不回去了。我当时真的希望这是幻觉，是她精神失常的信号，但我知道这一切都是真的。

“但是你刚刚说了……妈妈，告诉我实话，你会不会死？”

母亲突然站起来抓着门把手说：“忘了吧，莉丝，现在你该睡觉了。别在意我对你说的话，谁知道我得了什么病呢。这些天没人知道发生了什么事情。别着急，我刚才是和你开玩笑的。我很好，我很好，没事的。”接着她又喝了一口啤酒。关门之前她还补充了一句：“我们都会没事的。”

“等等！等等！妈妈！妈妈……”

我知道，我如此大的反应吓走了她，我不该有那么多要求的，就是因为我表现得黏人又离不开她，所以她才会走。

不管我哭得多伤心、多大声，她始终没有回来。我深深地吸着气，试图冷静下来，使劲地抓着被单来缓解恐惧。沉默使得房子变得比以往任何时候都空荡。10 分钟前，我还睡得好好的，10 分钟前母亲还没有艾滋病。

我尽力地帮着母亲，尽力给她所需要的，但或许我只能把事情弄得更糟。尽管我知道她要钱的原因，但我还是无数次地给她钱花，我将我在超市里拿到的小费、生日礼物的盒子上贴着的钱都给了她。

而这就像锤子狠狠地敲打着我的胸口一样痛，或许是我导致她疯狂的，或许是我给她钱买针头，才让她染上艾滋病的。

“笨蛋，白痴！”我大声对自己说，愤怒地将枕头扔了出去，把自己花了整晚做的模型撕了个粉碎。

4. 家庭解散

每次父母亲出去，我都不想和他们在一起，也从来不向他们解释原因。我经常偷偷出去，在福特汉姆大道漫无目的地走着，有时一个人在外面待到天亮。

如果我们的公寓是一个小小的世界，那么当我快 12 岁时，我们家里四口人几乎各自住在完全不同的区域，各自锁着门独来独往，互不干涉。当时我担心我们再也不会像原来一样团聚在一起了。我的大部分时间都花在了外面：和朋友们一起闲逛，在超市和加油站里。莉莎的房间一直紧闭着，她经常听音乐。父亲在我们家附近闲逛，母亲则交了一个新朋友做伴——雷纳德·莫恩。

雷纳德·莫恩是一个令人讨厌的家伙，经常占用我们全家很难得的相聚时间。他瘦得只剩皮包骨，秃着头，眼睛向外凸，他曾经得过精神病，经常吃些五颜六色的药丸。一天他和母亲在一家酒吧相识，在发现了他们对男人的品位相同后，便成了好朋友。渐渐地，他和母亲把我们的厨房变成了泄愤会所、吸烟室或者那些瘾君子们常常说的"快活馆"。

每当救济金发放时，他们就会聚在一起：父亲负责出去购买毒品，母亲和雷纳德·莫恩则坐在厨房里，探讨着人生并为吸毒做准备工作。他们会这样持续大约两个星期的时间（母亲和雷纳德的救济金放在一起购买毒品），直到眼周布满黑眼圈、分文不剩。

我、父母亲和莉莎经常在雷纳德背后取笑他，我想我们没人喜欢他，甚至连母亲也如此。他说话的声音颤巍巍的，总是过分关注自己，学生们很讨厌他（他是一位老师），他很不受欢迎。但父母不会根据自己的喜好去做事，相反，他们会根据毒品来做决定。雷纳德来的次数越多，钱就花得越多，他们快活的次数就越多。

当我和父亲晚上一起散步时，父亲会模仿他的声音，学着他走路的姿势来逗我玩。我也经常模仿着他的声音来逗父母："噢……珍妮，噢……生活真艰难，噢……如果不是因为孩子，珍妮，我会有一份很好的工作。噢，这些可恶的小东西……"

除此之外我还经常听他谈论其他的事情。"珍妮，他们真是些忘恩负义的家伙。我真的不知道该怎么办……"他边说边吸着烟。

"噢，雷纳德，住嘴。"母亲虚弱地回答。

母亲通常只会这样简单地回复他的话。我认为是他的钱让母亲保持安静，但我却一直不明白，为什么母亲总是坐在那里喝着酒，一副很满足的样子，并且很不在乎他对我们的语言攻击。

或许我能忍受他那令人作呕的态度，但有一件事我是永远无法忍受的——在他和母亲的交谈中，我偷听到他和母亲一样也有艾滋病。我很后悔偷听他们说话，我感到我需要逃避他们，需要逃避母亲。

这样的话题往往在他们快活完后冷静下来时才开始。

"珍妮，我的心在怦怦跳。珍妮，请抓住我的手。"母亲已经很久没有抓过我的手，最后一次拥抱是在她告诉我她的病情后，但是听完他的话，母亲却总会抓起他的手，和他十指相扣紧紧握在一起。

"珍妮，我真的不想生病，我们迟早都会病倒，但或许至少我们不会老死。不，珍妮，我们不会病倒的，谢谢上帝。"

每当他们谈论此事时，我都是离他们两三米远，躺在沙发上紧紧地捂着耳朵。但我还是能闻到他们散发出的酸酸的啤酒味，能看到他们在屋子里、烟雾缭绕的样子，听到他们交谈的内容。

“噢，珍妮，在某些方面这也是好事。40 岁前的美好年华我们也都享受过了。”

“我知道，雷纳德。这是件好事，我们永远不会衰老。”

最后，我终于再也无法忍受我眼前的一切——在闪烁的荧光灯下，他们赤裸着胳膊，用针头注射可卡因，他们的皮肤就像葡萄皮一样脆弱，他们的鲜血在注射器里进进出出。屋子里到处都是他们的血斑，墙上、衬衣上、糖罐上，满屋都是。最糟糕的是，看着他们在某一个地方重复注射，结果这个地方开始变黑，黑得发亮，最后肿了起来。母亲不断地寻找新的地方注射，甚至是脚背和脚趾之间。我实在无法忍受这一切了，我累了，我每天就盼望着出去逃离眼前的一切。

每次父母亲出去，我都不想和他们在一起，也从来不向他们解释原因。我开始厌倦他们，我经常偷偷地走出去，在福特汉姆大道漫无目的地走着。有时我沿着路边的垃圾桶寻找商店遗弃的衣服。我的背包里经常装满了破损的衣服。有时我一个人一直在外面待到天亮。有一次，当我看见父亲匆忙地走在福特汉姆大道时，我竟然没有和他打招呼。和他打招呼会让我伤心，不和他打招呼也会让我伤心。

有时学校的孩子们会取笑我的穿着，也有很多时候我故意逃学，大清早就到超市和收银员一起站在一边，看着超市经理开门营业。

我经常悄无声息地经过学校，就像水穿过渔网一样不留痕迹。我所接受的教育主要来自超市，还有父亲从图书馆里借来从没还回去的书本。只要我参加最后几周的课程并按时参加考试，我都会顺利地通过考试，一级一级地往上升。

逃学，在布朗克斯和曼哈顿的大街闲逛，我做这一切或许就是为了在人群中聆听他们交谈和争吵的声音，以及我最喜欢的欢笑声。尽管我经常担心劝学人员的追踪，但我想为了这些还是值得冒险的。我就是要去感受在我周围的这些活生生的人和事。为了这些，我选择逃课，我选择离开家。

有时，里克和丹尼也会逃课出来和我做伴。我们坐着4号地铁，一坐就是几个小时。有了他们的陪伴，我们就会做出一些冒险的事情。我们撬开列车广播员房间的门，用里面的扬声器大声地喊道："三明治和饮料在最后一节车厢，欢迎大家前往就餐。"我们在列车上进行各种恶作剧让自己开心。

当坐火车往回走时，我看见成群的穿着校服的学生，又感到有些孤单和失落，我担心错过了学校里的课程而落伍。

社工的突然家访随时都有可能发生，就像有一次科尔夫人的突然家访一样。那个月她两次来到我们的公寓。母亲在我到家之前就让她进了家门。当我到家时，她们正交谈着。

我走进客厅时，她往往会第一个说话："很高兴见到你，伊丽莎白，今天我来到这里是因为我接到了皮布尔斯小姐的电话，她告诉我自从你上次承诺按时上学后，她已经近一个星期没有看到你了。今天我到你家里来是想听听你是如何为自己解释的。伊丽莎白，你为什么经常不去学校上学？"她说话时，交叉着双腿，双手放在膝盖上，身上散发出紫丁香般的香味。

她的问题让我吃惊，我想她的问题在某些方面说得通，但在某些方面又说不通。她应该早些过来问我母亲这些问题：为什么你要吸毒？为什么你家里的冰箱是空的？为什么你不考虑自己的两个女儿和你自己未来的生活而染上艾滋病？她就应该问这些问题。可是，她并没有问，她只将矛头直指向我。

我望着母亲，她弯着腰坐在椅子上，半睁着眼："莉丝，我也没办法，你需要上学，你必须去上学。"

这时科尔夫人用她戴着金戒指的手指轻叩着咖啡桌："过来坐，伊丽莎白。"我讨厌她叫我伊丽莎白，我更讨厌她以一种命令的口气和我说话。

“伊丽莎白，你应该去上学，如果你不去上学我会把你带走，就这么简单。你妈妈告诉我，她送你上学但你一直不愿意去。你需要改变一下你自己。你和你的姐姐应该帮助妈妈打扫打扫房间。告诉莉莎，这是我说的。你们的房子一团糟，像猪圈一样，让人恶心。”

当她说“让人恶心”时，我看见她得意地微笑着，这能让她感受到自己的权威，看来科尔夫人很满意她这次权威之行。

“我真不知道你在这里怎么生活得下去。你已经长大了，你可以做些事情了。”

我很不喜欢她的措辞和口气，还有她的态度。我想她就是我和里克要捉弄的对象。

“我想你不会喜欢我带你去的地方的。让我告诉你，如果你不打扫你自己的家，你将会打扫我带你去的地方。那里的女孩会让人打扫厕所，她们还很暴力。如果你不去上学的话，我就要带你去那里了。去上学还是去那儿，你自己决定！”她严厉地对我说。我知道她很喜欢这样的感觉，就像其他社工一样，他们都喜欢严厉和发号施令。

我深感愤怒，但我还是尽力保持镇静，尤其是当科尔夫人说出最后一句话时。

“你知道吗？伊丽莎白，如果我真的想带你走，我今天就能带你走，而且我随便哪天都能把你带走。记住，我就是想尽力对你好些。”

科尔夫人走出我家时，母亲已经躺下了，用枕头盖着她的头。那时已经快下午 3 点了，莉莎一会儿就会回来。母亲在枕头底下迷糊地对我说话时，我把我卧室的门紧紧地关上了。

“莉丝，你今天去超市打工了吗？我的意思是你现在有钱吗？我现在真的很需要 5 美元。”

“没有，妈妈，我今天没有钱。”

母亲开始大声地哭起来。我躺在床上看着天花板，思绪万千。

那天晚上，雷纳德带着支票来到了我家。他、父亲和母亲又在一起快活了几个小时。从我的房间里，我听到他们在厨房里不断发出的嘈杂声。我实在难以入睡，不久我就打电话将里克和丹尼叫了出来，准备整晚出去闲逛，或者溜进电影院看一整晚的“免费”电影。

正当我穿上毛衣准备出门时，雷纳德和母亲的对话引起了我的注意。他们正轻声地讨论着某人，这个人是母亲在酒吧里认识的，最近已经开始交往，大家都叫他布里克。

“我不知道该怎么做，雷纳德。他很听我的话，你知道吗，我很喜欢听我话的男人。我们在一起很开心，你知道吗？”

“噢，珍妮，别让那些让你快活的男人从身边溜走。那些有事业的男人会更成熟些。大胆地去找他吧，你值得拥有对你更好的人。”

当时我真想把雷纳德从我家扔出去。他是个两面派，当着父亲的面时他笑眯眯的，但当父亲不在时，他又叫母亲去找其他的男人。我仔细地偷听他们交谈的细节：那个叫布里克的男人在母亲身上花钱很大方，而且从不吸毒，偶尔才喝酒，就算喝酒也是为了缓解压力。我越听越觉得布里克是个真实存在的人，就在我们身边，正威胁着父亲，正破坏着我们的家庭。

布里克收入不错，在曼哈顿的一家画廊里当保安。母亲吹嘘着说他原来是海军，他有自己的宽敞的一居室，他住的社区比我们的社区好多了，他还是单身。

我看着我们的公寓，当我不在家时家里变得更糟糕，到处都是空啤酒瓶，烟蒂满地都是。在雷纳德的帮助下，父母每个月有两个半星期的时间都在吸毒，不停地吸毒。我渐渐地放弃了自己在家中所扮演的警卫角色，让事情任意发展。

这时，父亲吹着哨子从前门走了进来。母亲和雷纳德立即安静下来。我打开卧室的门，边咳嗽边大步走进了客厅。母亲从门把手上取下皮带，对着父亲说："皮特，稍等会儿。"

我张开嘴正准备对她说些什么，但马上又将话收了回去。我大声地咳嗽着，母亲像没听到一样，她看了一眼我，接着对父亲说："皮特，我第一个来。"

自她两年前被诊断出艾滋病后，我们之间似乎有了隔阂。我没有告诉过任何人有关母亲的状况，我相信母亲也没有和莉莎说过她得病的事。这就像我们之间保守着一个肮脏的秘密，这个秘密让她害怕我。在一起时，我们不知道该说些什么。

父亲让母亲第一个快活，接着是雷纳德，最后是父亲，他和往常一样，一般一个人跑到浴室里快活去。

母亲告诉我她的病情后，我整日惊恐不安。和母亲在一起意味着和艾滋病在一起；和母亲在一起意味着我每次都要面对即将失去母亲的事实。我很难接受眼前的一切，痛苦万分。

我背起背包准备出门。雷纳德从厨房大声喊着："噢，上帝，珍妮，我的心跳真快。抓住我的手，抓住我的手。"

听着这些话，我的心一阵阵地刺痛，我大步向门口走去。

之后不到一个月的时间，我遇到了布里克。那天母亲让我逃学，带着我来到了他工作的画廊，我们 3 个人一起吃了顿午饭，他请的客。

当我们走出地铁站时，母亲急躁不安地问我："莉丝，我看起来怎么样？我穿的这件毛衣好看吗？"那天，她穿着一件 V 字形的毛衣和低腰裤，并且一天都没喝酒或吸毒。多年来这是我第一次看到她穿得这么干净整洁。

"是的，不错，妈妈你看起来真的很不错。你为什么这么在乎他对你的看法呢？我才不管他在想什么呢。”

“我在乎，小南瓜，我喜欢他。”

她的话让我感到震惊。

“你妈妈喜欢上了别的男人，我很多年都没这种感觉了。”她紧张地笑着对我说，就像是在试探我一样。

我知道是我让她感到紧张。莉莎和父亲不在家，我花了大半个上午的时间，说服母亲带我一起去见布里克。路上，我一直希望母亲能牵着我的手，能和我说话，能为我提一些建议，能分享她的生活经验。但母亲在路上一直不停地谈论着他，说他有事业、稳定、可靠，是个值得信赖的男人。我当时想：我会好好地让布里克出丑，让母亲看到他的缺点，看到自己想法的错误，这样我们的家庭就有拯救的希望了。

我们穿过马路来到了一座玻璃结构的细长大楼面前，从外面透过玻璃，我能看到里面的画和雕刻艺术品。母亲推着我走进了一个员工通道。

“在展览期间，如果人们要进去，他们就得买门票。但别着急，有布里克在，我们能免费的。”她骄傲地对我说着。她对他描述得越仔细，我就越觉得她变得陌生。她找到了比我们更让她感兴趣的事情，这让我变得恐慌起来。她从来没有像这样谈论过我和莉莎，她也从来没有为我在超市里的努力工作而感到过骄傲。当母亲熟练地穿过画廊的工作人员中间走向布里克时，我突然意识到母亲可能经常来画廊。

布里克的头有点秃，不停地抽着烟，很少说话。从他看母亲的眼神，我就知道他很需要她。我不相信他，或许他和罗恩一样。

我们来到了附近的一家餐厅吃饭，布里克让我随便点自己喜欢吃的东西。布里克抓住母亲的手，母亲则目不转睛、含情脉脉地盯着他。之前我从没发现母亲的注意力能集中这么久。他们在我面前大胆调着情。

“我和莉丝说过你有一个很大的公寓，你自己一个人经常很寂寞。”

他向她笑了笑说：“我还好，珍妮。”

“噢，我知道你很孤单，布里克。莉丝，他和我说过他很孤单。”她边说边看着我，“你很孤单，布里克，你告诉过我的，不是吗？”她紧张地笑着说。

母亲一直将手放在他那结实的大腿上，看着他们暧昧的样子，我十分失望，有一种遭到背叛的感觉。这么多年来，我只看见过父母接过两次吻，简短的两次吻。她和布里克暧昧的样子不仅是对父亲的背叛，还是对她自己的背叛。我坐立不安地看着他们，最后终于无法忍受了：“妈妈，我们现在能走了吗？”

吃完饭后，我和母亲陪着布里克回到了画廊，在那里他们深情地拥吻，依依不舍。随后，我们开始在画廊里闲逛，一路上，我没有看母亲一眼，母亲和我说话时我都假装没听见。

“妈妈，对不起，我真的不想了解他。我对他不感兴趣。”我背对着她说，眼睛盯着一个木乃伊看着，“我知道他是你的朋友，但你不应该和他一起待这么长的时间，不是吗？”她愣了愣，沉默不语，接着她和旁边一个陌生人搭起话来。我们继续向前走着。

“他很快就下班了，或许我们可以一起坐地铁回家。”

我又转移话题问母亲：“妈妈，我们前面的这些象形文字很漂亮是吗？我在学校学过一点儿，我还记得一些。你知道吗，有些象形文字是用来吓跑盗墓贼的。很恐怖，是吧？”

“莉丝，我一直都想戒毒，现在我准备戒毒了。”

“我知道，妈妈。我会尽最大努力帮你的。”我温和地对母亲说。

“你知道吗，小南瓜，这次我真的下决心戒毒了。我就是需要一个没有毒品的地方。你知道吗？”她的眼睛炯炯有神，脸色也好看了些，她好像真的一个星期都没吸毒了，就算去酒吧，也只是尝尝她最近喜欢上的酒。我想或许这次她真的下定决心了。

“如果你要戒毒，就不要把毒品带回家。这很简单，如果你真的想戒的话。”我再次将头转开，对她说。

“但你爸爸会将毒品带回家啊。看到他吸毒，我真的控制不住我自己。我一看见毒品就想吸。”我知道她说的是对的，我从来就没听父亲说过戒毒的话。

不过我当时唯一想说的就是：“我不想搬走，妈妈，我不想离开父亲。”

“我只是想给你爸爸一个机会，如果他也戒毒了，我们就都不用搬走了。”

她双手放在我的肩膀上对我说：“莉丝，你知道吗，我有病，我不想再过这样的生活。我要活着看着我的孩子们长大成人，所以……我们必须有一些变化。”

我转过身对着母亲，眼泪在眼睛里打着转。母亲坐在我对面紧紧地抓着我的手。

“是的，妈妈，但父亲可能也会戒毒的。”

“他只是可能，莉丝。”其实我们都知道——没人相信他会戒毒。

由于我缺课次数太多，我并不指望能升入初中，但最后我还是顺利地通过了升学考试。

同学们对我所取得的成绩表示诧异。那天我和他们一起领小学毕业证时，他们在下面这样评论说：“伊丽莎白都超过你了吗？真是可恶，早知道学校是这么发毕业证的，我们就不该天天来上学了。”

上学的时候，每当我坐在他们附近，他们都会用纸扇着风，咳嗽着，示意我的脏衣服和身体发出难闻的臭味，有时他们还在走廊里对着我发出“嘘”的声音。甚至当我穿着礼服坐着等待领取毕业证，校长叫到我的名字时，他们中的一个又站出来取笑我，所有同学都大声地笑起来。我很庆幸父母和莉莎当时并不在场。

典礼结束后，同学们的父母带着他们的孩子和老师们拍照留念，我悄悄地从学校的后门走出去。在我们公寓的走廊里，我脱掉了帽子和礼服，这样母亲就不会为没参加我的毕业典礼而难过了。母亲晚上醒来时，她为没能参加我的小学毕业典礼不断地道歉，我安慰她说："妈妈，毕业典礼真无聊，烦死了！还不如在家里睡觉呢！你知道吗？我参加毕业典礼只是为了不让老师们失望，仅此而已。"

那晚，母亲穿得整整齐齐，一次又一次地要求我和她一起搬到布里克的公寓去住："小南瓜，我尽了最大的努力，宝贝儿，你和我一起去吧。"

我紧紧地抓着枕头，头顶着被子，大声地叫着："我不去，你也不能去，我们是一家人，你不许走。"

我不停地哀求她，哭着说："妈妈，请你别走，和我们在一起。"当她和莉莎坐上出租车时，我甚至从窗户里向她大声喊叫。我看见莉莎把箱子装得满满的，似乎以后都不准备回来了。

当出租车启动时，母亲摇下窗户对我说："小南瓜，我会等你的，只要你想来，随时都可以过来。"

在母亲走后的几个月，我经常用旧衣服当抹布清洁着我们的房间：卧室、客厅、茶几、盘子……每晚，当我最喜欢的节目开始时，我都会打开我们的黑白电视，把音量放到最大。每当夜幕降临，我都会将所有的灯打开，把莉莎的收音机（太大了，她没法带走）的音量调到最大。

她们走后，尽管父亲比原来安静了些，但他从来没有抱怨过，也没有说他伤心过。不吸毒的时候，他会拉下窗帘关着灯睡上一整天。不过从他避免提起她们的名字我就可以看出，父亲每次清醒过来时都特别难过。

有时父亲出去闲逛时，我会打开母亲的抽屉，翻找着母亲使用过的东西，穿着她的衣服在房间里走来走去。当我穿着她玫瑰色的睡袍，吃着爆米花，看着电视时，我总是觉得，总有一天她会回来的，她会为离开我们而抱歉的，她回来后就再也不会离开我们了。

在我开始上141中学后，母亲至少打了4次电话给我，每次都告诉我布里克的家是多么好，多么干净："他住的小区比我们的好多了，莉莎也这么觉得。"母亲每次给我打电话时都是在炉子旁。

"你知道吗？莉丝，我原来好几个月都不做一次饭，但现在我几乎每天都做饭，我感觉很好，我就需要这样一个干净的地方，让我远离毒品，彻底戒掉毒瘾。"

打电话时，我每次都能听到布里克的声音："珍妮，珍妮，快看锅里的肉去。珍妮，快烧焦啦。"

听到他的话后母亲就会对我说："好啦，小南瓜，我现在有事啦，我们要吃饭了。我爱你，小南瓜。"

"我也爱你，妈妈。"接着电话就挂断了。

那年秋天，我每天上学需要坐半个小时的公交车，头一个月我每天都按时去学校。后来，渐渐地，像小学一样，我缺课的次数越来越多，甚至比小学时缺的课还多。对我来说，初中和小学唯一的区别就是：每天需要坐更长时间的车，还需要和几位老师打交道。最后，我干脆不去学校了。有时，当老师看见我时，我们竟然都不知道彼此的名字。

在第一学期的头几个星期，每当我逃课几天后再回到学校时，我的信箱里都会有几张手写的便条——叫我赶紧去见劝学员讨论我逃课的事。每每看见这些便条时，我都会紧张得将它们丢掉。

我对这些早就习以为常了，我也知道怎么对付这些事，就像对付来我们家家访的社工、母亲的监督官、一脸不满的老师和劝学员一样。对我来说，他们都是同一类人，他们都威胁着要把我送到托管所，都对我犯的错误摇着头，并告诉我们应该如何生活。我对他们的回应也都一样：将他们的信件丢得无影无踪，把自己锁在家里。

父亲像往常一样经常出去闲逛，我每天都躺在家里的沙发上看着电视。有时我还会穿着母亲的衣服晃来晃去，心里默默地念着她。

一天，我花了整个下午的时间翻着父母的衣柜，在衣柜里我发现一堆他们在 70 年代的东西，我把它们放在了床上：一个蓝绿色的烟杆、一个琥珀吊坠、一堆旧相片……

在这堆相片里，我找到了一张父母的合影，这张合影是在我们厨房里拍的，他们低着头，就像听到了什么不好的消息一样。

"你们看起来真可怜，太可怜了。"我对着相片说。

我接着看相片，还找到了一些看起来比较幸福的——他们一起站在一个我不熟悉的客厅里，戴着墨镜，穿着皮衣，手牵着手开心地笑着。另一张相片则记录着母亲吹生日蜡烛时的情景。她周围站着一些我不认识的人，在鼓着掌。父亲站在旁边，手搭在她的肩上，亲吻着她的脸颊。这是我见过的他们最为亲密的瞬间，现在看起来却如此陌生。

在这堆相片里面，我最喜欢的一张是母亲在高中时拍的黑白大头照，漂亮的脸蛋就像模特一样。拍这种相片的时候，也许就是母亲经常提到的幸福时光。最后，我把这张相片放进口袋，准备好好保存下来。

当我把这堆相片放回原处时，我又在柜子的顶部发现了一个布满灰尘的盒子，这个盒子不大，但比我想象的要重很多。我将小盒子取了下来，坐在他们的床上仔细地看。

盒子里有一本拼凑在一起的书，书用橡皮筋捆着。打开橡皮筋时，一些相片从里面掉了下来。书的第一页上写着歪歪扭扭的几个字——"旧金山"。书的每一页都贴着父亲的相片：躺在沙滩上的；和朋友们一起烧烤的；用手指着金门大桥的；在派对上狂欢的……

书里还有两张黑白相片，相片的背面写着拍摄的地址。在其中一张相片里，父亲正看着书，似乎并没有注意到有人在为他拍照。在另一张相片里，父亲和几个表情严肃的朋友一起坐着。

书的底部黏着一封从长岛寄过来的信，信里写道：当奶奶收到从学校退回来的学费支票时，她很吃惊，并告诉父亲，是他原来的室友告诉她父亲在加州的地址的，奶奶还问父亲何时去学校继续上学，何时结束他的“假期”。上面的落款和她每次寄东西给我们时的落款基本一样：爱你的妈妈。

除了奶奶的信之外，还有两封没有打开过，并且收信地址写的不是父亲所在地的信件。这两封信不是写给父亲的，而是父亲写给一位住在旧金山名叫瓦尔特的人的。两封信上面都盖有“退回寄信人”字样的章。我从来没有看见父亲写信给别人，在强烈的好奇心的驱使下，我打开了信封，信里有张女人送给爸爸的明信片，明信片上写着她很想念父亲和他那些“没品位”的诗。她还告诉父亲他们的好朋友瓦尔特也十分想念他。她希望他回到旧金山。父亲喜欢写诗？这简直不可想象。他从来没有在我们面前表现出对诗的兴趣来。

当我捡起掉下来的相片时，我发现了一张穿着粉红色衣服的小女孩的相片。起初我还认为这相片是我的，但当我看到相片的背面时，我惊呆了，上面居然写着：梅瑞迪斯。

我盯着她的相片看了很久，把她的脸和父亲的脸进行对比，把她和我上次在公园见到的那个女孩进行对比。我情不自禁地想：她现在在哪里？父亲为什么要遗弃她？为什么从来没有人提起过她？

在这几张相片里我还发现了一张相片，上面写着：7月4日，皮特和瓦尔特。在相片里，父亲微笑着，瓦尔特搂着父亲的肩膀也微笑着。他染着红头发，白嫩的皮肤布满了雀斑。在他们身后有很多人手里拿着美国国旗，就像大家在公园里野餐一样。

最后，我翻开了最后一张相片，这张相片在所有的相片下面，相片里的人让我感到很迷惑，我有些不敢相信自己的眼睛。我看到两个男人在接吻。我仔细看了看，发现其中一个男人是父亲的朋友瓦尔特，而另外一个男人就是我的父亲。

我惊慌起来，把所有的东西都放回了原处，迅速地关上了小木盒子，接着跑回了我的房间。

在床上，我用枕头盖着自己的脑袋，回忆着母亲曾经对我说的话，她经常抱怨父亲整天都神秘兮兮地不爱她。我当时还认为是她的病让她有这种想法，我还经常为父亲辩护。我真的了解事实吗？这是真的吗？母亲知道父亲这个嗜好吗？我不由自主地想着这些问题。

我在枕头底下大声地哭着，十分思念母亲和莉莎。我哭，是因为我一直不了解自己的父亲，这些相片就是最好的证明。他现在还和瓦尔特见面吗？除了瓦尔特，他还和其他的男人见面吗？他爱过母亲吗？是不是父亲让母亲感染上艾滋病的？

在接下来的几个月里，我在家时都把门紧紧地关着。每晚等父亲从外面回来时，我们都只会一起吃外带食品，简单地说几句话。吃完饭后父亲就去厨房快活去了，而我则把自己关进房间。一天，父亲从垃圾堆里捡回来一台小电视机，我告诉他客厅里的沙发不太舒服，于是我就把电视机放到了我的房间。有时，父亲在睡觉前，会走到我的房间对我轻声地说：“晚安，莉丝，我爱你。”我往往要在他等了一会儿后才回应：“我也爱你，爸爸。”

几个月后，我 13 岁了，儿童福利院的人还是把我带走了。这次，我没有反抗。但看到父亲面无表情也没有反抗时，我的心都碎了。那天，两个穿着笔挺西服的社工护送我去托管所。当父亲签完字后，我有 10 分钟的时间收拾行李。我哭着收拾着我的衣服、母亲从戒毒会带回来的硬币和她的黑白相片。

这是我带的所有东西。我走出家门时，父亲颤抖着双手拥抱着我，他的拥抱是那么僵硬和紧张。

“对不起，莉丝。”他就说了这么一句话。我赶紧转过头上了车，因为我不想让他看见我在流泪。

我坐在车子的后座上，紧紧地搂着行李。一路上他们没有和我说一句话。我试图听他们在交谈着什么，但汽车引擎的声音太大，根本听不清。当他们带我走进一栋大楼时，我知道，我们已经到了。

我被带到了一间像体检室的小办公室里。一位高个子的女士指着一把椅子对我说：“请坐。”接着她转身离开了房间，门敞开着。

办公室的墙壁没有任何装饰。我看见一位穿着运动裤的女孩坐在走廊里，她目光呆滞，就像精神病院里的病人一样。半个小时后，还没人回来。我感到有些无聊，壮着胆走到了那个女孩面前对她说：“嘿，你好，你在这里做什么呢？”

“他们认为是我刺伤了我的表弟，想起这些我就烦。”她嘀咕着，没有正眼看我。

“很抱歉。”随后，我立即返回到我的座位上。

不知道过了多久，那位高个子女士才回来，她回来后便关上了门，屋子里又只剩下我们俩。她翻开一个文件看了起来，不一会儿她戴着眼镜仔细地从上到下打量着我。自从我上车后，这是第一次有人看着我，也是第一次有人和我说话。

“请你把衣服脱光。”

我愣了愣，问：“全部脱光是吗？”

“是的，我们需要检查你的身体，请脱光衣服。”

我极不情愿地脱着衣服，把衣服放到了其他椅子上，等待着下一个指示。

“请脱掉内裤。”

“为什么？为什么要这样做？”

她并没有直接回答我的问题，只是继续看着桌上的文件。

“伊丽莎白，我们今天会给你做一些身体检查，我需要问你几个问题。你要诚实地回答我的问题。你做得到吗？”

“可以。”我赤裸着全身回答她说。

她用笔尖指着我身上的一块瘀青说：“这是在哪里弄的，伊丽莎白？”

我身上有很多瘀青，而且很容易就会有瘀青。每次我从外面回来都会有，我哪里知道这一块是从哪里来的。

“嗯……是在外面玩时弄的吗？”她边问边写着什么。

“还有这个。”她指着另一条腿上的同一个部位问我。

如果我说不知道，那会发生什么事情？他们会认为是父亲打的吗？如果他们这样认为，我以后是不是永远不能回家了？回答这个问题有什么风险？

“嗯……骑自行车时弄的。”

她检查了一会儿我身上的瘀青后便叫我举起胳臂，分开双腿……

最后，终于检查完了，我穿上了衣服，她也走了出去。

这时一位拉美裔男人走了进来，给我带来了一些吃的。他也没有和我说一句话，将东西放下后就离开了。最后，送我过来的那位先生走了过来把我带走。我们又回到车子，我双手抱在胸前，一脸茫然地往窗外看着。

圣安妮托管所坐落在曼哈顿的东端。我在家里时就从别的女孩子那里得知，这个地方是一个“诊断中心”——那些有行为问题（如逃课、精神疾病、少年犯罪）的女孩，会被送往这里进行评估，然后再送到其他地方。这种评估过程会涉及各种精神健康领域，至少要花3个月的时间来完成。

对于这段时间（近3个月）的记忆我很模糊，我只记得在那里，我更像是一个见证者，而不是一个参与者。不管我多么努力地回忆，我仍然只能记起其中的一小部分。

我记得那两位社工将我夹在中间，向前台出示了他们的身份证明后，我们就走进了一个自动开关的大门，就像母亲原来住的精神病院的大门一样。

当我走进去时，我一直在想：难道这些人认为我疯了吗？在这种地方待着，他们是不会把我当正常人看的。

一位女士对着他们点了点头，他们随即便离开了。我心里暗想：这可不行，我不能在这里待着，父亲会很孤单的。我对地铁很熟悉，应该能自己找到回家的路。只要我逃离这些人，我就能回家。但当我看见窗户上的防护栏时，我就明白他们早就做好了防范，逃跑是不可能的了。

那位女士对我说："你叫我'阿姨'就好了。我是这里的负责人。你住在第三层。不要在这里惹麻烦，不然你就会有麻烦……明白吗？我的小女孩儿。"

我点着头，眼泪又不自觉地流了下来。

"这就是你的房间，你、雷娜和莎莎 3 个人住在一起。我们无法忍受那些不尊重别人的行为。晚上 9 点关灯，早上 7 点吃早餐，别忘了按时上课。不要抱怨。如果有其他问题，你可以问她们。"

雷娜皮肤黝黑，有着细长的脸和修长的身体。她每天都喋喋不休地谈论着别的女孩。莎莎则特别安静，尤其是和雷娜一起时。

雷娜看着我，似乎在做着某种决定："我喜欢你，白人女孩，我们可以紧密合作、相互协助，懂我的意思吗？"

"当然。"我回答她说。

在那里的第一个晚上，我安静地坐在桌子旁，为能吃上一顿热乎乎的饭菜而高兴时，突然我的腿和腹部被热汤烫着了，就像被火烧焦了一样疼，我惊慌地尖叫着。这时，一些女孩儿马上往后退到了一边；其中一个坐我旁边的女孩则嘀咕着"白贱人"。

一天结束时，女孩子们就会排着长队，到卫生间刷牙洗脸，那里的窗户也有护栏。通过她们洗漱时间的长短和动作幅度的大小，我就可以判断出哪些女孩在这里占有主导地位。

大家光着脚排着队，等待着有限的洗漱时间。房间里充满了刺鼻的牙膏味、洗发水味和香皂味。每个人都迅速地洗漱着，就像“阿姨”在身后催着一样。

这是我第一次被迫按时洗澡和睡觉，但我喜欢这种干净的感觉。“阿姨”每天都检查我们关灯的时间；晚上还有人在走廊里值班。每天我们六点半或者六点半之前就会起床，都能听到“阿姨”的叫喊声：“赶紧起床，孩子们，起床、起床、快点起床。”

偶尔，有些女孩子（新来的女孩）拒绝按时起床，这时她们就会从被窝里被拖出来：“不要考验你们的‘阿姨’，因为你们的‘阿姨’说话算数，从来不开玩笑。要不你试试，你看看‘阿姨’会怎么做？”

“为什么不告诉我你在这里的感受呢？”医生问我，试图打破我们之间的沉默。

“被困住了。”我回答说。每周我们都会做 3 次评估，每次评估都会进行 40 分钟。

“坚持不懈就会带来进步，进步的象征就是坚持不懈。如果你一直这样害羞，你就交不到任何朋友。你要负起对生活的责任，你也要对自己和别人负责。”她经常对我说着这些。

“我想帮助你，但如果你不让我帮助你，那我也没办法。”她尝试着各种手段让我开口。

“我理解。”每次我都这样回答。为了尽快从这里出去，每次做评估时，我都尽力地认真倾听她的问题，不断点着头。

我知道，她就是我回家的通行证，所以我必须在她面前不断地展示我的进步：“是的，现在是我考虑未来的时候了；是的，我要成为一个有着良好教养的女孩，我要充分发挥我自己的潜能。是的，伊娃医生，你的工作很有效，因为你，我正在改变。谢谢你，伊娃医生。”

一天下午，当“阿姨”带着浑身湿漉漉的莎莎走进我们的房间时，我真正理解了雷娜曾经说过的“协作”的意思。

“你们俩别想在我身上耍滑头。谁在莎莎的洗发水瓶里放了漂白剂？你们别让我猜！”雷娜一直坚称不是她放的，她的理由那么有说服力，“是伊丽莎白放的，我告诉她不要那样做，可她就是不听。我发誓不是我做的。”她摇着头坚定地说。

“我——”我话没说完，就被“阿姨”顶了回去。

“我不管你们从哪儿来，在我的眼皮底下你们可别想做坏事。你跟我过来。”雷娜在一旁沾沾自喜偷笑着，我跟在“阿姨”身后走出了房间。

最后，我被关进了一个光线微弱的“禁闭室”，“禁闭室”里臭气熏天，让人窒息，我大声地哭喊着：“我讨厌这里，我恨这里。”

在雷娜的恶作剧发生后，我就从她们的屋子里搬了出来，和一个叫塔丽莎的女孩住一起。她 15 岁，咖啡色的皮肤，有一个 6 个月大的儿子。“阿姨”经常对我说：“你可千万别犯她那样的错误。”

当我将行李搬进来时，塔丽莎笑着为我打开了门。当她关上门后，她坐在自己的床上对我说：“雷娜经常这样。我知道你不会做这样的恶作剧，这里只有你一个白人女孩，你应该要疯狂起来，但你看起来并不疯狂。”

“那不是我做的。”

“那你为什么会来到这里呢？你家人呢？”她问我说。

我不知道如何回答她的问题，我也不想告诉她父亲的事情，我甚至不敢去想父亲一个人在家孤单的样子。所以我耸了耸肩，继续收拾着我的行李。

塔丽莎在这里住了一年多，这是她第二次住进来。她对这里的一切都很了解。和她住在一起，让我也知道了这儿发生过的很多事情，甚至我还知道了关于“阿姨”的一些事情。

我得知雷娜的母亲毒瘾很大，她经常用雷娜和毒贩子交换毒品——“雷娜可以为你打扫房间，可以为你修理房屋，她的工作是有价值的。”毒品是她母亲的一切。

听到了雷娜的故事后，我觉得自己很庆幸，我的母亲从来没有那样做过。

她继续说着：“还有一件事，你知道吗，‘阿姨’原来有一头浓密的头发，但后来她病了，头发就掉光了，她将掉下来的头发放进一个塑料袋里，这个塑料袋现在还放在她办公室的沙发后面。”

“不，这是真的吗？”我吃惊地问。

几个月后，当我看见“阿姨”自豪地向其他同事展示那个塑料袋时，我才相信塔丽莎说的是真的。

“我家有印第安人血统，我的父亲是切罗基族，所以我的头发还能长出来的。”

塔丽莎经常提起她的宝贝儿子——马利克。熄灯后，我经常问她有关男朋友和怀孕的事。

“这感觉很好，当你的肚子开始凸起来时，在公交车上人们就会为你让座，让你有一种被尊重的感觉。当你有了孩子时，往往会有人爱你，你也会有人去爱。”她脸上洋溢着幸福。

但许多个晚上，我都听到塔丽莎低声哭泣的声音。她告诉我她十分想念她的儿子，她很恨她的母亲，因为她母亲经常将她关在房间里，把她儿子留在自己身边。她盼着早点从这儿出去，和她儿子在一起，那该有多么美好和幸福啊。有时塔丽莎睡着后，我想起家人时也会低声哭泣——父亲一个人在家肯定会很孤单，莉莎离我那么远，艾滋病正一分一秒地侵蚀着母亲的生命，而我却无能为力。

当春天来临樱花盛开时，我从圣安妮托管所被放了出来。不知道是“阿姨”、伊娃医生还是谁决定让布里克做我的监护人。不管怎样，很高兴，我终于出来了，离开了那个让人郁闷的地方。

当我离开时，塔丽莎站在我身后对我说：“祝你好运，我会想你的。”说着她紧紧地抱着我。我感谢她为我做的每一件事，我也会想她的。

走到曼哈顿大街上时，我一片茫然。我是“回家”了，回到了母亲和莉莎身边，但我去的地方是一个我完全不熟悉的地方——布里克的家。在托管所里每次和母亲通电话时，她都会告诉我和布里克住在一起是我们最好的选择。但现在，“我们”已经不包括父亲在内了。

我坐在了出租车的后座上，听着送我“回家”的多姆比亚先生告诉出租车司机那个完全陌生的地址，我紧张了起来。我不是“回家”，而是又被送到了一个我不想去的地方。

5. 无路可退

我现在可以想象得到父亲睡在收容所的一张小床上，身边的那些老人们一个个拖着残躯，胡须稀稀拉拉，他也在其中吗？为什么父亲出了事却不告诉我？

早上，我和多姆比亚先生一起来到了布里克的公寓。母亲已经准备好了一顿大餐欢迎我们。莉莎为我们开的门，并给了我一个大大的拥抱。她涂着黑色的口红，戴着一对看起来比她脸还要大的圆形耳环。母亲正坐着抽烟，屋子里到处弥漫着烟味。

“小南瓜，你来啦！”母亲看到我时兴奋地说，并紧紧地抱着我。我们拥抱时，我发现她瘦了很多，老了很多，很憔悴。我的身体似乎比她还要壮些。

“我想你，妈妈。”当我看见布里克在她身后签着多姆比亚带来的文件时，我轻声地对母亲说。

“重新拥有自由了，感觉很好吧？”布里克问道。他的问题让我难受，我没有回答他。

“很高兴你来这里了，莉丝。”母亲对我微笑着说。

多姆比亚先生取下他的太阳镜对我说道：“别忘了，你这只是试验阶段。我们会一直观察你上学的情况，如果不行，你还得回到托管所。”

在我到布里克家的第二天，母亲带着我去80中学注册，我准备上七年级了。“莉丝，这是个好学校，我希望我能重返校园，但现在已经晚了，我没有念完中学，但我希望你能坚持把中学上完。”我真不知道我能否坚持一个星期。但想起圣安妮托管所，我就紧张起来。

学校的保安把我们带到了一个小办公室里，在那里我们等待着咨询顾问为我划分班级。当时，同学们正在调换班级，他们在办公室里进进出出。看着他们的背包和干净的衣服，满脸笑容地在走廊里嬉戏打闹着，我顿时感觉我比他们老了很多。走进办公室时，我突然意识到母亲的在场让我感到很尴尬。

当着那么多孩子的面，她大声地和我讲着她在酒吧里新认识的朋友，她的语言很粗俗，胳膊上到处都是针眼。

和我们在一起等待的，还有一个和我年纪相仿的男孩，他的母亲也过来了。他们站在我们前面，当母亲说话时，男孩的妈妈感到十分不舒服，不停地低声向她儿子解释着什么。

当咨询顾问喊着“下一位”的时候，母亲突然站了起来，抢在了那个男孩和他母亲前面。我拉着她说：“妈妈，他们才是下一位，我们在他们后面。”

但那位女士对我说：“没关系，你们先去吧。”她话还没说完，母亲就已经坐下了。

80 中学像其他学校一样，按学生的能力将孩子们分在不同的班级——尖子班、好班和差班——他们称之为“星星班”、“优秀班”和“地球班”。

那位咨询顾问对我解释说：“你来了，我们来看看你适合上哪个班级。”

母亲坚定地说：“嗯，她很聪明，把她分到你们最好的班级里，她属于那里。”

咨询顾问对我们笑了笑，解释说他们是根据学生在原来学校的记录来划分班级的。听到她的话后我紧张了起来，一方面我怕让母亲失望，另一方面我自己感到很愧疚。

她看了看我的文件，不假思索地说：“我想，我们会将你安排在一个非常合适的班级，亲爱的。”她抽出了“地球班”的表格填写了起来。

我和母亲准备离开时，她又对我说：“伊丽莎白，我希望你从今往后能按时上学；如果你缺课，那会是一件很可耻的事情。你现在年纪也不小啦，亲爱的，自己应该知道怎么做才对。”

我和母亲吃午餐时，她和我讲了一些她上初中时发生的故事。她说她和她的兄弟姐妹们经常去对方的教室里，和对方的老师说对方病得多么严重，这样他们就能请到假，一起溜进电影院看一整天的“免费”电影。我笑了笑，但母亲突然变得严肃了起来。

“但是，莉丝，我很后悔没有去上学，现在我也无法改变那些事实了，太晚了。你别那样做，莉丝，当你变老时，如果你不上学，你将会毫无选择，你也不想自己以后处于一种困境吧？”

“为什么，妈妈，你现在陷入困境了是吗？你觉得和布里克住在一起很难受是吗？”

“我们很幸运有他的帮忙。”她就说了这么一句。

母亲的身体越来越虚弱，除了和布里克住在一起她别无选择。如果她认为必须离开我们家，除了布里克那里，她又能去哪里呢？如果她想为自己、莉莎和我做些事情，除了布里克外，她又能求助谁呢？我想正因为如此，她才经常用“困境”这个词。

我弯下腰，从我们坐的草地上拾起两朵毛茸茸的蒲公英交给了她。她像拿烟一样拿着蒲公英，好奇地看着：“谢谢，莉丝。”

“妈妈，许个愿吧。”我笑着说，“但请你别告诉我你许的是什么愿，不然会不灵的。”

我们手牵着手用力地吹着蒲公英，其中一些洒落在她那黑黑的头发上。我希望今后我能有很多选择，能好好上学。我也希望母亲能好起来。

我一直不知道母亲当时许的愿是什么。

“地球班”里一共有 25 个学生，他们都在 13 岁左右，都是从六年级升上来的。一天下午，我背着书包拿着从办公室里拿来的便条走进了教室。当时，我们的老师正在上数学课。他 30 岁左右，穿着一件深蓝色的衬衣。他看了看我的便条，对我说："欢迎，欢迎，伊丽莎白同学。"

我点着头没有回复他说的话。我想还是不了解那些对我不满的老师为好。在我走进教室之前，我就决定以后不和 80 中学的老师交往。

"你想坐哪儿就坐哪儿吧。"我眼睛看着地，随便坐了下来，希望没人注意我的到来。

当我坐在位子上时，发现有人用笔在我的新桌子上写了"怪物"这个词。当我用手指擦着这个词时，同学们开始哈哈大笑了起来。我的脸憋得通红，原来上学时同学们取笑我的一幕幕又重现在我脑海里。我深深地吸了一口气，垂着脑袋，盼望着放学的铃声早点响起。尽管我在托管所里学会了每天洗澡并经常换内裤，有时甚至还穿着莉莎的旧衣服，但他们对我的态度还是那么不好。

在我旁边，一个漂亮的拉美女孩正和一个白人男孩丢纸团玩儿。他们看起来十分开心。这个女孩不小心将纸团丢到了另外一个女孩的头发上，这时，他俩都笑了起来，我忍不住也跟着笑了起来。这时拉美女孩发现我正看着他们，我迅速地转过头，心怦怦地跳。

老师在黑板上写着数学题时，我听到了那个女孩正在和那个男孩说着一些粗俗的笑话，就像母亲有时和我说的笑话一样。我猜测老师肯定听到了她的声音，肯定会被激怒的。我暗自瞧着，等待着会有什么结果。这时，这位女孩对我说起话来，我以为她肯定是和别人说话，所以并没有理睬她。但她说完后就靠了过来，用手拍着我的桌子。

"你知道吗？下个月是我 13 岁的生日。到时我会穿着一件风衣来学校庆祝我的生日。你知道我的意思吗？我只穿一件风衣，然后我会向所有的老师眨眼睛挑逗他们。"她说完就和那个男孩笑成了一团，我也跟着笑着。她真的是在和我说话吗？我有些不敢相信，因为原来在学校里从来没有人和我说过话，除了取笑我之外。我告诉自己，一定要回应她。

“那会很好玩。”我回答她说。

这时，老师喊了出来：“够啦，特别是你，鲍比。萨曼莎，你来回答这个问题。”

“好的。”她站了起来。那个男孩一直盯着她笑。

“嗯，真对不起，老师，我真的不知道答案，真的帮不了你。”突然她又坐了下去。此时同学们都笑了起来，另外一位女孩站了起来回答了问题。

下课时，我故意走到了萨曼莎附近，希望再次引起她的注意。

“你叫什么名字？”她问我。

当我正准备说我叫伊丽莎白时，我突然想起了只有那些令人讨厌的社工、托管所里的女孩，以及母亲在精神失常时才这样叫我，我立即改口了。

“莉丝，我叫莉丝。”

“很高兴见到你，莉丝，我叫萨曼莎。”

“嗯，你要和我一起走吗？”我指着那扇双开门对她说。

她微笑着对我说“好的”。她的微笑让我至今记忆犹新。

第二天，我独自坐在了自助餐桌的一端，用书挡着脸，免得引起其他孩子的注意。这时，突然有人走了过来，将她的餐盘放在了我旁边，我抬头一看，兴奋了起来，是萨曼莎。

她说：“你别吃这些东西，这有毒，他们想谋杀我们。”我看着她笑了笑。“好的。”说完我就为她腾出了一块地方坐着。

吃饭时我们交谈着，她说：“其实我今后想当个作家，如果我 30 岁前写出了一本书，那时我就可以平静地死去了。事实上，我会自杀。”

她说的每句话都那么富有戏剧性。我喜欢她的鲁莽和直率。

“那你会写什么内容的书呢？”我问她。

一个黑人男孩走了过来，我看见他穿着宽松的牛仔裤、汤米·希尔费格牌衬衣——我这个年龄的城里人的典型装扮。

“你们猜我在听哪个电台呢？”他问我们。

“嗯，我真的不知道。这太难猜了。”我回答说。当时我很尴尬，因为我从来没听过收音机，我连电台的名字都不知道。

他看起来对我的答案比较满意：“答案是Z100。大部分人会这样认为，因为我是黑人，所以我会喜欢说唱音乐。”

萨曼莎抬起头来用笔指着他的脸说：“你是个怪人……你叫迈尔斯对吗？”

他微笑着，点了点头：“是的，萨曼莎，我喜欢你的画。”他们没认识前就相互知道名字，对此我并不感到好奇，可能是因为萨曼莎一直都吸引着男孩子的注意力。

鲍比，他一直和萨曼莎一起，这时也走到了我们的餐桌旁。

他对我微笑着：“你们在干吗呢？”接着将目光转向了萨曼莎。我们都笑了起来。另外一个朋友跟着鲍比走了过来。他个子高高的，是个爱尔兰人，大耳朵，脸总是红彤彤的。

就这样，在午餐期间，我们像一个团队一样交谈着。我也是这个团队中的一员，我也为他们带来了欢乐，我也为他们做着放学后的计划。当上课铃声响起时，我们一起走上楼梯，进入各自的教室。我平生第一次确定我第二天要继续来学校上课。

布里克的工作计划主导着家里的日程安排。我每天七点一刻起床，我和莉莎的床就放在客厅的角落里。在客厅里，我每次都能听到他对母亲大声喊着：“珍妮，珍妮，早上啦，快起床，我要工作去啦。”

当他洗澡时母亲总会为他准备咖啡。这是我第一次体会到这么有责任感的日程安排。当然，这对母亲来说也是很特别的，她早上经常起不来，在布里克再三催促之后才起床。我知道让她筋疲力尽的不再是毒品（她最终戒毒了），而是她那致命的疾病。

从他们的交谈中我知道布里克已经知道她患病了，但他表面上从来没表现出警惕。每次看到他穿着平角内裤站在母亲瘦弱的身旁叫喊时，我的内心就充满了愤怒，就像我第一次见到他那样，就像每次他打断我和母亲的通话那样愤怒。没人在母亲睡觉的时候打扰她，即使是父亲——他从来不会让母亲为他做每天的准备工作。想起父亲，我又担心起他来：他自己一个人过得好吗？家里的电话又停机了，我们好久没有通话了。我既想又不想让父亲看到布里克对待母亲的方式。我不知道是父亲对母亲的关怀不够，还是父亲的秘密使得母亲搬到布里克家。但我想，这也不是母亲想要的生活。

早餐之后不久，布里克和母亲便会一起出门。他去工作；母亲则去酒吧，酒吧里的人们跟她很熟，有时还没开门营业就为她提供服务。没有什么事能让她起那么早，除了布里克催她说“大家都是这个时候起床的”，她才会一大早起来。为了消磨时间，她去酒吧先喝几杯。到中午，她才会回家，每次都喝得语无伦次的。

莉莎早上比谁起得都早，与以前不同的是，她现在从不喊我去学校。也许是因为我们第一次共居一间卧室，莉莎总是挑我的毛病。她处处训斥我，哪怕是问她一些非常简单的问题。

“莉莎，还有没有卫生纸呀？”

“不知道，莉丝，你也住在这里，自己不能找吗？”我不禁觉得好像是我侵占了她的空间。

她早上 6 点左右便会收拾好，然后对着墙上的大镜子开始打扮。但莉莎不是简单化妆，而是像艺术家审视自己的画作一样仔细打量着自己。她化妆时姿势非常优雅，每一个动作都令我吃惊。她打开一个精致的拉链袋，从里面拿出各种各样的眼影笔和粉饼。她先勾画唇线，然后涂上色彩鲜艳的豆沙色口红。有时，如果她要和新交的男友出门，她会在乌黑的双眼边缘画上两条对称上翘的眼线，就像埃及艳后克莱奥帕特拉一样。莉莎的视力不好，但近几年度数倒没有增加，因此，她在化妆时总是将自己紧贴在镜子上，缝隙仅够使用化妆工具。最后她戴上闪闪发光的金色耳环，喷点发胶再大大方方出门，或去上学，或在晚上参加各种活动。

许多夜晚，她回到家时可不是离家时的那种光鲜艳丽，她眼圈发黑、嘴唇上的暗红就像是冲刷过的水彩一样。我从不敢问她脖子上的紫青瘀伤是怎么回事，只是静静地让她坐在我的床头，听她向我倾诉她的男朋友，以及17岁是怎么一回事。

“你家有MTV（音乐电视）吗？”萨曼莎第一次来到布里克家时就问我。那天我们停课一天。近两个月来我经常逃课，再旷一两天也没什么大不了的。莉莎还没有回家，母亲已经从酒吧回来了，坐在布里克的床上，床边堆着一大堆要洗的衣服、几箱子易拉罐和一沓沓的旧杂志。我们坐在客厅的沙发上，萨曼莎把脚指甲涂成亮亮的银黑色。

“我认为我们可能有，但你得找找，我从没有买过电线。”

“什么都有，就是没有这个。”她边说边按着遥控器。电视喇叭发出一阵杂乱的吉他弦音。萨曼莎扳起脚，鼓起腮，使劲地吹脚趾。

“这地方倒挺凉快，”她说道，“你妈妈的男友从来不来这儿吗？你妈妈整天睡觉吗？”

“嗯，大部分时间。”

“听起来不错。”虽然住在陌生人家中感觉不太舒服，而且母亲也是没精打采的，不过，我去过一次萨曼莎家，我知道她为什么这么觉得。她有位严厉的父亲，她父亲在时，屋子里所有人走路都得小心翼翼。我可不愿意和那样的人在一起生活。不过我几乎从未与大人们打过交道，除了社工对我进行调查询问之外。

萨曼莎靠在沙发扶手上，手伸到脑后拆下铜发夹，一头卷曲、丝般柔软的浅棕色美发一下垂落到腰部。

“噢，天啊，”我不由惊叹，“快看你的头发，没想到这么长，真好看！”

“这可不好梳，我告诉你。我爸爸也非常喜欢长发。如果他心血来潮，还会自己留长发。”她边说边用手指解开发带，水蜜桃味护发剂的气味直扑我的鼻子。

电视正在播放一段涅槃乐队的视频，科特·科本在屏幕上劲歌热舞。“哦，他太火了。”萨曼莎边说边打扮，“噢，我的上帝，我太喜欢他了。”

这句话简直说到了我心里。

“是啊…… 我猜他一定很可爱。”我不知道怎么形容他好了，我还没想过男孩儿们的事呢。我经常发现自己盯着一个男孩，对他们所做之事饶有兴致，但还真说不上为哪个男孩所吸引。我看着屏幕里的科特，他一头金色短发，正对着镜头弹着吉他。看着看着，我好像真的在用手托着他的脸颊、拉着他的手。突然，他的脸变成了鲍比的，对着我傻笑。

“是啊，他可真够火的。”我对萨曼莎说。我不知道为什么这些话让我如此局促不安。但看她的脸色，好像没有注意这些。

“上帝，”她紧紧地握着拳头说，“太对了。”她将音量又开大些。

“把那个递给我。”我指着她的指甲油说道。我握着瓶子，心想只有爸爸还当我是小孩子，会看着我走过整条学院大道。我跟着节奏摇着指甲油瓶，随着音乐大声喊道：“是啊，我也非常喜欢他。”

萨曼莎和我每天都在一起。我俩认识还没几天，就好得像一个人一样。

我们还跟着一些徒步旅行者到佛罗里达州度假胜地晃悠。我们还计划未来 50 年都生活在一起。初中毕业后，我们会搭车到洛杉矶，在那里我们有望成为著名的剧作家，赚了大钱后就去环游世界，最后再回到旧金山。我们两家还会结伴，住在我从父亲的明信片和金麦罗广告片中看到的旧金山蜿蜒的大山里。孩子们（每家 3 个）长大离开家后，我们会买上老婆婆们戴的硕大的太阳镜，一直戴到 60 多岁，我们会在两家相连的后院的躺椅上晒太阳，直到皮肤晒得黝黑。纽约很多人目前过的就是这种生活。

渐渐地，萨曼莎开始往布里克公寓里的抽屉放东西，把她的书本、磁带、鞋子、衣物等一股脑儿放进去，根本分不清她的我的。晚上我们一起到贝德福德公园散步。我总是建议转到鲍比家去，然后向他的窗户扔小石子叫他。每次我的心都扑通扑通跳个不停，焦急地等待他的出现。有时他会探出身子小声跟我们说话，丢下几包薯片，谈论摔跤或他最新的电子游戏打得怎样怎样啦。

有时他会请迈尔斯和菲夫到他家玩，然后一起溜出来找我们去公园。在公园里，我们会拿老师开玩笑，轮流讲故事。我给他们讲我、里克和丹尼怎样一起冒险，老人院着火和里克触电的事。

“我告诉他‘看电线有电没’，他还真照着做了。结果，他的手指就像烤煳了似的！”

萨曼莎最喜欢听的就是父亲给我讲的连环杀手的故事，她喜欢心理学家分析他们的犯罪动机。看到新朋友们像我第一次听到父亲讲故事时怕得不行的样子，或看到他们在我说到里克名字时大笑着抱作一团，我讲得更是来劲。

但大多数时候就我和萨曼莎两个人在一起。我们在贝德福德和杰罗姆的通宵餐馆玩，在这里我们结识了夜班经理托尼，他是墨西哥人，矮墩墩的，经常喝醉酒。我们常去那儿取暖，炸薯条蘸干酪或肉汁吃，细细讲述各自的生活，餐馆那旧喇叭里放着墨西哥波利乐舞曲。

那些夜晚，我们就一起在外面散步，萨曼莎给我讲她在家的那些苦日子，这些事她从未告诉过别人。我想无论如何，她离家出走一定有她自己的理由。她告诉我这些事，让我不由产生了照顾她的想法，因为我俩的友情越来越深，亲如姐妹。如果她自己不想回家，我告诉她，她可以一直和我住在一起。

我开始偷偷带她到我家过夜，当然是瞒着布里克。他曾郑重告诫我，10点后不要带任何客人来家，但他九点半会准时睡着，因此，这条规定形同虚设。我拿条床单，再从布里克的柜橱里拿条毛巾被，铺在地上让萨曼莎休息。不过，我们还要在晚上睡觉前开关下前门，造成她已经回家了的假象，再蹑手蹑脚回到房间。萨曼莎双腿蜷着，身子靠在我旁边，我有时会递给她半盒快餐、一瓶百事可乐、奥利奥饼干或布里克给的一些食品。

我发现萨曼莎还有一些不太正常的行为，她就像只刚出生的小狗，口齿不是很清楚，我可以看出她非常需要人照顾。每次她进电梯从不按按钮，就在那儿站着等我按；我们过马路时，她从不在前边走，就傻傻地跟着我。如果我走错一步，卡车怕是会从我们身上压过去了。她把自己完全托付给我，她希望受到呵护，而我也愿意保护她。

晚上，有时我能听到她在床下低声地哭。但每当我问她怎么了，她就不哭了，借口说她的过敏症犯了或是我听错了。但我心里明白是怎么一回事。有时，当她打着鼾睡着了——就像吹口哨一样，我会伸下手去撩起她的一缕秀发，让它在我指间滑过，在黑暗的房间里月光把它映得如玛瑙般发亮。我在心里默默告诉自己，一定要保护萨曼莎。

一天傍晚，我正在厨房倒汽水，听到布里克房间传出几声低沉的嘟哝声。没人回答他，但是嘟哝声不断，听起来像是在和人说话。我走过去看是怎么回事，断断续续地听到：

“在我自己的房子，竟找不到一把干净的叉子……如果你或你那些懒丫头们……集体宿舍……”

他在说餐具没刷干净吗？我周围满地都是灰尘，年久泛黄的报纸在房间里四处散落；他卧室里到处是甜甜圈、油炸薯片的空盒子。布里克却在抱怨“餐具”没洗干净，真是的！

而且，我母亲几乎从不弄脏叉子。每天她不是喝鸡尾酒就是吃安神剂——弄得她再也没有食欲了。即使我把一大碗热乎乎的新英格兰蛤杂烩放到她床头（这可是她最爱吃的），或将金枪鱼三明治的面包片切下来给她，最后还是原封不动地端回来，金枪鱼也是一口没动。有时候，我会忘了刷盘子，我知道是我的错。但这值得他向母亲发这么大的脾气吗？

透过门缝，我看到他正挥动一卷纸巾，一边尖叫，一边疯狂地将卫生纸向着母亲疲惫的身体砸去，母亲静静地躺着，一只手臂护着头。他只穿着内裤，白色T恤紧紧地贴在他那毛毛的大肚子上。一把脏叉子放在床头柜上，这一定是他捡起来的。他把另一团纸巾举过头，狠狠地说道：“你听到我说的话了吗，珍妮？听到没有？”“咚”一声，他将那卷纸巾砸在妈妈的脸上。我赶紧推门进去。

“你到底在干什么？”我喊道，“她有病。别碰她！”

我还没来得及进门，布里克抓住门把手吼道：“再见！”

他砰的一声用力关上了门。门一下磕到我的脚，把我的脚指头狠狠地蹭下一大块皮来。一股刺痛传遍全身，我瘸着一条腿，用手抱住受伤的脚，疼得差点儿喊出来，但为了母亲我忍住了。3个脚指头上的黑色指甲油都被挤掉了，趾甲上一片瘀红。那一瞬间，我强忍着把眼泪生生地憋了回去。

穿着鞋子太疼了。我拉开橱柜，找了一双大号拖鞋穿上，歇斯底里地冲出门去。外面，太阳正在落山。我沿着大街向前走，不知道要去哪里。看到陌生人时，我就别过脸去，不让他们看到我的眼泪。我的脑袋乱糟糟的，像一群疯狂的蜜蜂嗡嗡作响。

母亲如同生活在地狱一般，但我却保护不了她。她需要温柔的态度、需要有人来照顾她的时候，布里克却对她如此不耐烦。显而易见，他不需要也不希望我们在那儿。对他来说，我们纯粹是个累赘。不过不要紧，因为我需要做的就是旷课，旷到一定次数就会被送回托管所，布里克拿我也没办法。

“你早晚也会跟你老爸一样，变成一个瘾君子。”布里克曾这样嘲弄我。还有一次，我在卫生间怎么也找不到卫生纸，我记得还没用完，还有一大包呢。后来，我们在他的柜子顶层找出了那包卫生纸。他把卫生纸藏了起来，就因为有人忘了冲马桶。我原来不知道他有点怪，那时我才意识到，他和奶奶一样疯狂。现在，他又因为几把叉子就打母亲，天知道她现在是那么虚弱。这个男人控制欲极强、脾气火暴，母亲拿他一点儿办法都没有。我必须离开这个家，离开他，离开母亲的病。我受够了。

穿过班布里奇大街时，天下起了蒙蒙细雨，风吹着我的外套，我觉得有些冷，但脚还是火辣辣的。人们都刚下班，一个个夹着公文包或打着雨伞在雨中疾行。我低着头从他们身边走过，不想让他们看到我在流泪。

我突然想起，我不记得上一次曾和母亲说过什么话了，大概说的也就是“嗨”和“再见”之类的。我们最后一次真正的交谈大概是在5个月前，她带着我到80中注册的时候。

一想到这儿，眼泪不禁流了下来。在那一刻，我告诉自己，我能更好地照顾母亲，我不能逃避。想到这儿，我暗自为自己骄傲。我原以为我会忘记母亲感染艾滋病给我带来的痛苦，但是一想到布里克怒声连连、母亲躺在那里无助的表情，我又痛苦不堪，这就像根裸露的神经，时不时碰到就会阵阵发痛。

我们家没有人谈论艾滋病。母亲和父亲不谈，莫拉莱斯医生也不提，当然布里克也不谈。他看着母亲服药，看着她越来越虚弱，但他仍然不断要和她过性生活。看到落在地上的避孕套，我敢肯定，只要母亲愿意，他们甚至还有性生活。

没有人谈论她的艾滋病，即使疾病当着我们的面一点点吞噬她的生命。母亲的病情正迅速恶化，虽然我们避而不谈，但这始终是掩盖不了的事实。

两星期前，我正独自坐在厨房，母亲突然冲了进来，哭得浑身发抖。她径直走向冰箱，去拿冰箱顶部装药的大牛皮纸袋。她的突然闯入和那疼痛的样子把我惊呆了，我坐在那儿一动不动，也没敢说话，生怕她难堪。药瓶终于“砰”一声打开了，药片撒了一桌子，噼里啪啦的。母亲费劲地拿起两颗放到舌头上，深吸了一口气。这时，她看到了我。

“妈”，我只轻轻叫了一声。

“你还太小，还不懂，”她对我说道，边说边抬起她颤颤巍巍的手，“对不起。你还太小。”

我茫然地盯着她，看着她走出去。白色的药片散落在黝黑的桌面上。

我虽然年纪小，但也不是什么都不懂，至少我知道什么是吸毒，知道母亲年轻时就开始卖淫，但我的确不太知道艾滋病究竟是怎么回事儿。我真恨我自己，恨自己知道母亲是对的，恨自己在母亲最需要帮助的时候却无能为力。我能做很多事，可当母亲身受艾滋之痛时，我却只能避而远之。或者，是她对我避而远之？我们之间出了问题，就在她离开学院大道、在我们家散伙后、在她病得越来越严重的时候，我们的关系不再那么亲密了。如今我有了萨曼莎，整天都想着怎么逃课，梦想着和朋友们未来在一起的好日子，梦想着从未见过的新生活。总之，我与朋友过得越快乐，就越难回到与母亲居住的那个家，那个充满疾病气息的公寓，越不想看到她一天天将死的样子。最简单的办法就是不回家，和朋友们在一起。

“自私”，我对自己大声喊道，使劲将眼泪从脸上抹去。在202号大街，我抬头看到鲍比卧室的窗户在温暖的阳光下泛着光。我想到了他的微笑，闪亮的大眼睛那么迷人。我向楼上走去。

鲍比的母亲保拉将猪排和米饭端到卧室的电视机前。当时电视正在播放摔跤节目，鲍比举起双臂，不时地加油助威，时不时露出他的肚子，一道细细的胸毛直到他的肚脐（我尽量不去看）。我回到走廊里，又擦了擦脸颊，做了几下深呼吸，一定不让他看出来。

“我喜欢你的房间，鲍比。”我高兴地说道。但话一出口，我就想起刚进门时就已经对他说过了。

“谢谢，”他说道，“看，这才是男人。”他一边对我说，一边指着屏幕上一个身材高大、皮革蒙面的家伙，那家伙有厚厚的肌肉，肌肉上的汗珠亮晶晶的。这家伙对着摄像机哼了一声，跳过绳子，一下子蹲在对手的背上，观众一阵狂呼，鲍比也兴奋地挥着胳膊。我不知道如何参与进来。

“是吗？这很酷……是他，他摔了很长时间了吗？”

“男人都好这个。”他回答道，停了片刻，看了看隔壁房间，“等一下。关上我屋的门，克里茜！”他嚷道。

一个和鲍比脸型很像的女孩儿探着头，抓住门把手。关门前，她仔细打量了我一番，看出我正穿着鲍比的T恤。（我的T恤淋湿了，正晾着呢。）

“关上门，出去。”他命令道。

她转了转眼睛，“砰”一声关上门。

“布拉特，”鲍比说，“是啊，这家伙真的疯了。”

“呵，他要诈吗？”我说，“你指什么？”

“没什么，只是……嗯，他有点疯不是吗？还有布雷特，他摔得特准。瞧，莉丝，他们各有特色……”

一直到深夜，我都听着鲍比说话，做他忠实的听众。我靠在他的软枕头上，双腿蜷缩在被窝里，我们睡在一张床上，很快我就在吹风机的嗡嗡声和鲍比低沉的声音中睡着了。

“你好，我是儿童福利院的多姆比亚老师。我打电话是为了了解伊丽莎白小姐的近况。据 80 中学反映，伊丽莎白小姐没有按时上课，我们非常担心她的未来。请回电……”

还好，在布里克听到这段话之前，我就把电话录音给删了。我已经很久没去上学了，我知道这段话的意思——我如果继续逃学，就得回到圣安妮托管所。但我不想听这些废话，所以一发现有这类信息就赶紧删除，希望不要出问题。

警告！

公寓 2B 正在打扫和消毒！请大家注意安全和健康！

——管理办公室

在我们学院大道的公共休息室，到处都散落着这种传单，有的钉在锈迹斑斑的信箱上，每家租户门口也都塞了一张。父亲没打电话告诉我，他已经从那间公寓搬走了，是我自己发现的。

我和萨曼莎正在餐馆讨论纪念品和家庭照时，我突然想起我所有的东西都在原来的家里呢。“至少我得带上我的相片，再拿上几本书。”在回学院大道的城铁上我告诉萨曼莎。

沿着 4 号地铁走就能到我家附近，路上一会儿就有一辆火车呼啸而过。我们走在杰罗姆大街，来回踢着一个易拉罐。

“我有几本关于鲨鱼和恐龙的书，”我大声告诉她（正好有辆火车通过），“你知道雅克·库斯托是谁吗？”我急切地问道。

她摇摇头。

“我爸爸有这些书……你最好再看看他的水下相片，我猜你根本想不到会有这样的东西。”

快到我家时，我对萨曼莎说了一直没说出口的话："你以前肯定没见过这样的房子，萨曼莎，真的。它特别破，我的意思是说比布里克的房子要糟 100 倍呢。"我希望她能有个心理准备，这样，当她亲眼看到我家时，就不会太震惊了。

"莉丝，别说了。"她回答，"只要跟你有关的，我都不会介意，别老担心啦。"

和萨曼莎相处了这么久，我非常想带她到学院大道的公寓里去，我从未带朋友去过，里克和丹尼也没去过。我一直非常担心。之前在餐馆里聊了那么多，谈起父亲和他的大学，我是想让萨曼莎知道我的出身。我知道，她会明白的。

从托管所出来的这 10 个月，我只看过父亲一次，就在刚出来的时候。我原以为再回到家感觉一定非常好，但是，到父亲那儿看他和与他一起住可不是一回事。看望他时，我们坐着聊天，却找不到什么话题，这比我想的还要难。我们谈什么？集体宿舍？母亲的艾滋病？他最近是不是喝醉过？我的新生活中没有他？沃尔特·布莱恩？于是，我们一起看电视。后来父亲在沙发上睡着了，我坐在客厅的椅子上，不断换着台。垃圾袋敞着口堆在地上，一股恶臭扑来，我几乎不能呼吸，过去感觉好像没这么难闻呀。我们不在的日子，房子变得更破烂了。我的房间到处是父亲没扔的储物盒和垃圾袋，看到这就知道他没打算我再回来。于是，我留了张便条，说我回来挺开心的，然后趁他睡着偷偷溜了出去。

我还会回来看望父亲，不过，看到他和这个家变成这样，心里真不是滋味。回来以后我就开始做噩梦，梦中我们全家人一会儿团聚一会儿分离，反反复复。我总是梦见我们要分离，但分没分成要看我的决定。不过我总是在醒前的最后一刻梦见自己打错电话，结果全家人又各奔东西了。每一次醒来梦中的一切好似真的发生，我心痛得不行。后来，我就再没回去过。

离公寓大楼越来越近了，我突然看到父母卧室和我卧室的窗户都钉上了木板。我的第一感觉就是奇怪，接着一阵恐惧蔓延全身。

“萨曼莎，我家是不是着火了？”我边说边走近大楼，伸长脖子看着两块漆黑的木门。爬楼梯时，我做了最坏的准备：父亲还活着吗？一切都烧光了吗？我们跑上楼梯，来到公寓门口。一把不锈钢挂锁锁在门上。我舒了口气，好一会儿才缓过神来，萨曼莎正在读一份 72 小时内搬迁通知。

“我真是不明白，为什么他不告诉我们他搬去哪儿了。我都不知道我们的东西是不是还在。萨曼莎，把你带到这儿来真的很抱歉，我没有想到——”

“莉丝，”她说，“快过来。”萨曼莎抱了抱我，慢慢地我平静了下来。我们顺着安全通道向上走，我把头靠在她的肩上，闻到一股柔柔的桃子气味。在那一刻，我能感觉到，萨曼莎关心我就像我关心她一样。

“我好啦。”

“嗯，莉丝，慢慢会好的，接下来我们干点什么？”

没什么可做的，于是我们两个都沉默了。当时我们什么也没说，在得知父亲由于欠租金搬到了收容所时也没说话，发现我们公寓中所有东西全部被当作垃圾弄走后更是无话可说。我什么都做不了，只有接受事实。

那年春天，我勉强从 80 中学毕业，出勤率正好够学校规定。6 月份毕业典礼后，母亲站在路边吸着云斯顿烟，等着我出现。她正好站在几个衣着光鲜、满身香水味的父母旁边。那些父母们正在聊天，迈尔斯和鲍比的母亲恰好在其中。小伙子们这一个那一个，把帽子当飞盘扔来扔去。鲍比的长袍在风中飞舞。他穿着一身笔挺的黑色西装，看起来就像一位成熟绅士。他母亲看起来非常漂亮，和她儿子一样，有着一头浓密的棕色头发，用一个闪亮的法式发环挽住。

母亲不知从哪儿挖出一件短袖花裙参加我的毕业典礼。她的双臂伤痕累累，皮肤就像白白的汉堡肉一样。为参加典礼，她卸了妆，穿了一双白色凉鞋，光着脚，露出腿上的细毛和黄黄的脚指甲。

我决定蹲在树丛里躲着，等待典礼结束。我不想像以前那样被人瞧不起，还是尽量保留在朋友母亲眼中留下的好印象吧。我现在和别人没什么不同，我已经改头换面了。现在的我比较乐观，还有些可爱，我不想这一切就这么轻易地毁掉。

可随后发生了一件我始料未及的事。斯特佐老师，风风火火地从我身边经过，直奔学校，突然他停在母亲面前。斯特佐老师穿着一身笔挺的西装，他的眼神十分和善，微笑着和母亲握手。虽然我听不到他们在说什么，但我看到母亲好像很高兴。她甜甜地笑了，不过因为服了药有些心不在焉。我意识到好久没看到她笑了。他们是在聊我吗？母亲握着老师的手，不停地道着谢。斯特佐老师走后，母亲开始四处找我。过了一会儿，我看出她有些失落。

我只好站起来走出树丛直奔母亲，我紧紧地抱住她。我非常爱她，当然我也能感受到她对我的那份深沉的爱。我们就这么紧紧相拥，久久没有分开。

"小南瓜，我真为你感到骄傲。"她眼含热泪说道，"他们叫你的名字时，我使劲地拍手，亲爱的，你听见了吗？"我没觉得自己毕业有什么可骄傲的——尤其是勉强能毕业，但母亲好像一点儿也不觉得。我知道她一直都在支持我，相信我能行。我搂着母亲的腰，带着她向前走去。我惊讶地发现因为瘦，她的髋骨变得那么突出。

"过来，妈妈，我介绍你认识一些人。"

我们向前走了几步，来到其他父母中间。我拍了拍手，心咚咚地跳："大家好，这是我的妈妈——珍妮。"

我上高中几周后的一天，房间里布里克抽着烟看着电视，母亲病恹恹地躺在床上。她整天都在卫生间呕吐，溅得瓷砖上都是；我用了一整卷纸巾去擦，可那股浓浓的酸味还能闻得到。我和萨曼莎为打发时间，就给电台打电话参加智力测试，希望能获得演唱会门票；我俩还在一张地图上标出所有我们想搭车去玩的地方。虽然萨曼莎不太接近母亲（我想是因为她害怕母亲的病），但她会计划外出，好让我忘记艰苦的清理工作。那天晚上，莉莎上了一天课后，做着功课就睡着了，而我好几天都没去上课了。我惊讶于她的勤奋，不知道她怎么能够一连几个小时都在床上写论文、写实验报告。

这时，父亲突然打来电话，我拿起话筒，开始没听出是父亲——声音太小，而且那么远，好像打国际长途似的。

“莉丝，莉丝，”他叫道，“我搬来收容所了，这里很好。真的不错。他们对我也都很好，而且我每天都吃很多，肚子越来越大，信不信由你。”他的笑声有些拘谨。我叫醒了莉莎，轻轻对她说了声“爸爸”，但是她摆手让我继续，然后合上眼睛接着睡。父亲继续说：“我们经常看《杰帕迪》（智力竞赛），大家都站在那儿，赌我能猜对几个。”

我突然想起小时候父亲给我修床的情景，我身体蜷缩在床头，看着他教电视里的参赛选手回答问题。他停下来想重要信息时会闭上眼睛，摸他的光头，仿佛在召唤答案。客厅里旧电视闪着蓝光，每个问题的正确答案都是三个一组：第一个是父亲的，然后是选手的，最后才是主持人的。猜对了，父亲就会高兴得直嚷。

“是啊，你特别擅长那个。”

“非常简单，莉丝，你知道的。”

问题是，我现在可以想象他睡在收容所的一张小床上，身边的那些老人们一个个拖着残躯，脸上长着稀稀拉拉的胡须。他也在其中吗？我怎么没注意到父亲出了事呢？他曾经过得那么潇洒自在，我们那么亲近。可当他住在窗户钉满木板的屋子里、出入受到限制时，当失去家、失去财产时，他却向我隐瞒他的生活，不愿意给我打电话。如果我没回家看他，那么或许我永远都不会知道父亲的情况。

他现在打电话给我，是不是意味着他没有刻意逃离我的生活，是不是他的日子过得不好？他在电话那头说个不停时，我的脑子里却想着能为他做些什么帮他摆脱困境：出去工作来养着他？经常给收容所打电话问候他？为他租一间宿舍，给他买些衣服？我满脑子都是这些想法。

“高中怎么样？”他轻轻问道。

“很好，真的很好。”

我只能说自己一切都好，父亲对我们的困难无能为力，向他发泄有什么用呢？告诉他我一直在逃课，告诉他我去看过他？这只会给他压力，我不想这样，太自私了。于是我决定让他觉得我一切都非常好。

“嗯，很高兴听到这些，莉丝。一直不知道你怎么样。现在知道了，好，好。”我这样做是对的。我不能告诉他我其实特别担心成绩落下太多，不知道能不能赶上来。

“爸爸，我得回去做功课了，要不然太晚了。对不起，爸爸。很高兴你给我打电话。”我确实很高兴，真是好长时间没接到他的电话了，不知道他过得怎么样，也不知道他是否安全。道了声“晚安”，我们挂了电话。萨曼莎关切地看着我。

“他说什么？”她问道。

“没什么，我想他只是打个电话问好，告诉我他住在收容所里。大概就是这样，谁知道呢？”明亮的蓝色地图摊在桌子上，立刻吸引了我的目光。萨曼莎趴在地图上，用钢笔勾出我们以后环游全国的路线。在线的一头，她画了两个小人儿代表我们俩，两个小人儿戴着大宽檐海滩帽，老婆婆戴的那种太阳镜，前臂挎着钱包。两个小人的唯一不同就是她梳着一个莫霍克发型[1]。她还没来得及继续问我父亲的情况，我便将手指顺着路线一画，停在西海岸，问道："萨曼莎，你认为我们用多长时间才能到那里？"我指着洛杉矶。

"没多久，"萨曼莎抓起地图对折，纽约正好对着加州，"我们不是已经快到那儿了吗？"

我们都笑了，比听到笑话还笑得欢。

上高中后，我和萨曼莎除了去注册报到外，就只在领免费列车通行证之前露过面。我们去菲夫、鲍比住的地方玩儿或者跑到布里克的大床上看电视。在家里的时候，工作日我一般不会接电话，免得那些社工找到我。我还非常"不小心地"把布里克的电话应答机给弄坏了。门铃响的时候，我也总是等上5分钟后再去开。逃课、躲避多姆比亚先生之类的事，我都相当在行。

"你不能老这么耽误下去。"一天莉莎要出门上课时对我说。

我这么做，你可能已经猜到了，只是想证明她错了。

我觉得我已经给学校留下一个很好的印象了，前两周我每天都去上课。但高中太不一样了，就像一个迷宫，密密麻麻地到处都是人，我不知道往哪儿去，也不知道做什么。我们刚开始没想到会旷课这么多，第一次逃课应该是在星期一，就一天。

那天，我和萨曼莎坐火车到曼哈顿的格林威治村，我从小就对那里非常熟悉，那时父亲经常带我去捡垃圾。经过这次旅行，加上以前母亲的描述，

① 莫霍克发型起源于美洲的一个印第安部族——莫霍克族。莫霍克人将头发梳成一排辫子，梳理这种发型本身是一个宗教仪式的组成部分，却于20世纪70年代末在朋克人群当中流行开来。该发型需要剔掉头顶两侧的头发，只在头顶中间留下一窄条。之后，再把这些头发向上竖起。——编者注

我发现这个村的人都非常有意思，他们烫着各色的头发，穿着老式的衣服，一眼就能看出是格林威治村的。我们换了 2.75 美元的零钱，刚好够买一个热狗和一瓶汽水，于是我们就待在华盛顿广场公园观看街头表演。那里的人倒是很酷。

我们真的只打算逃课一天。不过，如果我逃两天课，就可以连着玩两天了。毕竟，在外面待两天的借口更令人信服。我的意思是，谁会得一天病呢，对不对？在耽误了两天课以后再耽误一天也没什么。当然，理由还是前两天生病没好啦。但是，如果我周一、周二、周三都没上课，周四和周五也没什么可上的了。还有下周呢。而且，我们也没计划下周再接着上。也就是说，到下周一我们又睡过了头，结果又重新开始新一轮逃课。最终，我们误了那么多天，自然没法赶上班里的课了。当然，还有下个学期呢。

我们和朋友们在另一个地方一起消磨时光。对于我们来说，菲夫家当然是最理想的聚点了。因为他父亲白天都在工作，他母亲只是偶尔过来住，于是大家逃课都逃到了他家。在他家里，我大多待在那儿什么也不做，其他跟我年龄相仿的伙伴也都像我一样。这慢慢形成了习惯，每周大家都那么无忧无虑地待在一起。我从来没有那样快乐过。

这些天来我们一起生活，渐渐地彼此都离不开了。这个家虽小，但没有批评，也没有课业负担。萨曼莎古灵精怪、愤青似的性格成了大家谈论的焦点。迈尔斯的宽容、鲍比的幽默、菲夫的热情以及我的和善，把我们紧紧拉在一起。鲍比、萨曼莎和我是真正的核心人物。我们这个小圈子不断扩大，不断有人加入和离开：迈尔斯、菲夫、杰米、乔希、戴安娜、伊恩、雷、菲雷斯以及其他许多人。我们称自己的小圈子为“组合家庭”。总之，日子一天天地过，我们赤脚围坐在菲夫的涂鸦公寓中睡觉、说话，做得最多的是大笑成一团。

因为怕给菲夫带来麻烦，很少有人在我们这个逃课的公寓内吸毒，最多有人会到后屋或门厅吸大麻。我自己不吸毒也不喝酒，从不接触这两样东西，即便是别人口中的啤酒味都让我翻腔倒胃。这可能与我经常看到父母的痛苦有关吧，但还有部分原因是母亲对我说过的那些话。小时候有好几次，母亲毒瘾发作后，就会用那冰冷的眼神看着我，我永远都忘不了那眼神。她一边哭一边恳求我："莉丝，千万别染毒瘾！孩子，它毁了我的生活。如果你也染上毒瘾会很伤我的心的。永远不要沾毒品，永远，好吗，宝贝儿？"母亲的手臂上结着血痂，她深情地望着我，声音里满含关爱，这也许是别人给我的最有效的劝说了。所以我从来不吸毒，一次也不。除了一些朋友开玩笑说我是个"直刃族①"外，没有人强迫我吸毒。此外，我们还有其他的方法让他们玩得高兴。

当别的孩子写作越来越好、开始学习数学和科学课的时候，我们也在进行自己的实验。比如，把一小勺水倒到一个烧得鲜红的火炉上，水立刻变成一个个小小的、不断跳动的小水珠。把一个灯泡放于微波炉中5秒钟（为安全起见），灯泡立刻闪现出霓虹的色彩——粉色、绿色和橙色。我们有时随便从菲夫的柜子里拿几样东西做实验，有时还会弄出些吃的东西玩儿。还有一次，我把水气球飞快从打开的窗口一扔，它就扑扑地飞出去了。和大家在一起的日子越久，我就觉得与周围喧嚣的世界隔阂越大，这段经历让我对鲍比和萨曼莎的爱更深了。

但是，每天总有那么一刻，母亲的疾病会将我拉回现实，回到布里克那充满发霉味道的房子里。我刚刚过了几天快活日子，又回想起前几天母亲呕吐的情景。我知道，如果我不回去帮母亲，她可能会倒在卧室门口起不来，或者没法从卫生间出来，或者无助地在她的房间内叫着要喝水。因此，我会离开伙伴定期回去看她。我发现，不管承认与否，我越来越不愿意回去看她了。

---

① 直刃族（Straight-Edge）是始于20世纪80年代的一项运动，当时在美国的年轻人中间，吸毒成了一股潮流，于是美国朋克乐团Minor Threat的主唱发起"直刃族"运动，旨在降低欲望，回归简单生活，不吸毒、不吸烟、不饮酒、不滥交，提倡保护动物权益，所以也不吃肉类制品或穿戴动物制成的衣物。——编者注

如果有人曾告诉过我们爱情到底是怎么一回事，也许事情就会是另外一个样子。

6. 男孩子们

萨曼莎和我都没准备找男朋友，因为爱上一个男孩可能会影响你的一生。我不禁想，如果我们做好心理准备，如果有人曾告诉过我们爱情到底是怎么一回事，也许事情就会是另外一个样子。

卡洛斯开始是我们组合家庭的客人，但因为他个性特别好，很快他就成了组合家庭的中心成员。一个秋日，我们正往菲夫家的楼上走着，突然听到大厅里传来一阵男人的大笑声。

“你听见了吗？”我问萨曼莎。

“听到了，好像哪家精神病院的疯子跑出来了吧。”

“不，我是说，这笑声是从菲夫家传出来的。”

我们走近门口，慢慢地打开门，这时一阵低沉的像播音员的声音传了过来。

“儿子，儿子，拿着这个，”那人说道，“好好发挥，让他们尝尝输了的滋味……好啦，扔吧！”

我们来到客厅，看到了几个不太熟悉的人，他们和我们组合家庭的几个家伙正蹲在那儿掷骰子。菲夫靠在墙上。我向菲夫看过去，他耸了耸肩，什么也没说。不一会儿，我就发现了那个说话的人。

我之前从没见过他。他是个波多黎各人，身材瘦长，黝黑、卷曲的头发向后拢成整齐的马尾辫。他有一双深情的棕色大眼睛，宽宽的脸颊上零星地挂着几颗雀斑。一看他的衣服就知道他是从贫民窟来的。不过他走路的样子、磁性的声音很吸引人，我目不转睛地看着他。他使劲拍了拍另一个小伙子的背，那小伙子就将刻满密密麻麻小红点的两个骰子掷了出去，结果骰子没应声落地，反倒撞在了墙上。大家立刻嚷嚷起来，冲着那个掷骰子的人哈哈大笑。

“哇，”那个家伙大叫道，“这么近，我算服了，这就是你扔的点数。”

我在菲夫家附近见过掷骰子的小伙子几次，看来今天他是输了，他开始给那个家伙数钱。

“谁还来？”那个家伙又叫道。

“萨曼莎，你以前见过那个人吗？”我问她。

“没有。”

我待在房间门口，眼睛不停地瞅来瞅去，一会儿看看墙壁上的涂鸦，一会儿又看看他们正玩的游戏，这样至少过了有 20 分钟。

萨曼莎没了兴趣，走进厨房在菲夫的冰箱里一阵乱翻。最后，那个家伙又赢了一轮，他拿起骰子，突然宣布游戏结束：“先生们，今天就到这儿，下次再玩儿。”

房内掀起一阵抗议声。

“我想接着玩，”他垂着眼睛，摆弄着手里的钱说道，“但我很忙，我要带她到外面吃饭，要怪就怪她吧。”他头也没抬，用攥满钱的手指了指我，又继续数钱。

我一下呆住了。几个小伙子抬头看了一眼，都没了玩儿的兴致。我根本不知道他什么时候注意到我的。可以说，他根本没朝我这儿看过。我环顾了四周，然后指着自己问道：“我？”我敢说他这时肯定看到我了，但他没有回答，而是径直走到另一个房间，不断与各色人等握手告别。

我愣了一会儿，不知道究竟是怎么一回事。他从我身边走过去开前门时，我的心怦怦跳个不停。我静静地站在那儿，闻到了他身上甜甜的古龙香水味。这时萨曼莎走出厨房，吃着菲夫的冰激凌，手上沾满了巧克力。这一幕在我们刚刚离开后就成了大家的笑话。

前门嘎吱开了，他停了下来。

“怎么样？你来不来？”他说。

我环顾四周，看看他在跟谁说话。

“你，小丫头，我一整天没吃东西了。”

“你是说我吗？”我问道。

他向前挥了下胳膊，示意我出门，然后朝我眨了眨眼。我们相视一笑。

不过我还是努力故作平静：“我朋友能来吗？”

他叫卡洛斯·马克诺，快18岁了。跟我们一样，他也在布朗克斯区长大。他从小就被父母遗弃了，整日流浪街头。他还曾被刺伤过，左小腿上有道伤疤，是个女流氓抢劫他时用碎瓶子划的。他现在住在贝德福德公园大道的朋友家。卡洛斯一说起话来妙语连珠，无论多严肃的事，到他嘴里都能让人笑个不停。他的风趣深深地吸引了我。我想无论多难，终有一天他会成为著名的喜剧演员。

“靠上帝保佑，我自己活了下来。上帝在眷顾我。”第一次在餐馆谈话时，他边指苍天边说道，“我知道你们懂我的意思。从贫民窟混出来很不容易，但是你必须保持清醒，不能睡着。做梦可以，但不能睡着。懂我的意思吗？”

一连几个小时，他就坐在我和萨曼莎对面，不停地跟我们讲他传奇的经历，什么打架、帮派暴力和见过的各种危险情况、流落街头等等。他聪明、机智，最重要的是，无论多么艰难，他都会笑对生活。每件事都非常惊险有趣，深深吸引了我们两个。他时不时还会做个手势，显得特别帅气。

但是，真正让我喜欢上卡洛斯，真正让我对他着迷的，是他的身世。那天晚上我们要走的时候，卡洛斯对我们说，他 9 岁时父亲死于艾滋病，此后他就一直自己过活。他的母亲是个瘾君子，从来不管他。

“她关心的是吸毒而不是我。我知道，毒品是她的一切。我只能靠自己。”

这时，我开始思考我们在心灵上的契合之处。他了解艾滋病和毒品，他非常阳光，积极向上。他不向任何人隐瞒任何事情。外面的世界对他来说没有任何障碍，反而是一个发展的平台。卡洛斯已经学会独立生活，我也希望自己能够像他那样。我决定试着去接近他，不过现在告诉他我们有诸多相似之处怕是有点太早，而且听起来有点做作。

说起自己失去父亲无家可归时，他凝视着餐厅窗户外过往的人群：“妈妈不停地将我从一个亲戚家带到另一个亲戚家，后来我开始寄宿在学校的朋友们家里。不过没多久，我就不知道自己该去哪儿了。这时我才意识到我必须努力争取自己想要的东西，因为那才是最真实的。我不相信任何人，我只相信自己。”

我们的谈话结束前，卡洛斯又编了一个有趣的故事，非常幽默，我们大笑不止。他能吹出优美的口哨声，一下子就震住了其他人，他并不在乎别人的眼光。他的声音就像萨曼莎的一样吸引着我。

随后他陪我们走回布里克家，路上不时停下来又唱又跳，他那种傻气逗得我们笑个不停。他总是拦住街上的陌生人，赞扬他们的空手道或编篮技术，可别人还没回过神来，他又继续向前走了。他用纸袋叠了一顶纸帽戴在头上盖住双眼，然后开始拦住陌生人，郑重地告诫他们过街时一定要看两侧。他好像什么都不怕，真是不可思议。

接下来几周，我开始追求卡洛斯，联系他时尽量显得不那么急不可耐。

我常在布里克家的厨房给他打电话，我们一说就是几个小时，与那几天晚上我们在附近散步的时间差不多。我们出去约会的时候也是谈个不停，他偶尔会牵牵我的手。我们会穿过炎热的大街，来到哈里斯广场附近的林荫小道，在街灯下说着悄悄话，紧紧相拥在一起。

一天晚上，我们走到布里克家前停了下来，卡洛斯对我说道 :“莉丝，我得谢谢你。”他那双乌黑的眼睛紧盯着我。

“为什么？我做什么了？”我不解地问。

“一点儿也不像，你和我认识的其他小姑娘一点儿也不像。我觉得什么都可以告诉你，我相信你。就是这样，莉丝，我相信你，以前从来没有这种感觉。愿上帝保佑你。”我尽力掩饰心头的兴奋。他提议我们再绕着小区转一圈，说有事要告诉我。他紧紧拉着我的手，让我答应不告诉任何人，他告诉我他父亲留给他 7 000 美元的遗产，不过要到他年满 18 岁时才能领。

“三叶草，”他知道我有爱尔兰血统后就开始叫我“三叶草”，“尤其是当人们知道你很有钱的时候。他们就开始想，如果那钱是我的该有多好？人们都很贪婪，但我相信你。我想与你分享一切。”

“听着，卡洛斯，”我说，没理会他对我说的话。想到他终于可以不用在大街上睡了，我非常兴奋，“你不是一直想这样么，你终于可以拥有自己的房子了。”我轻轻地握住他的手，笑了笑。但他没有笑，只是盯着我的眼睛。

“三叶草，也许你没听到我说的话。我想你和我一起分享。这是我们开始的约定。”我禁不住笑了，我的身体因为兴奋有些紧张。

“我与那些人不同。我只希望你能快乐，卡洛斯。”

“你让我感到快乐，小丫头。这点毫无疑问。”

当我们拥抱道别时，他突然一下将我扛在他肩上，他劲儿真大，他扛着我，向前疾跑。我一边尖叫一边大笑着。“砰！”他吼着，用手猛推前面的门。由于登上电梯就要说晚安，我们又拖了有半小时，定好下次见面的时间才分开。

整个9月，每到我逃学后的第三天，信箱中就会有一份肯尼迪高中来的通知，通知九年级学生伊丽莎白的父母或监护人给校长办公室打电话。我每次都会打开信箱取出通知，再把它撕成小碎片，放入垃圾粉碎机中粉碎。纸屑像五彩云朵一样飘然而下——问题解决了。不过，有一天我遇到了麻烦——我发现一个信封，信封上盖着儿童福利院的章。通知是用粗体字写的，要求必须与布里克讨论我的未来以及回校安置事宜。我不可能回去，我是不会回去的，但我又不想去上学。我不知道该怎么做。

除了朋友外，我几乎对什么都没有兴趣。我一直在想，我以后随时可以去上学呀。事情似乎得到了圆满解决。卡洛斯一直在谈论我们该怎么利用那笔钱：我们可以在贝德福德公园附近租套公寓，萨曼莎可以和我们一起居住。这样萨曼莎和我就可以回高中上学了，我们三个人可以找工作赚钱缴租金，但首先我们需要一个属于我们自己的稳定的家。

因此，不是说我不想去上学，而是此刻这不在我的计划之内。我很快就会回去读书，也会很快和母亲谈论一些重要的事。我想告诉她，无论她做什么，我都知道她爱我；我知道她尽了最大的努力来爱我。最重要的是，她应该知道不用担心我，我会回到学校，什么都会好起来的，不过不是现在。生活的种种压力似乎一起扑面而来，而我所能做的只是躲避。现在还不行，以后会好的，我一直告诉自己。

当然，有些事越来越难以逃避。

母亲每天上午都喝得醉醺醺的，她让我感到烦躁不安，但我还得在那儿一点点收拾残局。

她会跌跌撞撞地从酒吧回到布里克家，几乎站都站不稳，吐得浑身都是脏东西，有时如果她摔倒了，就会浑身是血地回到家。有一次，几个陌生人——一个胖乎乎的警察，附近公寓的一个管理员，还有一个酒吧的爱尔兰人把她送了回来。他们看到一脸稚气的我来开门接她，都不知所措了。

他们随口问了些最难回答的问题："你父亲在哪儿？""在这儿她会好起来吗？"

我不知道如何回答，也许我会回答："我父亲在收容所。啊不，她不会好起来，她快要死了。这是我所做的最难的事情。"

我能做的就是把她拖到屋内，向其他人道声感谢，然后关上门。其余的事就要靠我自己了。我帮母亲擦干净身体；帮她脱掉衣服洗个热水澡；帮她洗头，一缕缕头发掉到我手里。有时，她会吐在浴缸里，我又得重新打扫一遍。

家中所有的房间，我对浴室是再熟悉不过了。墙上刷着绿漆，闪烁的灯光将绿色反射在房间中所有东西上，也映到我的手上。这双手每天都要将瓷砖上的血迹、尿迹、脏东西擦掉。绿光也映到母亲苍白的皮肤上。她的心脏还在跳动，跳个不停，但很慢。她坐起来时，一排排瘦骨让人看了触目惊心。我用毛巾擦着她瘦骨嶙峋的后背，为我的健康、我流畅的动作、我的年轻感到羞愧。真是不公平呀，我不断成长，她却一天天枯萎；她体内唯一正常运转的，就是病毒在她的血液中不断繁衍，悄悄地将她从我们身边夺走。是的，她的心脏依然在跳，但只不过是在扩散病毒罢了，既让她活着，又以更快的速度杀死她。

奇怪的是，每当我有许多事同时要处理时，大脑就会分工协作。如果我一时忘记母亲出了问题，它就会提醒我忽略了一些事。我把母亲拖出浴缸，给她穿上干净的衣服，小心地把她安置在安全的地方后，大脑神经才能放松下来。我悄悄地关上她的房门，然后偷偷溜到另一个世界，那里到处都是关心我的朋友，我可以和他们一起去玩，和萨曼莎去冒险。没有人会打扰我。我们一起骑车远行，他们会尽可能地保护我。我们还是一个小家庭。与这么多人，尤其是卡洛斯在一起，有什么好怕的呢？

母亲住院的前一周，我发现卡洛斯非常关心母亲。之前我总是独自照顾母亲，莉莎、萨曼莎和鲍比都不会帮忙。我倒不是责怪他们。母亲喝醉酒回到家时，很难照顾的，更甭说抱她洗澡穿衣服了。我明白这点，没有恨萨曼莎或鲍比，尤其是当他们在床上看着我干这干那的时候。但是，这也是为什么卡洛斯帮我时，我心里那么感激他的原因。

“得有人和她多说话。谁经常和她说话？”一天，我们将母亲放到床上时，卡洛斯问我。客厅里满是音乐声和大家的笑声、谈话声。“嘘”，我试图赶卡洛斯走，让他知道我能处理，但他更了解我需要帮助的心思。母亲一进来，他就跑过去抱住她的胳膊和后背，不让她倒下，尽管不太情愿，但还是非常热情，仿佛他原本就非常了解这该死的病，了解她，了解患病者的心情。

“珍妮，你好像需要帮忙。我来帮莉丝照顾你。”

“你是谁？”她边嚷边结结巴巴地问道。

“我是一个非常爱莉丝的人，一个一直想见你的人。”他对她说道。

他爱我吗？这是他说的吗？我给她洗澡的整个过程中，他就一直站在浴室门外边，无论我怎么说他都不走。

他反而透过薄薄的木板直接对母亲说：“珍妮，告诉我你为什么叫她小南瓜。我觉得这名字很可爱。我叫她三叶草，因为她是我见过的最幸运的女孩儿。我知道你晚上会给她讲故事，总是坐在她的床头陪伴她。”母亲费劲地睁开眼。她和我在浴室听到卡洛斯浑厚的声音，不禁热泪盈眶。

“我妈妈也吸毒，你知道的。我希望她像你那样能照顾自己。我觉得你能戒掉毒品，好好照顾自己非常好。我知道莉丝爱你，她很自豪，你好久没吸过可卡因了。珍妮，你已走过了这么长一段艰辛的路，你应该为自己感到自豪。”

我把手伸到温暖的水中抓住了她的手。她闭上眼睛，虚弱地笑了笑。

“我也爱莉丝，她是我的宝贝。”她轻轻地说道，是对卡洛斯说的，但只有我听到这句话。她微弱的声音让我止住了泪水。我还没有和她说话说这么久呢。

卡洛斯每次都认真地听我说话，我对他说的所有事情，他都记着。他把我母亲看作一个正常人，陪她说话、拥抱她、帮我照顾她。

当我为母亲盖好被子准备离开时，卡洛斯就坐在她的床边。从进门我就注意到他一直握着母亲的手，对她说着话，直到她入睡，这让我非常惊讶。离开她房间时，他又跪在地上帮她收紧被子。然后他握着被子的边，很温柔地吻了一下她的额头，摸着她脸上的头发。

"好好睡，"他说，"一切都会没事的，好好睡觉。"

卡洛斯拉着我的手，带着我经过看电视的萨曼莎和鲍比旁边，来到厨房，他让我坐下，站在我的对面。厨房中只有我们两个。

"看着我。"他温柔地说。但我不能，我怕他会看穿我的想法，我越来越依恋他，我很害怕母亲会出什么事。

"看着我。"他催促着，用手托住我的脸颊，直视着我的眼睛。

"别担心，莉丝，我会帮你的。"

我开始哭了起来。

"我会帮你的，莉丝，一定会的。我就在你身边。"他用拇指擦去我的泪水，吻了吻我的前额、面颊。他又开始吻我的嘴，柔柔地，慢慢地。我回吻了他，感觉有点咸。我感到他坚硬的胡须、他的力量、他的身体都深深地吸引着我。

"我也爱你。"我退后一步看着他的眼睛说道。

"你说什么，小丫头？"

"我也爱你，卡洛斯。我爱你。"

他用力地抱住我。"我就在这里。"他又说道，将我的头抱在他的胸口。我紧紧地抱住他，感受他的温暖，倾听他的心跳，感觉是那么安定可靠。我是多么害怕他会退缩呀。

与卡洛斯在一起的几周里，我们在公园的对面遇到了一个叫奥斯卡的男孩。他 20 岁，在萨曼莎满 14 岁的前几天，他们就有了初吻。

一天晚上，卡洛斯离开后，萨曼莎在双层床的下铺对我说道："没什么大不了的。他说我看起来显得成熟。他真的喜欢我。"我们撕开一袋奥利奥饼干，又打开一盒苹果白兰地巧克力。"不过，我们都只看得上对方，而且他非常热烈。"她笑了笑。想想她以前受的苦和经历，我不得不同意，她确实显得比实际年龄成熟。

"是啊，看得出你是成熟些。不过，他最好对你好点儿。"我开玩笑似的威胁道。

"宝贝儿，你不知道。"她回答，对我眨了眨眼。

那天晚上我们躺在黑暗中，萨曼莎问我关于性的问题。

"嗯，布里克和我母亲做过爱，我知道。有时我睡在她房间的折叠椅子上，你知道，离她很近的。她从酒吧里回来，开始向他要钱，'布里克，能给我 5 美元吗？只要 5 美元。'起初，他不太愿意，'不，珍妮。'但后来我就听到床上的弹簧开始吱吱响，然后就是一阵晃动的声音，然后就听到布里克给她数钱。接下来，我知道，她出去买毒品了。我不知道，我感觉我不太想做爱。太下流了。"

"莉丝，不是那样的，我是说他们是有点……但做爱真的很舒服。奥斯卡更舒服。"我细心地听着萨曼莎描述她和奥斯卡怎样互相拥有对方的身体，怎么动，尤其是碰到身体某些部位时，让你摇摆不已，浑身大汗，感觉一阵"高潮"，这才是爱。

"他爱我，莉丝。"她说。我在上铺躺着，身体瘫软在床上，试图模仿她说的那种"高潮"。做爱太让人困惑了。

她说话时，我闭上双眼，想象着她和奥斯卡做爱的场面，但那一幕突然变成卡洛斯和我在草地上，星星在我们头顶闪耀。萨曼莎说的那种温柔的交流好像不怎么适合我，我怎么也不能将身体和爱联系起来，即使我努力去想。我试着将奥斯卡当成卡洛斯，把萨曼莎当成我，像他们两个那样，但我老找不到感觉。

幻想着我和卡洛斯在一起的场景，我不知道是不是会和他做爱。难道这就是童年和成年的分别，从此开始要为自己负责了吗？如果是这样，那么我的童年岂不是在15岁时就结束了？

我正在这思考着，布里克突然冲了进来，大声喊道："这是什么？你到底在做什么？这不是收容所。滚出去！"

我一直在想布里克怎么找到萨曼莎的藏身地点的。是我们那晚在床前的笑声？还是莉莎？萨曼莎和我总是聊到深夜，吵醒了莉莎很多次，为了让她沉默，我们答应替她洗衣服，但有两次我们拒绝了她。难道是她泄露的？如果不是她，他怎么找到的？

"这是我的家！"布里克冲我们叫喊着，吐沫星子飞溅。他胖胖的身体逼了过来，一把扯掉了我们用来挡在双层床间的床单。我坐起来，挡在了他和萨曼莎中间，萨曼莎早吓得蜷缩到了床角。当时是凌晨3点左右，布里克站在床边抽着烟。我们什么也没说，眼睛看着他，大口地喘着气。

"起来，你也出去。"他盯着我的眼睛说，"走，快点！"他愤怒地挥着手臂冲萨曼莎说道。说完，他转身离开，"砰"一声关上了卧室门，身后留下一缕万宝路香烟的烟雾。我听到他在开卧室灯，然后开始抱怨母亲，在屋子里踱来踱去。

如果不是因为儿童福利院邮寄来的信，我会考虑应该做点什么弥补一下。不过，我觉得这是自欺欺人。说实话，我越来越成熟、独立，我正在慢慢学着去外面讨生活，我才不想和布里克生活在一起。

后来，萨曼莎和我说起来，幸亏不是让卡洛斯留宿的那天晚上被发现的。谁知道卡洛斯和布里克碰面会发生什么事儿？

现在回想起来，很难相信我们躲在一起住了那么久。我将萨曼莎藏在床下一年多，一起吃饭，给她盖我的毯子，每次布里克上班出去10分钟后再让她出来。也许萨曼莎应该直接睡在床下；那样的话，就算他听到什么动静来卧室看，也只会怀疑自己耳朵出了问题。我想是因为卡洛斯也开始在这儿过夜，才让布里克知道的吧。我们并不是想试试我们的运气如何，而是他在朋友家被赶了出来，他对我们那么重要，我们可不想看他睡大街。卡洛斯带给我们一种全新的生活方式。

“你可以换个地儿生活。我告诉你，一旦我得到遗产，我们可以将整个小镇涂成绿色。”他跟我们谈起以后的人生：我们会拥有属于自己的小家，在那里再没人对我们大呼小叫或指手画脚。几周后，我们决定了地毯的颜色，我们还要养一条名叫凯蒂的狗。我们三个计划去照相，在买来的公寓墙上挂一张全家福。我们不能让卡洛斯睡在外面，他可是我们的未来。我也不会让他们两个每晚都挤在床下睡。我们的新花样多得多。

我们经常利用楼顶的天井。我们把被子、笔记本、花生酱三明治弄到楼上，然后坐在楼顶过夜。我们在那儿铺开软垫子，还会互相枕着当枕头。我们在那儿度过了好多个夜晚，枕在对方身上睡觉，就像一窝小动物，一起呼吸，互相取暖。如果不是萨曼莎晚上到另一个楼顶去撒尿，在管理员的新大衣上留下一圈尿迹，或许我们还会继续在那儿过夜。

除了那儿，我们还有其他地方可去，比如鲍比家，保拉睡觉后，他会偷偷拉我们进去睡觉。我们三个人就盖着他的被褥，整晚看电影，吃多力多滋薯片和蛋糕。有时我们会跑到菲夫家，每个人拿个沙发垫睡，再找些袋子围在周围。

布里克怒气冲冲地离开后，在黑暗中，我和萨曼莎都没说话。

“看着点，”她冷冷说道，从我身上迈过去，“我去拿我的东西。”她疯狂地开始打包，一边抽泣一边乱扔东西。

我躺在那里，听着萨曼莎收拾东西，布里克在隔壁房间大嚷。我真受不了了，我长这么大都是自己照顾自己，就算现在跟萨曼莎离开又怎么样呢？我为什么要一直待在这儿？住在布里克这里真的那么好吗？还是我只是把这里当作一个休息的中转站？说实话，从一开始我就没把这里当成自己的家。

我想起儿童福利院来的那封信：强制性会议、讨论回校安置事宜……我可不想再回到圣安妮托管所。我一下子清醒过来。如果我留下来，他们说不定什么时候就把我带走。想到这儿，想起圣安妮托管所里的一切，我知道是下定决心的时候了。我宁愿自己过，也不愿意再回那个不把人当人看的地方。我能自己养活自己，我能做到这一点。

此外，我还需要做什么？难道让萨曼莎独自离开吗？卡洛斯从家里逃了出来，萨曼莎也是。我一样也可以。卡洛斯可以教我们如何像他那样过日子，他都过了这么多年了。最重要的是，我们能在一起。这里没什么值得我们留恋的了。答案很简单：走。

萨曼莎拉上包，小蓝包里面装着日记、内衣、外套之类的东西，我跑上前对她说道："萨曼莎，等一下，我也去。在那儿等我。"她看着我，眼里含着泪。

衣柜里乱七八糟。如果我不带日记，那么我可以多装些衣物。如果我不带衣服，我可以装本相册、梳子和一双运动鞋。不带走的东西，谁知道还能不能再见到？这时候我也哭了——为自己的混乱，为生活的变化，为听到布里克冲着母亲大声喊叫，自己却在急着逃走。我怎么能将母亲留下和他一起生活呢？但要我留下来，这怎么可能？再也不可能了。我哭了，发疯似的往袋子里装了些衣物、一把牙刷、日记和几双短袜。

"趁他没回来我们走吧，我不想再见到他。"萨曼莎说，紧张地用手指着门催我。

"好吧，还有件东西，等一下。"我推开椅子伸手够到衣柜顶层，在那儿我藏着母亲的硬币和她的一张相片，是母亲年少流落街头时拍的一张黑白照。打开日记本，我小心翼翼地将相片放入里面，"啪"的一声合上。

"现在好了，我们走。"

7. 流浪生活

无论我们多累，或者别人对我们的处境有多大偏见，每天我只是想熬过夜晚，直到太阳升起，这时一切可以重新开始，重新再来。

莫舍卢公园就像是一条没有尽头的绿丝带，绿树、长凳布满其间，一条宽阔的街道将其拦腰隔断，晚上看去非常壮观。最宽广的中间地带铺着草坪，这是最迷人的地方。我和萨曼莎就在这儿过夜，为了取暖，我们俩紧紧抱在一起，盖着我的法兰绒大衣。有几辆车在我们不远处疾驰而过，我们的头发都飞舞起来，贴在了脸上。

“你感觉这个时间他们要去哪儿？”萨曼莎高声问道。

“我猜这么晚了，在这个地方开着车的大多数人都是要回家。”我说。

我们躺在那儿，闻着浓郁的土壤的味道，绵延的公路让我们感到周边的一切是那么不真实。夜晚发出苍白光亮的公寓楼、公园里的长条凳、鹅颈状的路灯，还有远方的纽约植物园，从地面上看没有一样是立体的。忽然，一架飞机从天空飞过，我不禁发出惊叹。

“看那东西……”我冲着天空大喊，没想到我竟然会因为这宁静的夜晚语塞。

“哇！”与我一样，萨曼莎也大叫起来，我们上方飞机的引擎发出欢快的轰隆声。

“真好奇到底是谁在地上，是我们还是他们？”我笑着说。

“你怎么知道我们不会掉下去？”她咬着自己的下嘴唇，假装害怕地说道。

“最好是赶紧掉下去。”我们笑着喊着，我边喊边拽着黑灰相间的法兰绒大衣，盖住我们俩的头。

当我们醒来的时候，太阳暖暖地照在我的黑色衬衫接缝处。我看到了初升的太阳。天刚刚亮，就有几个上了年纪的亚洲妇女站在一起，胳膊画着圈从空中掠过，就像是从水中掠过一样。萨曼莎用手遮住阳光，看着她们问道：“她们到底是在干吗？”

“早上好，”我边捡掉她头上的树叶边说道，“我想她们是在打太极。”

我们在那儿坐了好长时间，直到太阳升起来，金灿灿地照在屋顶上，女人们跳着她们的“水下舞蹈”，鸟儿们萦绕在树枝间，唱着动听的歌儿。

“我们做到了。”我吸了一口清晨的凉气说道。

“是啊。”萨曼莎说道，“也许这没有我们想的那么难。”

“我有个主意。”我站起来拍了拍衣服上的土，说道。

我们穿过几个街区，来到鲍比楼前停放的车后面，等着保拉上班。

“我想她 7 点多就会出发，”我对萨曼莎说，“我们等着她吧。”

常常是等这栋楼的大门摇摇摆摆地打开，人们就呼吸着早晨清新的空气去上班了。女人们梳着整齐的发型，穿着浅色带纽扣的衬衫，蹬着高跟鞋咯噔咯噔地上班去。家长领着孩子从前门出去上学。男人们穿着衬衫打着领带，戴着大块手表，肩上背着公文包，他们不是接待员、销售人员，就是小饭馆的服务员。他们的胡子都刮得干干净净，头发散发着香味，带着随身听听着歌曲，急匆匆地涌向地铁。这和学院大道不同，在学院大道，早上起床外出的人很少，因为他们经常和毒贩、酒鬼逗留一整夜。

“她出来了。”萨曼莎低声说着，躲了起来。保拉走出公寓大门，四处张望了一下，又看了看时间，她点燃一支烟，开车走了，渐渐消失在远方。她刚一走我们就听见了鲍比的音乐——快节奏的朋克，突然从他那层的窗户响起。

一进屋，我们就冲到冰箱前，尽情享受他们昨晚的剩饭——用锡纸包着的猪排和米饭，一人一口地喝着饮料。

“下午 3 点我妈妈就回来了，之前你们就得赶紧撤。”鲍比在他出门去学校的时候告诉我们。我紧紧地抱了他一下，跟他说再见。

“谢谢你，鲍比。”我小声说道，“我们真的非常感谢你。”

“宝贝儿，我要做的第一件事就是洗个澡。”萨曼莎说。

“我举双手赞成。”我手舞足蹈做着鬼脸对她说。

“你呀。”她挥动着手指啧啧地笑着。

我边听着流水哗哗的声音，边浏览着萨曼莎几周前给我的一个记事本，里面有母亲以前的相片，还有萨曼莎在走廊或在我床底下写的诗，我翻开了新的一页写道：

嗨，小宝贝儿，

萨曼莎和我自由了，我们现在很快乐，等我们碰见了卡洛斯，他一定会很自豪的，我们终于挪地儿了。

我现在太兴奋了，都不知道怎么写了。

莉丝

我们洗完澡之后，我从架子上拿下保拉的除臭喷剂，在我腋下喷了几下，然后小心翼翼地把它放回原来的位置。我从口袋里掏出橡皮筋绑头发的时候，萨曼莎站到了镜子前，用保拉的眼线笔画起眼睛来。她画完后我们两个就没事儿可干了。我们俩呆呆的，眼睛发涩——我们俩都有点累了。

萨曼莎对着镜子皱起眉头，把黑色的眼线笔扔进保拉的化妆包。

“没有那狗屁东西你会更好看。”我对她说。

“我在想我的家人。”她答道。

“你怎么了？”

“我也不知道。”她边说边打开那个小橱柜，翻腾着保拉的小玩意儿，随手拿起一把剪刀。我知道她现在很烦。以前一说到她家就是这样一副脸孔。她心情不好让我感觉很不舒服。

“你要干什么？”我问她。

“你觉得我留像男人那样的短发怎么样？”她问我。

“萨曼莎，你确定你要这么做吗？”我小心翼翼地问道，不想进一步惹怒她。

“我爸爸一直很喜欢我的长头发，其实，我希望我爸爸讨厌我的长发。”说着她把她那粗粗的马尾辫举过头顶，使劲剪了 4 下，整个马尾辫都掉下来了。“反正加利福尼亚很热，”她边说边剪掉剩下的头发，“本来我想过一段时间再剪的，但看来今天是个好时候。”

我用手捂着嘴笑着大声说道：“你真疯狂！”她把她剪掉的大束头发递给我。

我接过萨曼莎的半截又香又顺的头发，想笑又想哭。

“我不会停下来的。”她说着傻笑起来。

“你怎样都很漂亮。”

她小声嘟囔了一句，冲我伸了伸舌头。我笑着用手揽着她纤细的腰。

“其实挺酷的，剪成这样需要很大的勇气，我没这么大勇气。我只能说这么多。”我对她说。

我在保拉的橱柜里找到一把剃刀，帮着萨曼莎把她的头发又修剪了一下，她很满意。她头上仅存的头发就是前边的两绺刘海儿。我们用了很长时间清理卧室里的头发。水槽里，瓷砖缝里，我们也都打扫得干干净净的，不让保拉找到一丝痕迹。

我们的计划很简单，就是回到我们的“组合家庭”。我们是一个庞大的组合家庭，这也是我一直以来唯一信任的家庭。我们偷偷地观察他们的父母什么时候去上班、参加宴会、休息，再决定什么时候开始行动。

“亲爱的，你只管大摇大摆地走就好了。”卡洛斯说，并且他保证钱到手以前他会一直配合我们的行动。

“享受自由，并让它为你服务。”他对我说，我们也确实是这么做的。

我们整天不停地游走。我生命中大多数时间都是在走，无论从前还是以后。我走在那条父母自小熟知的街上，这里晃着一群怪人、朋克、虔诚的信徒、吸毒的人和纽约大学的学生。我们来到圣马克广场、华盛顿广场公园、第八街区，这里有无数个流浪儿，他们一直盯着我们看。他们是莫霍克族人，身上到处都是伤疤，就像文身一样。那些伤疤刻满了疯狂、流浪、吸毒和饥饿。我和他们一样，无论是阴天下雨还是霜冻降温，都会随时在某些晚上遭遇饥饿。每到那时，我的胃就备受折磨，这是最难受的事。

“快点，”当萨曼莎和我正想着我们下顿饭如何解决的时候，卡洛斯语气坚定地对我说。“到处都有吃的，足够我们所有人吃，我们只要伸手拿来吃就可以了。昂首挺胸向前走，一直到我们拿到钱。”他笑了笑，眉宇之间透着焦急的神情，“我想了很久了，不用再想了，赶紧行动吧。”

卡洛斯遵守了他的诺言。我去过布朗克斯和曼哈顿许多次了，很熟悉那里的道路，格林威治村、第八街区、福特汉姆路以及贝德福德公园。但是和卡洛斯一起去这些地方，就像是我以前从没来过似的。

我发现社会的所谓准则规范实际上狗屁不是。卡洛斯让我们看得心服口服：你可以走进一家餐厅，吃饱喝足出来，却一分钱不用花；不认识的人愿意掏出钱帮你付，没有任何原因。

“你看到那些伙计了吧？其实那没什么。他们都是普通人，就像你和我一样。同样的道理，如果你在某个地方工作并且看到有人在挨饿，你会不给他们钱或吃的吗？这就是我让你们快点儿的原因。”

无论我们走到哪儿，卡洛斯都会和人们拥抱，并且我们去的每个地方都会有他认识的人。和他走在一起，隔几分钟就得停下来，因为有在百老汇吃热狗的人或发传单的牙买加人和他拥抱，然后给我们些吃的。名叫托米的刺青艺术家免费给卡洛斯肩上刺上他的别名“托尼”，但是当我们看到女孩就停下来的时候，我开始想是否要远离这些喧哗。

卡洛斯和我在布里克家的厨房里正式成为了情侣，尽管之前我们在华盛顿广场公园的加里波第雕像前正式确立过男女朋友关系。记得当时我们正在西四街吃饭，突然乌云密布电闪雷鸣，下起了大雨。他抓起我的手，我们边跑边笑，跑到加里波第雕像前的时候，他捡起一个大大的塑料垃圾袋举过头顶。瓢泼大雨哗哗地下着，他大声喊道：“做我的女人吧！”雨水从我们的脸颊滑过，他结实的胳膊紧紧地抱着我，我们在塑料袋底下接吻。

我们钻进各个年龄、各类体型、各种长相都有的女人堆里，她们留着猫爪般的指甲，戴着大圈圈耳环，不断跟卡洛斯打着招呼，也有一些人管他叫其他名字——乔斯或迪歌——他握着我的手松开了。她们长相的美丑和他是否把我们介绍给她们认识有直接关系。当他们打招呼的时候，萨曼莎和我会站到一边去。偶尔，会有人看我一眼，眼睛上下打量。也有一些人居然厚着脸皮冲我笑笑、摆摆手。有时卡洛斯会跟她们要电话号码。

“那是谁？”我尽力表现出我在吃醋。他总会跟我说是表姐妹、邻居或者朋友的女朋友。

“我朋友的女人，长得漂亮吧？”他解释说，“也许我会请他们吃晚饭，她刚才把他们的地址给我了。”他的解释通常都像一堵水泥墙，我穿越不了。我坚持得越多就越说服不了自己，还是顺其自然吧，我知道他关心我。另外，还有其他事情值得关注，比如我和萨曼莎的新发现——“乞讨”。

卡洛斯说我们的乞讨策略有待提高，而我们则想把目标转移到纽约大学宿舍楼前的华盛顿广场公园附近的街角，这样卡洛斯就会从书店里出来帮忙，但是他对我们说，作为女人，我们最好是不要老等着他帮忙。他会在附近留意我们。

人们陆续从我们身边经过，人来人往地，比我们更真实，他们的脸颊曾像一个个小点一样出现在我梦里过。我对萨曼莎说，其实更多的是在对我自己说：“让他们给你他们能给予你的一切，然后忘记他们。”这些都是从卡洛斯的自信中学到的，“没什么不好意思的，他们也是人。”

他们只是人而已，而我们却可能是其他的什么东西。如果我们直接和某个人说话他并没理睬，那我们一定是被当成了无形的、虚构的东西。尽管有些人会停下来给点意见，像“回康涅狄格去”或“找个工作”，但他们不会停下来听我们解释，解释我们不知道康涅狄格在哪儿，并且为了工作需要可靠的地址、干净的衣服。也有一些面相善良的人，在经过我们时会笑着扔给我们一些钱，还有一些善意的人会请我们去路边的小饭店吃饭，在那里我们学会了用一美元买尽量多的东西。

第 4 大街上的公共图书馆紧挨着鲍比家，那是我最喜欢的地方之一，图书馆外有两个石狮子，馆内有桃花心木地板，一排排的铜质台灯，天花板上雕刻了许多精致的花纹。裸体的维多利亚式人物俯视着我们，栩栩如生，就好像要动起来一样。卡洛斯和萨曼莎坐在一张桌子旁，萨曼莎让卡洛斯教她画画；我则沉浸在书堆里。

我抱着硬皮书看了好几个小时，就像看父亲拿回学院大道的书一样。一些书唤起了我对父亲的回忆，我把这些书都找出来，记在日记本上分次借出来，每当我停下来坐着——在火车上、在走廊里、在朋友家的安静角落的时候就拿出来读读。这让我更加想念父亲。“我很好，”前天晚上我在离父亲住的地方几街区远的公用电话旁读书，直到寒风刺骨，冻得我的脸和手指生疼。“我和朋友在一起呢，学校很好。”我安慰他道，心里希望在我下次给他打电话之前，他可别往布里克家打电话找我。

有时我们感觉自己的旅程不像探险，倒更像是马拉松赛跑，而朋友家就是我们的避风港。需要休息的时候，我们就和朋友在一起舒缓心情，我们去旅行，搞点恶作剧，一起挨饿，一起欢笑。他们也愿意帮助我们：鲍比、菲夫、杰米、戴安娜、迈尔斯和乔希。保拉 7 点出门，杰米的母亲 8 点出门。这样我们就知道早上去哪儿了。我们只需要确认这周去谁家，谁的父母最近去食品店买过吃的，并且要确保我们不会被他们的家长逮住。

但是我们总是有求于人，这使我们的关系掺进了一些紧张的因素。我去朋友家 90% 是因为我需要些什么东西，10% 是因为我想去他们家玩儿，就连我最珍贵的友谊都是这样的。鲍比是否需要陪伴这一点我还不是很担心，他完全牺牲了他的隐私，但也许是我们彻夜狂欢被鲍比的母亲发现了，他被保拉骂了，保拉也不再给他买很多吃的。这让我压力很大。

“三叶草，听着，你不能管那事了，你已经为他们做得够多了，不是吗？”卡洛斯对我说，“别这样，这一点儿也不像你。你的情况和别人相比更糟糕。”

是的，迈尔斯和鲍比在温暖舒适的床上睡觉，想吃东西的话，只需要打开冰箱和橱柜找就可以了。和他俩相比，可以说我们对他们的要求并不多。但是我们生活得有那么不好吗？

我们并不像你看见的那些无家可归的人一样，整天帮人推着装满令人感到悲哀的东西(相框、电器、衣服)的购物车四处转悠。和他们相比我们很幸运，我们不用推小车或给人家拎袋为生。

我们都还很年轻，没有任何负担。我心里唯一牵挂的就是我的家人，和其他人相比，我生活得很轻松。我试过靠给人家拿东西赚钱生活。对于别人来说，我放着轻松的生活不过，却自讨苦吃，真是不可思议。无论我们多累，或者别人对我们的处境有多大偏见，每天我只是想熬过夜晚，直到太阳升起，这时我们可以重新开始，重新再来。

我在菲夫家过了我的16岁生日。朋友们一起出钱，给我买了个卡维尔冰激凌蛋糕。他们拿进来的时候，蛋糕已经化了。在漆黑的屋子里有张光秃秃的床垫，那是卡洛斯、萨曼莎和我经常睡觉的地方，蜡烛把床垫照得通红。恍惚间，我把它当成了学院大道家里的那张垫子。人家都在唱歌，我坐在那儿想着学院大道，想着自己不停用手指绕着弹簧转圈，和母亲说着话。突然有人在我脸上抹了点奶油，我一下子回过神来。卡洛斯赶紧亲掉我脸上的奶油，大家都使劲儿鼓着掌，可又都感觉不太对劲，因为这里没有父母和莉莎。我不是应该和他们一起庆祝吗？在浴室里，我打开菲夫家的淋浴器，一下子滑倒在脏脏的地板上，我坐在那儿呆呆地盯着冰冷的墙壁。

那个秋天，当萨曼莎和我醒来时，卡洛斯就不见了，一周有三四天是这样。如果我们去朋友家，他会托朋友转告他去哪儿了、什么时候回来。如果我们睡在某个公寓楼楼顶上，我们顶多会收到一张便条。萨曼莎和我会坐在公路旁；或者她在鲍比家洗澡，我坐在鲍比家的卧室地板上，拿着报纸打发整整一个早上。这已经成了家常便饭。

嗨，三叶草，我必须马上回去，今天是奶奶的生日，我给她准备了一份好礼，一些印度油和两个灯罩。在菲夫或者鲍比家等我。就算你们不在那儿，我总会找到你们的。

一直爱着你的老公

卡洛斯·马克诺

“你觉得他说的是真的吗？”

“不知道，莉丝，你怎么能真正了解他呢？”萨曼莎边刮着腿毛边说。她用保拉的一次性剃刀仔细地刮着腿毛，她那丰满的乳房也随之来回晃动。萨曼莎的胳膊和腿细得像树枝一样，她的头发太短了，一点儿也看不出来是湿的。

“萨曼莎，你在减肥？”我问道。

“我喜欢吃东西，我只是不经常吃。你不知道你自己特能吃吗？”她笑着说道。

取下卡洛斯留的便条，我站在镜子前。两个月前萨曼莎剪完头发，就和我站在这里。我把她的一绺辫子夹在我的日记本里，就夹在萨曼莎画卡通漫画的那两页。我眯着眼睛看着镜子里的我，我明显瘦了，苍白的脸，眼睛已经累得没了精神。一瞬间，我好像突然看见母亲正站在我背后看着我，我吓了一跳。母亲一副病恹恹、疲倦不堪的样子，她眨眨眼睛。我很奇怪为什么这个月我只去医院看过她一次，我还想知道如果我有可能回学校的话，什么时候才能回去。

“如果他需要空间的话，我想我会给他的。”我对萨曼莎说，一下子又把母亲的病抛到九霄云外。

“嗯，我知道你担心什么。你的担心不是没有必要的，我也担心我自己。有时我不知道没有他咱们怎么办。”她看我一副担心的表情，对我说：“我的意思是，我们只能耐心等待，直到我们安顿好了，但是如果我们没有安顿好，我们绝不能离开这狗屁地方。”

“萨曼莎，我们会好的。”我不知道怎么对她说。

每次卡洛斯出门的时候，我们都担心他是否还会回来。萨曼莎知道，我也知道，人的生活可能会在一瞬间改变：人们感染了病毒，收到搬迁通知，孩子恋爱了，家长不再管孩子们了。稳定只是个幻想。卡洛斯有过类似的经历，萨曼莎也有过，没有他俩我真不知道我怎么应付。

我们的朋友虽然很关心我们，但是他们晚上会回到家，和他们的父母在一起，如果晚饭没有做好，他们还会抱怨。只有在忘记自己身份的时候，我才喜欢和他们在一起。我很孤独。我会紧紧抓住卡洛斯和萨曼莎，不让他们离开我。

“我也不知道没有他我们怎么办。”我跟萨曼莎说。这个想法让我非常恐惧。我说的时候声音很大，我真的不知道没有他我们怎么办。

万圣节晚上，我们无形的紧张感突然间消失了。我们真的无家可归了，我们都感觉到了。不能满足你最基本需求的压力可能会把你逼疯的。饥饿耗费神经，紧张不安耗费精力，营养不良和压力会搞垮你的身体。我一直都没有意识到我的压力有多大，直到我决定加入卡洛斯的疯狂计划释放一下。

“万圣节快乐……万圣节快乐！”当我跟卡洛斯一起步行去贝德福德公园时，我大声喊道，我自己都没想到我居然会这么疯狂。看我进公园了，萨曼莎也跳了进去。她大声喊道：“意大利面条快乐！”喊了几个街区，喊得我嗓子都疼了，我对着夜空大喊，边走边踢起水沟里红色、金色的落叶。突然间，像卡洛斯一样，我也开始扔东西，把瓶子摔在冰冷的水泥地上摔个粉碎，帮他推翻垃圾桶。我们都沉浸其中。散步回来后我感觉很累；对于那些睡在家里的人我感到很生气，甚至是怒不可遏。越随心所欲，感觉越好。卡洛斯看到我这样笑了，递给我们瓶子让我们摔，用鸡蛋往我们身上打。

我们三个人走了几个小时，边走边惹人厌烦地大叫，把糖果扔得到处都是。也许是为了泄愤，我们在经过鲍比家的时候，大声地喊着他的名字。鲍比拿着遥控器把头伸出窗外，他的头发长到耳朵那儿，在月光下闪闪发亮。

“什么事？”他从上往下看着我们三个，哆哆嗦嗦地问道。我们能怎么说？“我们累了？糟透了？我们能再在你那儿睡一晚上吗？”

我们三个异口同声喊道“万圣节快乐”，萨曼莎那可爱的喊叫声逗得鲍比直笑。卡洛斯站得远远的，厌恶地笑着，用硬糖果砸着汽车。一个女孩的头挨着鲍比从窗户探出来，那是戴安娜，是我们当中为数不多的女孩之一。

“大家好。”她爽朗地说道。她弯下身子在鲍比的脸颊上轻轻地亲了一下。他们看起来好极了，健康、精力充沛，又快乐。我想象着她躺在他的臂弯里时有多安静，躺在他柔软的枕头上有多舒服。卡洛斯突然站到我旁边。我注意到他的眼里布满了血丝。他说:“我们走，三叶草。”我就跟他去追萨曼莎去了。

我们还在杰米家停了会儿，在她家的落地窗上用巧克力贴了个纸条。上边有个笑脸，并且写道：

万圣节快乐。10-31-96

尽管我们弄出声响，但她却没醒。尽管我们喊得很大声，但是别人并不知道我们曾来过。

日出之前，我们从一户人家偷了条毛毯，那毛毯就挂在窗子里晾着。我们用它野营，就在贝德福德公园里暖和的动车售票厅。上班时间交通拥挤，人们不停地刷地铁卡，伴随而来的是不停的哔哔声，让我们很不舒服。为了暖和，萨曼莎和我盖着毛毯抱在一起，但还是感觉有点潮湿，一股柔顺剂的清新香味萦绕在我们周围。卡洛斯大声喊着，围着车站漫无目的地奔跑。

“穿绿色外套的那个女孩会空手道。”他用他从墙上揭下的海报卷成筒，做成简易扩音器。那女孩儿厌恶地看了他一眼。大多数时候他都是被忽略的。“售票厅里的人在跳迪斯科。”他说着说着，就伴随着尖细的哔哔声消失在远方。

我做了一个梦，梦里母亲已经饿得奄奄一息了。她的病床围着很多护士、医生，但是他们都无能为力。母亲病床旁的特百惠托盘里放着热气腾腾的食物。她闻了闻，轻声哭泣起来，只有我喂她她才会吃。她等我的时候，身体里的水分在流失，皮肤皱巴巴的，像葡萄干似的，眼睛也凹陷下去了。我疲倦地走进医院大厅，感到阵阵疯狂、迷茫。当我终于来到母亲房间的时候，她已经走了，床上只剩下红色的、金色的叶子。

我醒来的时候，萨曼莎还在我身边。

卡洛斯却消失了。

在卡洛斯消失后的两个晚上，萨曼莎和我暂时住在鲍比家，在他的小房间里，我们尽量躺在床上不起来，尽量保持低调。为了不被人发现，我们洗了我们用过的所有餐具和我们睡过的所有的毯子。浴室总是不那么干净，没有办法，但是我们尽力让水流着、冲洗着。吃东西只是意志力的事，除非绝对必要，否则不吃。鲍比看到我们很高兴，我肯定他没有注意到我们在尽力掩饰自己的存在。不过这样也好。

借着电视的光，我看着我的日记本，研究着卡洛斯写的信，“你老公”——他经常这样署名。第二天晚上躺在萨曼莎身边时，我希望我以后再也别见到他。

在卡洛斯消失后的第三天晚上，我们爬上了布朗克斯科技中学的房顶，在房顶上有个入口。我们周围是克林顿中学宽阔的足球场，又荒凉又阴森。

天空如灰色的巨浪一般，风从我们身边刮过，发出鬼一般的嚎叫声。萨曼莎和我躺在沥青铺就的冰凉的地上，吃了一袋又咸又酸的薯条就睡觉了。我们一动不动地躺在那里，像石头一样，真的很冷。那天晚上，我们感觉自己是地球上仅存的两个人。

卡洛斯离开的第五天，我们坐了一晚上的火车，想去托尼家休息。我们又累又饿，再也没有力气开玩笑了。当我们走过托尼工作的小餐馆的时候，正好是人们上夜班的时间，他们在盥洗室洗洗涮涮，到处都是食物的味道。黎明前，我们遇到了去夜总会的队伍。他们夜间的魔力明显减退了，也没有了美妙的感觉。女人们穿着闪闪发亮的衣服，化着浓妆，露着胸罩带坐着。男人们喝蒙了，靠在一起，手四处乱摸。情侣们喝醉酒，在小摊上吃着丰盛的早餐，炸土豆饼、鸡蛋和橙汁，我看到他们吃得这么丰盛，都想大叫一声。

“我闻起来像一只鹿，”萨曼莎在托尼家的浴室里说，“我不知道为什么，莉丝，”她边看着自己的肩膀，边用手搓着她的衬裤，继续说道，“我知道你说圣安妮托管所是最不好的，但是我不太相信。”她边在衣服上打着粉色的香皂边说道。

“不管发生什么，萨曼莎，我都不会再进托管所。”

“好吧，我所想的就是食物和睡觉。你最起码要考虑一下将来吧。”

几个小时以后，我们跑去超市里偷了点东西吃。

超市的大门一打开，我们就钻进去了，假装是买东西的。我们横扫各种食物，凉的、辣的、甜的、有褶皱的，统统放在背包里，叮叮当当地从前门溜了出去。我们紧张极了，兵分两路逃向附近的操场，没有人发现我们。我们坐在一个绿荫围绕的体育场上，打开包装，往嘴里塞着面包、奶酪、火鸡，边笑边咳嗽，喝着纸盒装的橙汁。

那天晚上，我和萨曼莎躺在托尼家的天井里，想着我的计划。我计划着回布里克家去，但很快又决定不去了。最近几个月我还没去过学校呢，多姆比亚老师说，如果我再旷课的话就让我回家。我再也不回学校了，但是整天在大街上晃悠也不是办法。我决定收拾行李去赚点钱，但是儿童劳动法在过去几年里更加严格了。现在在外打工的都是二三十岁的人，通常还都是超市雇用的正式员工。至于加油站，我很害怕再被追赶，所以不敢去。我真不知道做什么了。突然间我有了一个想法，我跑去公用电话亭给莉莎打电话。第一通电话是布里克接的，听到他的声音我就挂了。过了几个小时我又打过去了，这次是莉莎接的。

“喂，你怎么样？”我问道。

“莉丝？你到底在哪儿呢？”她的语气听起来很生气。她这么咄咄逼人，我真后悔给她打电话。

“在公用电话旁。莉莎，我问你，你跟布里克说过萨曼莎的事吗？是你说的吗？告诉我，我就是想知道。”我决定跟她势不两立。

“没有，莉丝。”

“真的吗，莉莎，真不是你吗？”

“真的，真不是我。”

我想我应该相信她，“好吧……最近真是太疯狂了。”

“你应该回家，莉丝。”

“没门儿。”

“莉丝？”

我不说话，也不回答莉莎的问题。

“妈妈怎么样？”我最后打破沉默说道。

现在轮到她沉默了。莉莎沉默了很久，我还以为电话挂断了呢。

“你应该去看看她，”她说道，“她活不了多久了。你真应该快点回去看看她。”

第二天晚上，我求托尼给我们炸些薯条，正等着的时候，卡洛斯突然走进来。我认出他的一刹那，浑身的血沸腾起来。我不知道是该问他去了哪儿，为什么突然间就消失了，还是就这么算了，就让这事这么过去。

“哦，真是他吗？”萨曼莎问道。

他走近了的时候，我想一把抓住他。卡洛斯不在的这些日子，我很想念他和他温暖的怀抱。看到他，我心里是那么安全、踏实，怨恨啊、怒气啊，一下子被抛到了九霄云外。但是当我去抓他的时候，他举起一只手，示意我退后。

“女士们。”他轻声说道。这时我看见他手里拎着厚厚一沓 100 美元的钞票，用橡皮筋捆着，扑通一声，他把钱放在了桌子中间。这时我才注意到卡洛斯剪了个新发型，还穿着崭新的绿色迷彩服。萨曼莎看到钱后不禁兴奋地大叫起来。

“那是多少钱？”我问道，我从没有见过这么多百元大钞。

“足够吃个汉堡了。”他眨眨眼睛说道。这时，托尼带着一盘薯条过来了。如果是之前，我们准会坐下来吃了，但是现在一切都不同了。卡洛斯示意大家散开。托尼看看钱，然后又看看我，感觉好像上当了一样。

“他很有钱！”他喘着粗气说道。

“你说的很对，老兄。介绍一下菜单吧。”卡洛斯笑着看着我们，继续对托尼说，“我们要一只鸡、一份虾，再来一个巧克力蛋糕，三叶草风格的——要切成薄片。”

托尼把菜单拿走了，他很困惑，但还是把菜单拿走了。他走了几步，卡洛斯吹着口哨对他说：“那一桌也是我请。”他用下巴指着一桌人，却用手指着另一桌。

“好的，没问题。”托尼耸耸肩。

我满嘴都是口水，真是不敢相信，各种各样的食物会摆在我面前。萨曼莎和我坐着，谁也不说话，傻傻地笑着等着，我们的怒气转瞬即逝。我做梦都没想到，萨曼莎、卡洛斯和我会一起坐在这里吃这么丰盛的一顿饭。我吃虾的时候，卡洛斯使劲亲了我一下。

“我爱你，亲爱的。”他小声说道。

虾的味道和他的话融合在一起，使我很不舒服。

8.汽车旅馆

我们住进一家汽车旅馆，我们在那儿冲了这辈子最好的淋浴。我打开热水，调热，让它熨帖我的皮肤，皮肤泛起明亮的粉红色。

我们住进迪根高速公路 11 号出口外的一家汽车旅馆。我们在那儿冲了这辈子最好的淋浴。我打开热水，调热，让它熨帖我的皮肤，皮肤泛起明亮的粉红色。卡洛斯的全新便携式CD播放着凯利的《我相信我能飞》。我的衣服满是泥污，显得尤为厚重、粗糙，很难把它们恢复原状。我用旅馆的一条毛巾绑在头上，走进了房间。

天气冷得出奇，一股冷风正吹在我身上，一阵发凉，我的胳膊和双腿立马起了鸡皮疙瘩。

“暖气开着吗？”我问萨曼莎，她已经把自己严严实实地包在毯子里了。房间里有两张大号床，她在其中一张床上躺着。

“没有，”她回答说，“你钻进被窝里会好一点儿。”她用眼睛示意我去另外那张床。

地毯是长绒的，沙色，踩在我赤裸的脚下，很是柔软。木板墙上到处都是以前的房客的涂鸦之作：“杰森永远珍爱玛丽亚！”“洛矶和杰西卡在一起，1989 年 2 月 20 日。”残余的香烟烟雾使空气中弥漫着一股刺鼻的味道，任何能移动的东西也都被换了地方。这个季度的第一场雪正纷纷落下，轻轻拍打着窗户。

玻璃窗外，卡洛斯站在那儿拿着手机打电话，我注意到他的头发上积聚的雪花，心里不由得一阵不安。在我洗澡的时候，他可能一直在打电话。他的笑声从外边传来，沉闷得很，听上去有点轻浮，就像在街头遇到轻浮的女孩时那样。这让我有种受骗的感觉，不知怎么汽车旅馆的一切都那么奇怪。我朝萨曼莎望去，她正嚼着我们带来的麦当劳芝士汉堡。尽管我很焦虑，但看到她安然地裹在厚重的毯子里吃东西，多少让我感觉好一点儿。最近我们走了很多路，确实需要一个地儿好好休息一下。

“萨曼莎。”

“我知道，丫头，别再提了吧，他回来了，外面冷。”

“萨曼莎，”我走到她面前说道，“我们必须要小心。”我看了看卡洛斯，确定他现在还是在全神贯注地打电话，“我们需要开始找公寓了，我们得有住的地方，然后我们就能找工作，也许明年能注册上高中，这都得等我们安定下来。”

“我知道，”她说，“我很愿意有个安定下来的地方。”

“是啊，我们最应该考虑的就是这个。可你知道吗？整件事让人感觉不可靠。”

卡洛斯走进房间，抹去头上的雪，像卡通人物一样向外鼓着眼睛，大呼了一口气。

“嗨，丫头们，我的乳头都要被冻下来了。”他边说边抖掉胳膊上的雪。我们太平静了，谁也没笑。

“怎么啦，女士们？”他问道，以一种夸张又疑惑的表情在房间里扫视一番，“看上去好像有人偷了你们最好的朋友的猫。”过了一会儿，我想我可能把事情看得太严重了，无论如何我还是开了口。

“没什么……只不过，既然你有了遗产，我们也得找个公寓什么的，对不对？你说消失就消失一段时间，突然又回来给我们个惊喜。可我们真的再也承受不起任何惊喜了。”

他沉默了，看得出他克制着让自己镇定下来。这让我感觉自己逾越了界限，说得有点过分了。

“像我说过的，三叶草，我需要清楚自己的想法。拿爸爸的钱是很疯狂，所以我一个人去了。不管怎样我还是回来了，不是吗？”

“嗯，卡洛斯，我们知道。”我撒谎道，太紧张让我显得很心虚。我感觉自己也像别人一样，无法理解他。我害怕问他一直待在哪里，或是否所有的钱都确实是继承的遗产，害怕这些问题会让我失去他。

“那好，如果你信任我，就说到做到，相信我。”他气冲冲地说。

我呆若木鸡，说不出话来。萨曼莎瞅着我，好像在等什么指示。卡洛斯看看我又看看萨曼莎，最后还是把眼光落在我身上。他斜睨着眼睛，淘气地笑了，慢慢地从床上举起一个枕头，吹了一声口哨，化解了我们紧张的情绪。萨曼莎笑了，开始开玩笑地一点一点挪动着远离他，也远离了我。卡洛斯拱拱眉毛，把枕头像套索一样甩过头顶。我往后退了一步，尽管感觉很受挫，还是“扑哧”一声笑了出来，我怎么能不笑呢？

“嘿，我们会有个公寓的。”他说道。他拿着枕头拍打我的肩膀，然后迅速抓着萨曼莎的脚踝把她拖过床，和她乱打一气。“傻瓜们。”他大叫，像极了噘着嘴的孩子的声音，一边还在我们之间来回扯着枕头。“流浪汉，你不相信我。”萨曼莎紧紧抓住床垫，疯狂地尖叫。我投降了，抓起一个枕头，用尽吃奶的力气打在他的后背上。他身体强壮得像一块移动的巨石，对他的攻击全是徒劳。我们彼此乱打一气，直到混作一团、瘫倒在难闻的地毯上。卡洛斯第一个起来，大口喘着粗气，萨曼莎和我看着他抻直衬衫，走到衣柜前，打开最大的抽屉。

“来这儿，”他说，“你自己好好看看。”

他擦了一把额头上的汗水，把一份厚厚的报纸抛给我。这是《纽约邮报》，已经翻到分类广告版。

“这是什么？”我问道。

“达美乐比萨、牛肉末和辣肠。”他说，“这是分类广告版，三叶草。看看还有什么？我在查找地方，我们开始新生活的地方。”

我把报纸拿到眼前，看到房地产板块的标题用黑色钢笔划了下划线。在它旁边，写了几个电话号码，像是卡洛斯的笔迹，其中之一还画了个圈。

我为没有相信他而懊悔不已。透过他的眼睛，我看到自己，感觉自己看上去是那么的自私。我给他增添了痛苦，因为我是如此贫困，没有他我可能活不了。那一瞬间我觉得真的很惭愧，我想给他些补偿。

“卡洛斯。”我试图从地上站起来，但他阻止了我。

“听着，”他笑着说，眼睛从萨曼莎那儿转移到我这儿，“今晚是……今晚就是那个夜晚。我们要为这个城镇涂上洋红色。今晚，伙计们，穿上你们最好的T恤和牛仔裤，我带你们去兜兜风。”

我们打车到市中心，去一个神秘的地方，卡洛斯说我们要去了才知道。我以前从未看到有人花30美元坐出租车。卡洛斯坐在前面，跟司机说着西班牙语开玩笑，音乐不断在摇滚乐和嘻哈中切换。听到福克斯·布朗的《要送你回家》旋律响起，卡洛斯才停下来，他弄得DJ转盘沙沙响。萨曼莎和我在座位上随着音乐的砰砰低音跳上跳下，车窗摇了下来，风抽打着我们的头发。我们大笑，欣喜若狂。外面天色昏暗一片，呈绛紫色。我靠近窗外一点儿，深吸一口深秋的冷空气，好新鲜的湿气，就像暴风雨要来之前那样。反光镜中，有一家人开着沃尔沃，小孩子坐在儿童安全座椅上，几个少年在说着话。他们是如此平静，这凸显出我们的生活是如此癫狂。

我们是非主流、狂野的年轻人，在一起活出我们自己不同的人生。冒险给我的印象是可怕的，但也是刺激的。关键就在于卡洛斯要去哪里，以及他是否会信守诺言。

那个神秘的地方就是唐人街上莫特街一个小小的、破败的点心店。卡洛斯招呼一个跟他很熟的女服务员在最前面给我们收拾出一个包间。服务员听从卡洛斯的指挥，连菜单都没递。卡洛斯点了一桌子菜，他挤挤眼睛，什么都没有解释。我们被逗乐了，也没再追问。

坐在那里，我再次完全被他迷住了。整个晚上的感觉很奇妙也很梦幻——就是那种他走进一个地方，就会使它发生变化的感觉。我觉得他使唐人街的绚烂的灯光更加明亮，点点光斑闪烁在外面湿漉漉的柏油路上。荒谬的是，卡洛斯竟然走进厨房，和服务员一块出来给我们上菜。他还用餐巾折出漂亮的纸玫瑰送给我。我无法把自己的眼睛从他身上移开，他充满活力，英俊的脸庞深深地吸引着我，我们不时相视一笑，这感觉太甜蜜了，我迫使自己把目光移开。

萨曼莎笑得比以往都要开怀。我也很高兴。整个晚上就像做梦一般，我告诉自己，生活应该总是这个样子，充满简单的幸福。也可能只有卡洛斯在身旁，我们才能体会得到。

我们回到汽车旅馆，卡洛斯正在鼓捣出了故障的自动饮料机，设法把投进去的钱弄出来。饮料机上的光照在他的脸上，也照亮了他的眼睛。他的声音似乎和机器的嗡嗡声很相配。就在这一刻，我决定和他睡在一起，我终于鼓起了勇气。我们在一起的三个月里，他一直坚持要这样，现在我知道我可以那么做了。我告诉自己，这么做会暗示他他对我意味着什么，也能巩固近来我们之间似乎已经动摇的关系。卡洛斯又轻轻摇了摇机器，汽水“咣当”一声掉了出来。

饮料瓶就放在床边的水桶里，里面的冰正在融化。萨曼莎不在，去找奥斯卡了。整个晚上，好几个小时，就只有我们两个人待在房间里。我肯定他感觉到了我的决定，因为我笑得很僵硬，说话时挥动着双手——它们像两只被放出笼子的鸟。我不能先开始，我没必要那么做，我没必要主动。事情就这么发生了，我并没有感到疼痛，只感到他沉重的身体、强烈的乳胶味儿和他灼热的呼吸。令我吃惊的是，我的第一感觉是，和他睡在一起比我曾期望的要空虚，生理的需求多于心里的快乐。

我开始为自己的矛盾感到心烦意乱。我与他分享身体和我的思想——游离的思想。但他没有注意到，只是在我身上扭动、扭动。一时间，我为此憎恨他。为了努力扭转不好的感觉，我决定寻找他的眼睛，但它们都闭上了。就在那时我意识到，性爱并不一定是个共享的东西，这并不一定使你们的关系更亲密。事实上，它可以突出你感到最孤独的那部分。萨曼莎告诉过我，性爱可以使爱情更加甜蜜，但我当时并未感受到卡洛斯的爱，也没有感受到自己对他的爱。

他结束了，从我身上翻下来，打开一听百事可乐。我要他递给我一听，我一气喝光，让冰冷的汽水流过我的喉咙，而我的注意力试图在房间内寻找一个焦点——哪儿都行，除了他或我们。我并没有感受萨曼莎曾经肯定过的"刺痛、虚弱"的感觉。

这天下午，萨曼莎已经在另一张床上把从杂志上扯下来的肮脏的摇滚歌星的海报包裹好，把手洗的、叠好的衬衫和袜子放在梳妆台抽屉里。现在比过去几周要稳定多了。我们都充满了感恩之心。外面的雨轻轻飘洒，聚在外面窗台上，有水坑的地方反射出一丝霓虹灯光。

接下来的两个星期，卡洛斯把我们房间旁的三个房间都租了下来。他表现得和以前不同了，更具权威性。金钱让他发生着变化，也改变着我们身边的一切。他和鲍比、戴安娜、杰米、菲夫，还有几个我们不熟悉的家伙成了好朋友。他们都希望跑过来加入我们，享受逃离家庭束缚的乐趣。卡洛斯为他们提供了这个机会。在这个过程中，他成了他们的老大。每晚他叫三辆出租车拉上我们这群人去乡村就餐，到86大街打台球，或在时代广场看电影。他付给他最喜欢的餐馆服务员50元小费，就在他让她施屈膝礼、弄歪她的头、逗她乐之后。卡洛斯的这种行为和所有的笑话，都让他的12位新朋友歇斯底里地大笑。

卡洛斯的一切变得越来越神秘。他和菲夫、杰米或朋友中的任何一个人，有时间时就偷偷乘坐出租车到一个秘密场所，告诉我他们去办私事，让我留下来等着。他的手机总是放在我们房间外面的阳台上——完全私有，如果询问的话就是犯了禁忌，即使他是在跟我的朋友通话。我从来不知道电话的详细内容和他们究竟去了哪儿，但他们相处时的情况不得不让我多想。

卡洛斯说话时，杰米笑得前仰后合；就像其他女孩子、我们的朋友或者朋友的朋友在我们住的地方飘来飘去一样，杰米也自由地进出卡洛斯的房间，摸摸他的手臂或掐掐他的脸。“你有可爱的雀斑哦。”戴安娜曾坐在他的大腿上这么说过。卡洛斯跟我的一些朋友说着不曾跟我说过的圈内笑话。萨曼莎没注意，有几次提及她和卡洛斯之间的私人谈话。这是我第一次怨恨她，在这段时间，我和萨曼莎不再像以前那么亲密。

我不能大声说出来，我真的不敢说。但在我的心里有两个强烈的猜疑。一个是卡洛斯与我的朋友秘密外出的原因是他在进行毒品交易。当我意识到他看上去像我以前的毒品贩子邻居时，才冒出来这个想法：为隐藏东西穿宽松的牛仔裤；有一个BP机、一个供货商和客户都能找得到他的手机；他的拉丁国王串珠，就算在淋浴时他也戴着，这是他和团伙联系的标志。

另一个担心是，他跟人合伙欺骗我，甚至和萨曼莎。这个怀疑我没有任何证据，它只是一种感觉，就像在我的胃里放了一块石头。

我整日忧心忡忡，我观察卡洛斯的行为，不停地跟踪他的开支，并提醒他每天浪费了好几百元。我跟他提找公寓的事；我告诉他如果我们和朋友们分开吃饭会更便宜些；我还指出我们并不需要出租车，买火车票只要1.25美元。他告诉我他很快就会开始储蓄，在此期间，我应该放松、尽情地活。难道我们已经经历的这一切还不能使我们值得这么活吗？为什么我突然间会这么紧张？他粗鲁又匆忙的吻，让我感觉皮肤上有东西在爬。

偶尔，在夜晚卡洛斯取悦大家的时候，我用楼下的付费电话打给莉莎。

有时母亲在家，有时莉莎告诉我母亲已经住进了医院，她的语气听起来很生硬，充满怨恨。有一次，母亲在家，她接了电话，问我什么时候回去，回去时别忘了带更多的枕头；她又接着对我说，我随时可以回家，只需要一段车程，粉刷下屋子。她说话的声音，就像那些呆呆的孩子，我听到这里，喉咙感觉像是被剃刀割得四分五裂，我试着不让自己哭出来。我在第42街图书馆的书中看到过，痴呆症是艾滋病最后时期的症状之一。

莉莎夺过了电话。"莉丝，"她说，"我不知道你正在做什么，但你也要考虑多花点时间陪陪妈妈。你可能认为在这个世界上有的是时间，但她没有。"她的声音听上去很生气，但我没有办法跟她谈论我看到母亲如此接近死亡时的恐惧。我赶紧把电话挂掉了。

那天晚上晚些时候，卡洛斯在旅馆举办派对，他的收音机开得轰轰响，他们在床上又蹦又跳，结果我们被赶了出来。我们搬到另一家汽车旅馆，在一条荒僻的道路上，是一栋一排阳台相连的两层古老的建筑，上面的粉红色荧光灯上写着"凡科特兰汽车旅馆"。我们的浴室窗户正对着极为辽阔的凡科特兰公园。卡洛斯表示，我们在这儿想制造什么噪音都可以。他把派对和我们也一起带了过来。我恳求他另给我一间房，这样我才能睡觉。当我们分开时，菲夫的表妹——一个名叫丹尼斯的戴着巨大圆环耳坠的白皮肤姑娘，正挎着卡洛斯的胳膊，冲着我嚼着口香糖。我带了萨曼莎、卡洛斯和我的一些东西进到隔壁房间。

我发现卡洛斯写着房地产商电话号码的报纸从一袋衣服中露了出来。我从前台要了外线，这样就能拨打他圈起来的那个电话号码了。

"喂？"一个女人的声音。她叫卡特里娜，是某个台球厅的服务员，并没有任何有关出租公寓的消息。泪水模糊了我的眼睛。当她再次问我从哪儿得到了她的电话号码时，我挂了电话。

"闭嘴！"我冲着天花板嚷道，"给我闭嘴！"

那晚我什么梦都没有做，在空荡荡的房间里闻着陈旧香烟的味道睡着了。

而我的男友、我最好的朋友和一群陌生人在隔着几个房间的地方正开着派对，狂野地喝酒、抽烟。

第二天早上，卡洛斯和萨曼莎站在我的床脚，卡洛斯喊我起床。

“嘿，摇摆的三叶草，你想和我去吃点早餐吗？”

“大家都去哪儿了？”我问道。看到灿烂的阳光，我想是清晨了。我估计他们可能还没有睡。

“走了，”他说，“一个小时前把他们都赶出去了。”

萨曼莎揉揉肚子，发出夸张的哀号：“唉，太、太、太饿了，”她把瘦胳膊甩到额头上，“吃东、东、东西。”

在那一刻，我必须得做出个选择。我可以就电话号码的事跟卡洛斯当面对质，并借此机会查问他近来的所作所为。或者我也可以置之不理，随它而去。我看着卡洛斯，一瞬间他成了我第一次遇到他时的那个陌生人——神秘、油滑。但是，当他笑起来，不知怎么又都不一样了，一切又都那么熟悉。我对他的看法眨眼之间就发生了变化。他对我的真正的感觉是什么样的？要是他总是这么美好，不背着我琢磨那些我不知情的秘密就好了。

我坐在那儿，决定不再想了。我忽视了自己的愤怒，顺其自然吧。其他任何事情都是没有意义的。对质会有什么后果呢？如果我跟卡洛斯打架的话，我没法像别人一样回家去好好想一想。这就是家，他们就是家。如果我表现得一切都很好的话，也许最终事情会有好的结局。

“我们出去吃吧。”我说道，让那些烦恼见鬼去吧。

卡洛斯把我从床上拉起来。我套了三件毛衣，拽过来一顶针织帽戴在头上，借用萨曼莎的那副剪去指尖的手套，跟在他们后面走了出去。在楼下，我们发现了一个小小的咖啡厅，紧挨着汽车旅馆。看起来好像很多年没有人拖地或擦拭窗户了，当然在这么长的日子里，也没有人粉刷那几堵浅绿色的墙壁，但烤架闪闪发亮，像新的一样，空气中弥漫着浓厚的熏肉和鸡蛋的香味。

“随便点，”卡洛斯说，“和往常一样。”

我要了烤黄油面包圈，萨曼莎也要了一份。

“黄油太多了，”她冲着一个上了年纪、胡须稀疏的做烧烤的家伙呵斥道，“我要心脏病发作了，快上吧。”她用低沉的嗓音喊道，敲打着柜台。几个坐在桌子旁上了年纪的人不作声了，朝她上下打量。我们拿起自己要的早点就出来了。卡洛斯在柜台上放了一张5美元的票子后，站在外面打电话，就站在刚下的有一米厚的雪中。我环顾四周，这个地方似乎很熟悉，我想我可能以前到过这个咖啡馆。但是什么时候呢？又是怎么回事？我们带着早点往回走到楼梯时，我意识到我是对的。

“乖乖，”萨曼莎叫道，“噢，我的天哪。”我也往四周看去。我看到了姥姥，她穿着母亲穿旧的到脚踝的泡沫风衣，紧抓着臂弯里棕褐色的钱包，径直往小咖啡馆的台阶走去。萨曼莎到过布里克的公寓，虽然次数不多，她也认识姥姥。她猛地把我拽到汽车旅馆墙角后面。

“萨曼莎，哦，我的上帝，”我说，差一点儿绊倒，“她的养老院就在隔壁！她会打电话向警察举报我，我知道的。”卡洛斯向我们跑了过来，没有躲藏，他把帽子往脑袋上一罩，用拳头攥着帽子下端，只露出两只眼睛。

“我们这是在躲谁啊？”他开玩笑地佯装女孩的声音问，“我很害怕。”

“是我母亲的母亲。她会举报我离家出走，会打电话给警察的。他们会把我带去托管所。别提了。”

我们从墙角后边偷看姥姥。她在雪地里走着，就像是从梦里走出来的，或是来自一个糟糕的电影中的场景。我的大脑一片空白，这太荒诞了，我禁不住大笑了一声。萨曼莎把手放在我的肩上，朝姥姥的方向挤挤眼。

“她怎么啦？”她问道，“她走路的样子很滑稽。”

这时我才注意到，姥姥一寸一寸地挪着走。不止一次，她停下来喘口气，手紧紧地抓着胸口。当她走近时，我看到她的皮肤显得苍白，几乎是白色的。她终于来到了咖啡馆，花了好几分钟才上了那几个台阶。而我们默默地看着。一进咖啡馆，她蓦地向后坐在一把硬塑料椅子上。其他顾客，我觉得也像是从养老院来的，但他们没有一个认识姥姥。她独自坐在那里。烧烤的伙计很及时地端给她一杯茶，她从包里拿出一张折起来的票子递给他。他们貌似很熟稔了。

看到这一切，我非常伤心。这只是对她孤独世界的一瞥——那个每当莉莎、母亲和我给她打电话时她总是抱怨不停的世界。她的话在我耳边回响："我在家里很寂寞。我的外孙女也不来看我。即使是我的念珠也不能让我高兴。"她总是这么说。现在，她的寂寞在我面前展示着，像一部忧郁的无声电影。我在过去几年里的漠不关心真实地对她产生了影响。

"不可思议，"萨曼莎说，"我们好像在老人院。"

"我知道，"我告诉她，"这太奇怪了。"我看看身后。卡洛斯已经准备上楼了。我们转身跟了上去，径直走到楼梯间。我不知道在姥姥看来我是否该为自己的罪恶下地狱：把母亲气得发疯，在她最需要我的时候遗弃她，跟卡洛斯睡觉。如果你了解我多一些，姥姥，你不会再让你的外孙女来看你，哪怕就一次。我已经不是那个周六在厨房中听你讲《圣经》的那个小女孩了。我行事鲁莽，漠视一切，尤其是对你。

萨曼莎冲我说了一堆什么话。

"你说什么？"我问道。

"我说，你是不是疯了。你知道离开商店时，那个小伙子跟我说什么了吗？"

"什么？"

"感恩节快乐。真是疯了，我根本没意识到。"她说。

"哦，"我回复道，"等等，什么？今天是感恩节？现在？我的意思是，今天？"

"是啊，有点意思吧？不过也没人在乎啊。"她说着，推开汽车旅馆房间的门，卡洛斯正坐在那儿给电视调台呢。

我在乎，我在乎今天是感恩节，我甚至都没有意识到自己已经与外界完全失去联系了。我吃着面包圈发呆，看着卡洛斯身边被卷起来的晨报，听着他和萨曼莎谈笑风生。我忙着想莉莎已经开始她在莱曼学院这个学期的生活。我突然想到，我从来没有问她那是怎么回事。我总是很惊讶，她能够处理好学校、家庭，甚至男朋友的事，从来没有在压力下屈服，从未逃过课。意识到我的愧疚的时候，我内心突然充满了恐惧。

萨曼莎和卡洛斯终于睡着了。我抬起卡洛斯沉重的手臂，把它从我的身边移开。我注意到他的裤子有了变化，也不敢碰他的手机，只是穿上靴子溜出大门跑到付费电话那儿。寒冷刺痛了我的鼻子和耳朵，电话响声让我心跳加快。我祈祷没有人来接电话。

“喂？”是莉莎。

“莉莎，你好。我吵醒你了吗？”我的紧张让我听起来没什么精神。我屏住呼吸，等着看她有没有注意到。

“莉丝？”

“是啊。嗨。我吵醒你了吗？”

“嗯，真的没有。你在哪里？”她语气中的不知所措，暗示我的电话有点不合时宜。

“并没有多远。我只想看看你怎么样。”我希望我能告诉她都发生了什么事，卡洛斯已变得不可思议，我们待在哪儿，我刚才如何看到身处孤独的姥姥。但这不行。她会告诉布里克，布里克会告诉多姆比亚先生，然后我就会被监禁。我不能冒这个险。

“哦。我怎样？”

“是啊，莱曼学院怎么样？”

“莱曼学院？”

真是恼人，我问她什么，她在答复前总是重复我所说的。我能感觉到她的怀疑，她对我的不信任和愤怒。这让我清楚从自己嘴里说出去的每一个词。

“是的，我，嗯，只是想打个电话，看看你们在干什么。我想知道有关你和学校的事……还有妈妈。”

“莉丝，妈妈在医院里。她生病了。她这一周半一直在医院。她现在所有的时间都在医院里。她以前一直说要见你，但是你把整个事情都搞砸了。她最近都不怎么提了。”

我哽咽了。也许是因为天气寒冷或一宿没睡好觉，我的思维有些模糊。出于某些原因，我从未指望和莉莎见面。不过我还是希望我们可以像好姐妹一样交谈，互相追赶。我拐弯抹角说出了想说的话。

“好吧。我知道……你想见个面吗？”

“嗯……为什么？你想见面？”

自打我记事起，我就觉得莉莎对我充满敌意。几年以后，一位治疗师解释说，成长过程中越来越少的资源使我们变成竞争者——争夺食物、争夺我们父母的爱、争夺一切。此刻，我们是在竞争谁能更好地处理妈妈的病，我们都明白是她赢了。

“我不知道，莉莎。我在想，也许我们应该看看妈妈。”又是一阵长久的沉默。

“嗯，我6点才有空。拿出笔和纸，我给你她的病房号。”

“莉莎？”

“嗯？”

“感恩节快乐。”

“好，莉丝，你也是。6点见。”

“你好。我在找我的母亲，珍妮。上周她从中北区医院被转到这里。我姐姐告诉我在这层楼能找到她。”

护士看了看她的名单。

“让我们看一下……珍妮·默里。好吧，你得戴上口罩。”

“口罩？为什么？”这是第一次让戴口罩。

“探望隔离区的病人都要戴上口罩。你多大了？如果你不到15岁的话你不能待在这儿。”护士打量了我一番，她看出我的窘迫。我感觉母亲的情况不妙，不知是什么让我感到很诧异。

“艾滋病又不是在空气中传播，我为什么要戴个口罩？”我问道。

“这是预防结核病，”她说，“你妈妈咳嗽会传染你。口罩是起保护作用的。”

“什么？”

“结核病，亲爱的。这是个肺部感染病；艾滋病人很容易被感染。他们以前没让你戴这个吗？不要告诉我，有人让你没戴口罩就待在这儿。”

我的脸发烫。我记得雷纳德和母亲整整一周在学院大道的厨房中狂欢。那段时间，他不停地咳嗽，他的肺部因为有痰噼啪作响，他的皮肤闪着明亮的粉红色。父亲常常评头论足说：“孩子，你会觉得他已经准备好暴毙了，从那声音就听得出来。”

“我母亲什么时候被确诊患有结核病？”

“亲爱的，我是护士长。我不知道。你得跟她的医生了解具体情况。”

她把一副柔软的橙色口罩放在我的手上。我很犹豫地把它戴在头上，往四周望去。

病房里死气沉沉，给我一种毛骨悚然的感觉。医院沉寂的环境显得噪音格外响亮——远处的电话铃声和无数机器发出的轰鸣声。这里不像母亲最近住过的那几个医院，护士在周围忙碌，探望时间涌来各种各样的面孔。这个地方不同，异乎寻常地荒凉。我驱使自己寻找母亲的房间。

“一直往前走，走到头，向左转。”那个护士在我身后喊道。

我经过一块牌子，上面写着“重症监护病房”，另一块上写着“肿瘤”。我不知道肿瘤是什么，但我想，如果是在重症监护室和隔离区之间的某个地方，它也好不到哪儿去。我一扇门一扇门地走过，屋里的病人躺着昏迷不醒，他们的头向上翘起，这样呼吸管才能插到他们的喉咙里。

我想起了母亲从酒吧回家需要我帮忙的时候。我想起了她够着我时，渗到衣服里的呕吐物。我想起把她放进浴缸时，混合着伏特加的湿乎乎的一摊发出腐烂的气味；我帮母亲清洗她的身体时，母亲的咳嗽很合时宜，我们都假装没注意到她的一丝不挂、她的羞怯。我想起把她 90 多斤的身体裹在干净的床单里，她昏昏欲睡的样子。当我戴着带有新开包味道的护士口罩再次呼吸后，我确定这都是毫无意义的。我推开母亲房间的门，从脸上扯下那块橘色的布。

"嗨，妈妈。"

母亲在棕绿色的床帏后没有任何回应。我鼓足勇气，把床帏拉到一边，而要掩饰床帏后的景象带给我的震惊，则需要更多的勇气。

母亲只占了病床的一小部分。她的皮肤变黄，紧绷在脸上，两颊明显向内凹陷。医院的床单摺在一旁，露出了她瘦弱的身体，蜷缩着像一个孩子，几乎没有使塑料床垫凹陷。她的四肢上下乱晃，皮肤上每一块鼓起的小包上都结了小小的痂。她的眼睛圆睁着，但注意力不在任何东西上，她的嘴慢慢动着，像是在拼读单词，只发出很小的声音。

我在发抖。我真的不知道接着会发生什么，不由自主地张嘴问道："妈妈？我是莉丝……妈妈？"

她的眼神在房间内游移，有了反应。有一会儿，它们落在我身上，我以为我她应该注意到我了，眼睛游移时，她的嘴也同样地一张一合，说不出话来。她身旁的那张带轮子的桌子上是医院庆祝感恩节的晚餐，是还没有动过的切片烤肉，肉汁流过一勺土豆泥，流到草莓酱上。她的盘子旁有个托盘，上面放着红色和金色羽毛装饰的卡通剪纸，写着"感恩时刻"。

"妈妈……你看，"我坐了下来，"对不起，我没能早些来，妈妈……"

我不知道该怎么说，我的喉咙被什么东西堵住了，堵得太满无法喘息。

我可能已经窒息了。我做了两次深呼吸，抓住她的手。母亲的手比这个医院里支撑病床的金属杆温暖不了多少，触摸着它让我的胳膊一阵战栗。

“她就像已经死了。”我咕哝着自言自语，然后对着她说，“今晚你不应该在这儿过感恩节啊。”

门开了，一阵风吹进来，母亲的床帏随风轻摆。莉莎穿着高跟鞋，一身黑色厚呢短大衣，乌黑的长发束在干净利落的发髻里。她看上去像一名社工、律师或从事其他职业的大人。我觉得自己身上脏脏的，穿着层层叠叠的毛衣，袖子前边还有几个戳破的拇指大的洞。我的棕色长发散乱着、黏糊糊的，垂在我的针织帽下。莉莎“噔噔”向前走了几步，视线从母亲身上转向了我。

“嗨！”她避开我的目光，拉过一张椅子坐母亲旁边。我坐在那里紧挨着她，我的心狂跳起来。我开始从她的角度来评价自己：我是一个抛弃生了病的母亲、跟我的街头男友在一个神秘的地方鬼混的高中辍学生。

“你来了多久了？”她问道。

“刚来一会儿。”

有几分钟我们陷入尴尬的沉默，然后莉莎斜靠在母亲的病床边，泪水盈眶。

“妈妈？嗨，妈妈。坐起来吧。我们在这儿。莉丝来了。妈妈？”

“莉莎，不要打扰她。我觉得——”

“她可以坐起来。妈妈？”

母亲的眼睛四处打转。她的手张开又攥上，开始胡乱地喃喃自语，声音比以前更大些。

“来这儿……来这儿，把你的灵魂给我。饶了我吧，饶了我吧……这是我所有……放过它吧。我的和你们的……你们的，你们的！”我们两个她谁也没看一眼，她可能根本不知道我们是谁。

“莉莎，我觉得我们应该让她一个人待会儿。也许她会站起来，但她可能很不舒服。”

“莉丝，她上星期还在家里说话，我知道，当时我就在那儿。她知道我们在这儿。”

她的语气充满轻蔑。莉莎往前挪动她的椅子靠近母亲的脸时，我慢慢静下心来。我从不敢像她那么大声说话。

“妈妈，起床了。今天是感恩节。我们来看你。”她说，声音温柔多了。

妈妈又胡言乱语起来。不过我吃惊地看到母亲开始坐起来，很缓慢地，她把脚放在地板上，拔下监护器。我们默默地看着她去洗手间。我伸出手来支撑着她的身体时，她已摇摇晃晃地走了一两米，靠着门喘着气。母亲转身走去，她的长袍飘了起来，露出她赤裸的身体。如果她站着不动，我几乎能数清她的脊椎骨，它们看上去像绷紧的自行车链条上的金属链环。她的骨盆突出，她的臀部、大腿瘦得只剩一层皮。在洗手间，我从毛巾架上取下一条很短的毛巾打湿，我一只手帮母亲把后背擦干净，另一只手支撑着她羸弱的身躯。荧光灯的灯光闪烁在墙壁上，也闪烁在我们身上。我咬了下嘴唇，憋着没哭出来，并竭尽全力控制自己，因为她的气味惹得我咳嗽。

“好了，妈妈，我们让你坐稳了，”我让她放心，“我们会让你舒舒服服的，放松。”

“好的，莉丝。”她说，以最微弱的声音。

她上完厕所，我把她的双手放在我手中，几乎没费什么劲儿就把她从马桶上搬起来。她是那么轻，这让我感到惊恐。我只希望她能好些，这比什么都重要。当我把她抱回床上时，我知道我必须离开那里。

“你要走了吗？”我在门口徘徊时莉莎问我。我在发抖，我需要独自清静一下。我的心怦怦直跳，我一刻都不能在那儿多待，在莉莎面前我不能表现出来。

“嗯，嗯，我在你来之前已经到这儿了，有一会儿了……我得马上走了，因为我有点累了，昨晚没怎么睡。”

“什么？”莉莎的眼睛骨碌碌地转着，不再看我。

“莉莎，这对我来说，并没有那么容易，你知道吗？”

“是啊，我知道，莉丝。我也经历了这个。我知道这并不容易。我想你无论如何也不会待长，所以干脆走吧，快走吧。”她抽泣着说道。

“人和人不一样，莉莎。”

“是，人和人是真的不一样。”她厉声说道。

我没有心理准备接受这一切，也没想到看见母亲变成这样，却无力帮助她是什么样的感觉。我不能改变母亲的现状，这种挫败感我不知道该如何处理，我希望通过这件事我和莉莎能彼此了解，但她要我像她那样坐在那儿，我做不到。我觉得自己卡住了，进退两难。如果我留下来，我觉得自己应付不来；如果我离开，那我就成了一个糟糕的女儿和妹妹。

“我得走了，莉莎。我必须得走了。请你理解。”

我没有看莉莎，俯身跟母亲说道，这是我最不想跟她说的话。

“妈妈。我得走了，好吗？我保证以后我还会再来，我保证，我没事，我跟朋友们在一起，我要去上学，很快，我真的还是我，我答应你。”我俯下身，抚摸她的手：“我爱你。”她没有回应。我溜进走廊，背靠着墙，深深地呼吸，强忍着泪水。我觉得自己在坠落，落到了虚无的世界里。我想尖叫。莉莎走出病房，进了大厅。

她开始说话：“莉丝，你又要离开……这对你很好，但这太残忍了。”

“我知道，这件事对我们来说，真的都很难。莉莎，我就是不能待在这儿，对不起。你的反应让我感觉自己抛开你们自己逍遥去了，但事情不是这样的。连个稳定的住处都没有，这有什么好玩的，你说呢？”

她厌恶地转身回到病房，我逃出大厅离她而去，还有母亲，我走了。

那天晚上，听到我去过医院后，卡洛斯鼓励我振作起来。为了让我从这些事情中摆脱出来，我们得做些绝对疯狂的事情：去一个服务上乘的体面的饭店好好吃顿大餐——穿着内衣。

我们打出租车奔向百老汇，穿梭在繁忙的街道中，萨曼莎和我不由得尖叫。“让他们说去吧。如果我有钱，他们就得伺候着。”他在出租车上一边晃着厚厚一叠50元的钞票一边说。“是吗，伙计？”他问司机。司机微笑着，茫然地点了点头，眼睛只瞥了眼现金。

车停在餐厅前，顶多不过6美元的路程，卡洛斯丢给那个出租车司机一张20美元的票子。“加油啊！”卡洛斯说，一边拍了车顶两下送它上路。卡洛斯选择了陆地和海洋餐厅就餐，紧邻231号大街和百老汇，那地方的墙壁都用塑料鱼、塑料龙虾和塑料船装饰着，塑料船的方向盘上绕着粉红色的荧光灯，显得很突出。

卡洛斯把我们引到餐厅最大的桌子前。顾客们都转过头围观着我们——在死寂的冬天穿着男士平角裤、靴子和带帽毛衣的这个男孩和两个女孩。我扣上我的针织帽，把头发掖进去一半。萨曼莎在汽车旅馆房间里的一个抽屉里发现一条老式领带，她把它戴在运动衫上晃来晃去。

“我们都是英国人。”卡洛斯低声说。当服务员跑到桌子前跟我们解释着装的规矩时，卡洛斯故意用恐怖的、无法令人信服的口音对服务员说，惹得萨曼莎和我捧腹大笑。

“我的好兄弟，我们从那儿来，这就是得体的衣服。别把你的内裤扭成一团。”卡洛斯掏出一叠钱放在桌子上，连看都没看那个人一眼，问题就解决了。

我们的晚餐有龙虾、丁骨牛排、奶酱鸡肉、意大利面和半打开胃酒。我点菜时用彻底变味的英国口音，清晰地说出所有出错的音节，萨曼莎和卡洛斯爆发出一阵阵笑声。这并没有什么，服务员端上来我们点的所有东西，没有任何问题。我也不再质疑了。我只是看着卡洛斯从他那叠钱中一张一张地为高得离谱的晚餐埋单。我也不在乎了，随波逐流总比逆水行舟容易得多啊。

坐着出租车我们跑了一整夜，想在哪儿停就停在哪儿，我们突发奇想跑到大中央车站，在那儿我们可以舒展四肢躺在地上，凝望上面巨大的天花板上的星座；我们又去了唐人街的商务中心，卡洛斯向我们证明真的有一只被困在机器里的小鸡会跟你玩填字游戏。在那儿，我们停在一个黑白相片摊位前，快拍了三张相片：我们三人扮鬼脸、装深沉和我亲吻卡洛斯的相片。

“他是好人，”我告诉自己，“他是爱你的，即使他很难表达出来。不要忘了这种感觉。”这感觉就像在天堂一样，我们亲吻，一起度过整个夜晚——卡洛斯的魔力再次感染了我。

这晚我们的最后一站是去位于福特汉姆路的白色城堡，那时天空出现了一缕缕的晨光。我们只要了奶昔，但卡洛斯让我们大吃一惊，他要了 50 个汉堡包。我们沿着韦伯斯特大街、大广场、百老汇跑来跑去，往窗外扔热乎的汉堡，击中停放的汽车、邮箱和低矮的店面门。“呼！”卡洛斯每次打飞一个汉堡就大叫。

回到汽车旅馆，我们伸展四肢仰躺下来，我们旁边的地板上扔着一袋子油乎乎的汉堡。我在卡洛斯的怀里睡着了，我们第一次睡在一起后就再没这样过。我的胳膊枕着他的胸口，我把头埋在那里搜寻他的心跳。他轻轻吻着我的额头说：“我告诉过你我们会让你高兴的，三叶草。明天我想看到你的脸上带着微笑，不过或许下次我们得裸体去那儿吃饭了。”萨曼莎在她床上歇斯底里地傻笑。我再次完全为卡洛斯而陶醉——他的吻、他的气息，以及他使我放松的能力，这能让我远离越来越强烈的空虚。

在接下来的三个星期里，我不断告诫自己要去看望母亲。我真的是这样想的，却很难不被其他的小事情分散精力，比如我怎么把卡洛斯劝到房地产办公室去，在那儿我们终于填好所有表格并预约去看房子。我们希望在贝德福德公园一个安静的楼房里拥有带两间卧室的房子，就跟我们原来的计划一样，别太像贫民窟了。在此期间，我努力地把我们的生活空间收拾得尽可能的好。我把我们的床搬到角落隐蔽的地方，萨曼莎帮我清理垃圾。我们在逛街头小店时，我从那些空气清新剂中捡起一瓶，干花香型，1.89 美元。

用口香糖，我把我们在唐人街拍的相片粘到旅馆镜子上，旁边是我写给卡洛斯表达爱的所有小纸条。我写了一张新的，纸条周围画上一圈卡通心形图案，用红笔涂上颜色，把它挂在我们的相片旁边：

卡洛斯，和你在一起使我感受到以前从未有过的幸福。你是我的唯一，在最关键的时刻你总是在身边陪我。当生活似乎走到尽头时，是你给了我一只倾听的耳朵，一副让我靠着哭泣的肩膀，让我开怀大笑。我深爱着你。

莉丝

我每天都给卡洛斯写这样的爱情纸条。但在汽车旅馆的那几个星期中，纸条的主题发生了变化：从感激卡洛斯对我的感情，变成了表达我们的关系值得维持下去，以及为卡洛斯解决了我们诸多问题而由衷地感到高兴。

一天，趁卡洛斯去拜访一位老朋友——在闹市区的芒多，我和萨曼莎用他留下的 10 美元去商店买了点东西。

我们买了一些打折商品。萨曼莎选了两瓶亮亮的指甲油和一大瓶发型剂。按照浴室水箱散热器上的杂志建议，我们试图用四包酷爱牌染发剂把头发染成诡异的紫色和鲜艳的粉红色，但是没有成功。

“你看这样行吗？”我一边从水槽里抬起头，一边问萨曼莎。

“呃，我说不准。我确实能看见一些紫色，但是不知道是不是看花了眼。

看一下我的头发怎么样？”

看见粉红的水流从她脸上一泻而下，两眼之间、鼻尖之上都是，我就大笑不止。她的整个头皮看得很清楚，她大部分头发都成粉色的了。

“你太惊艳了。”我不无讽刺地说。

我们洗掉颜色后，坐在那儿看《我爱露西》的续集，一边任由头发和指甲晾干，一边等卡洛斯回来一起吃大餐。晚上 6 点，卡洛斯并没出现，我们就那么干等着，看着时钟滴答滴答地走，8 点、凌晨 1 点、凌晨 4 点……我突然想起来，可以给他打电话，但意识到他从来没有给过我和萨曼莎电话号码。卡洛斯每天晚上付第二天的账，我肯定他没有提前付明天的钱。我在心里默念着，明天中午，也就是退房时间之前千万不要发生什么事。整个晚上我都在看着窗外，一遍又一遍地问萨曼莎是不是卡洛斯出了什么事。

“嗯，小时候，他妈妈打过他的头，那就是发生过的最严重的事情。别担心啦，他很安全。他就是一头蠢驴。”

第二天早上，我打电话给旅店老板请求他不要赶我们出去，卡洛斯会随时回来付账的。

“我最讨厌那些把妓女丢在这儿的家伙了，这里又不是廉价旅馆。”

“我们不是妓女，”我厉声对他说，“他是我的未婚夫。”我撒谎道。

“女士，这是现实社会，不是虚幻世界，更不是妓院。要么付账要么离开。”说着他就挂了电话。

我们用眼下唯一一件值钱的东西——卡洛斯在我回家看我母亲时捡到的一块金表来抵押房租。去前台时，冷风从四面八方钻进衣服，我不由自主地往上拽了拽毛衣。萨曼莎跟在我后面。

我瞅了一眼这个对我们恶语相向的店主，他是个意大利人，50 岁左右，个子不高，长得却很敦实。他把表的每个地方都瞅了瞅，又拿起来对着光线看了看。

“这块表只能让你们住到明天。”他说。

“但这是花 150 美元买的，并且还是全新的。”我抗议道。

“嗯，这连一件衬衫都不值，我是在帮你们的忙。”他一边说，一边把表滑进他破旧眼镜旁的一个背包里。

到黄昏时，我们彻底崩溃了。我们两个开始倒腾垃圾桶，看能不能找到前些天剩下的有用的东西。我们撕开硬硬的汉堡包、沤坏了的草莓饼和臭烘烘的火鸡三明治。从浴室水龙头流出的水闻起来好像有毒似的。好几个小时，我和萨曼莎轮流冲进厕所，不停地透过窗子看看卡洛斯回来没有。这些坏了的食物让我的肚子拧着劲儿地疼，像有气泡在里面乱窜。我每走一步都感到恶心。

日出时分，我们趴在床上透过窗子看着外面泛着白光的停车场。我们懒洋洋地看着早晨的阳光是如何在车的挡风玻璃板上闪烁出金色的光，看麻雀是如何在附近被霜覆盖的光秃秃的树枝上跳动。我们两个都没有说过害怕，但是在毯子的夹层下，萨曼莎却紧紧地抓住我的手。每当风把另一侧的玻璃吹得呼呼响，或者一阵冷风从门和地板间的裂缝吹过来时，她都会把我的手攥得更紧。

不到一个小时，她用手肘把我弄醒了。我睁开眼的一刹那，她把手指放在唇边告诉我安静点儿。我的第一直觉是旅店老板就在旁边，要赶我们出去。但是萨曼莎却指向了地面。在床脚和破旧的散热器间我看见了一窝老鼠，1 个大的和 4 个小的，它们正在我们不敢吃的腐臭残渣间寻找食物。

我们静静地看着油污的外卖袋在 5 只飞奔的老鼠的作用下左右摆动。它们是这么的可爱，我们都惊呆了。老鼠们周身灰灰的，这种灰比旅店地毯的颜色浅不了多少，它们有着粉嫩的鼻子和黑得放光的眼睛。我们一直静静地看着它们，其中最大的一只来回运食物时，我们发现它们的窝在散热器里，就是在通风口第一排顶端的裂缝后面。

“它们在窝里可以随时看到我们。”我小声对萨曼莎说道。她轻轻地点了点头，眉毛不由自主地向上挑了一下。

“我喜欢那些幼仔。”她小声对我说道。

“我也是，”我轻声说，“它们最可爱了。”

我们一直看着它们，直到太阳高高升起，此刻，来旅店过夜的人已经腾空了他们的房间，并且不时发出开关门、启动车的声音。

大部门时间，老鼠都在外卖袋里外来回移动，并且速度快得惊人，它们迅速地退回到窝里，再从通风口向外张望，不时再次出来冒险。

我听到一辆车开过来了，直觉告诉我那就是卡洛斯。随着车越来越近，嘻哈音乐的声音也越来越大。车门开了，又被甩上了。

萨曼莎看着我，说道：“我不知道该平静还是生气。”

“我也不知道。”我告诉她。

我想先看看他是什么感受。我已经习惯先让别人的感受来影响我的感觉。如果他是平静的，那么我也是。卡洛斯一直处于操纵者的位置，这是我默许的。此时此刻我又陷入了这种境地，打算还是按照老办法处理，但是这种想法却让我感到恶心。

我们静静地等着他越走越近，然后听见钥匙开门的声音。此刻我的心狂跳不止。卡洛斯吹着口哨进来了。

“你们好。”他进来后随口说了句。他看上去很疲惫，眼睛低垂着，眼袋很明显。他跟平日有点儿不一样。我怀疑他是不是从上次我们见过面以后就没睡过觉，我想知道他都做了些什么。他坐在萨曼莎的床头，身上散发着一股浓烈的香烟味。“起来，矮子们，”他开玩笑道，“我要累死啦。”他没看我直接坐下，然后松开鞋子。

“你到哪儿去啦，卡洛斯？”我问道，好像这对他来说根本就不是什么问题似的。

“我告诉过你了，我去芒多家了，我已经好几年没见那个傻瓜了。”

“那你为什么不给我们打个电话呢？”我相信他能从我的语气中嗅到愤怒的气味。今天我没让他掌控全局。

他在屋子里走来走去，随便瞎动些东西——天线、床底下的靴子、浴室架子上的染发瓶，却没有回答我的问题。

“卡洛斯，你听见我在问你问题了吗？”

他砰的一声关上一个抽屉，算是对我的回应了，接着又打开另外一个抽屉，拿出一条拳击短裤，用更大的声音甩到桌子上。

“你至少应该给我们打个电话吧。”

“我的表呢？”他冷冷地问道，直视着我的眼睛，这也是他进来后第一次正视我。一阵强烈的恐惧袭遍我全身。萨曼莎看着我。

“你的表呢？”我傻瓜般地重复着。

“是的，我的表到底在哪里？”他的眼睛冷得像玻璃，根本没有一丝柔情。

“你把我们丢在这儿，我们没办法就把它抵押给旅店老板了。现在你知道表在哪儿了！”

过了一会儿，卡洛斯抬起脚猛地踢向垃圾桶，垃圾桶在屋子里来回滚，一会儿撞到墙上，一会儿又倒到地上。萨曼莎和我马上挺直身体，迅速地抱在一起。我知道自己在发抖。

“你怎么能卖掉我的手表呢？”他咬牙切齿地问道。我还从来没有见他这样过，他好像疯了。

“是你把我们丢在这儿。”我本来不打算这样唠叨。

“但我根本就不欠你们的！”他尖叫道。

“不欠我们的？这是你认为的？”我知道他说得对，但是当他强调这一点时我感到既生气又窘迫。“昨天房子到期了，老板来催房费。只是你没有见到那种情形。”我禁不住低声哭了起来。

“狗屁！”他叫道，不停地用拳头捶打着镜子旁边的墙，一次、两次，把我用大头针扎起来的情书全弄松了，它们像叶子般飞落到地上。萨曼莎吓得顺手抓起一个被染发剂染成紫色的枕头。我们看着卡洛斯冲进浴室，然后砰的一声甩上了门。

他把水开到最大开始冲澡，一个小时过去了，他还没有出来。有那么一段时间，萨曼莎和我只是静静地坐在床上，一言不发。我得找点儿事干。于是我起身打开了电视来分散注意力。

“这到底是怎么回事？他从来没像现在这样过。”我终于哭出声来了，颤抖地指着浴室问道。

“我也不知道是怎么回事。”萨曼莎小声说。现在我不知道我们谁更害怕一点。但是我们都没有离开，只是呆呆地等，希望当他走出浴室时能像往常一样，带我们出去吃饭，跟我们开一些玩笑，最好装作忘了刚才的事。

卡洛斯出来了，头发湿湿的，脸上的胡子已经刮过了，他在萨曼莎的空床上拽了一床毯子就去地板上睡觉了，没有跟我们说一句话。

高兴的是他没有靠近我，这样我就可以在房间的另一端放松下来了。

“萨曼莎？”

“怎么啦？”

“陪我去趟浴室行吗？我不想自己去。”

我们迈过卡洛斯熟睡的庞大的身体。浴室里污秽的粉红奶油色地板上摆满了他的东西：他的迷彩短裤堆成了一堆，其中隐隐可见一卷钱，地上还有一次性剃须刀。水池旁散满了短发和胡茬。萨曼莎去卫生间的时候，我照着镜子洗了洗耳后染发留下的粉红条纹。

“我弄得到处都是。”我说道。

“嗯，我的很容易就能擦掉，莉丝，递给我一些手纸好吗？”

“嗯。”

我蹲下身从水池底下拿了一卷手纸，忽然发现了一个亮亮的东西。这是一小块锡箔纸，就跟父母散落在厨房的一样大小。我目不转睛地盯着锡箔纸，递给萨曼莎手纸后，我蹲下来仔细观察。

在锡箔纸的中间，我发现了少量的白粉，虽然量很少很难发现。

“萨曼莎！萨曼莎！”。

“怎么啦？”

“别喊，安静点儿，看这儿……卡洛斯吸毒。”

自从发现了卡洛斯的不良嗜好后，对于我来讲，他已经由一个特立独行、热爱欢闹的人变成了人格混乱的瘾君子。在接下来的两个晚上，我都没有参加他在旅店空房间内办的晚会。那些晚上，音乐不断地从晚会上传出来，汽车来了一辆又一辆，人来了一拨又一拨——菲夫和他的堂兄弟、贝德福德的一些家伙、杰米、芒多和数不尽的其他人。萨曼莎不断地从一个房间走到另一个房间，尽可能地陪在我身边。我不参加那些舞会是一种抗议。我一个人坐着，思考着给卡洛斯的信要怎么写。我想我应该告诉他，我已经知道他的秘密了，如果他还坚持吸毒，那我就跟他分手。

如果他不停止吸毒，我就能很清楚地看到我们的未来：一个高中辍学生和一个瘾君子，最后住在布朗克斯的一间公寓里。那么我们离我父母的生活也就一步之遥了。其实根本就没什么两样。旅店老板说我们是妓女，我想也许在不知不觉之间我已经是了吧。也许为了换取某些东西我不得不放下自己的身段，舍弃一些东西。我讨厌对卡洛斯的依赖，厌倦了这种病态的生活。

写着各种不同版本的信时我睡着了，笔记本还摊在大腿上：

亲爱的卡洛斯：

我们已经走到了十字路口……

第二天早上，卡洛斯和萨曼莎还睡着，我却被敲门声吵醒了，有人先是用力拍门，然后又摇铁链，在外面大声地喊。我打开门，看见一个二十五六岁的家伙。他的拳头已经举起来了，正准备再次敲门。萨曼莎紧随我出来了，我意识到我们睡过了头，超过了退房时间。

“如果你们今天继续住，就给我今天的房钱。”他说道，“如果不住的话，另一位女士就要入住了。”由于光着脚，早上的凉气让我不由得打了个寒战。

“当然，”我说，“稍等片刻。”此时卡洛斯已经坐起来了，他不由得用手去遮挡射进我们黑屋子的阳光。

我半跪在床边，在卡洛斯的牛仔裤兜里找钱。我点给了那个男人60美元。

“下次你们自己来交房租，或者至少接一下那该死的电话。”他大声叫着，消失在楼下。

“我没有听见电话响。”我对萨曼莎说。

“我也没有。”

我坐在床上检查了一下电话，突然发现电话根本就没有放好。电话可能一直都是这个状态，因为我们从来没有打过电话。卡洛斯和萨曼莎看着我“咔”的一下把电话放正了。

“到吃饭的时间了吗？”卡洛斯指着肚子问道，“嗯，是吃饭的时间了。”他心情相当不错。

“你什么时候进来的，萨曼莎？”我惊奇地发现萨曼莎回来后我睡得很踏实，尤其是她睡在我旁边的时候。卡洛斯起来后，打开一个很大的中国食物菜单。

“我们吃饭吧，傻瓜们。”他一边说着，一边用菜单拍打我赤裸的腿。

“我们点什么菜呢？”萨曼莎问道，却没有回答我的问题。

现在我很累很饿，没有精力去想写给卡洛斯的信。我太困惑了，还是专注在最迫切的要求——食物上比较容易。

电话铃响的时候我们正在床上乱作一团，仔细研读菜单。马上，我们三人你盯着我，我盯着你。我们从来没有在这台电话机上接到过电话。我只给过莉莎这个电话号码，让她有急事就打这个电话。萨曼莎起身去接电话，开始她脸色凝重，接着舒了一口气，把电话递给了我。

“莉丝，找你的，是莉莎。”

“喂？”

“莉丝，是我，你怎么一直不接电话呀？”我还没来得及解释，她就说了。当她嘟囔出一串让我背后发凉的话时，声音听起来是那么的惊恐，好像要哭了似的。

“什么？”我的腿站不住了。我不知道自己是怎么坐到床上的。莉莎哭着，再次重复着，她的声音不断地冲击着我的耳膜。

“15 分钟后我就到。”我说，一边把电话放好。

“莉丝，到底怎么啦？”萨曼莎问道。

眼泪顺着我的脸颊流了下来。我擦了擦眼泪，盯着电话说：“我妈妈死了。”我的声音听起来干脆、不容置疑。

卡洛斯强壮的臂膀突然拥住了我。

“我得走了，”我说，“我得去看莉莎，打电话给我爸爸。”

萨曼莎给我叫了辆汽车。在等车的时候，我到公共电话亭拨通了父亲的电话。听到父亲声音的那一刻，我的胃抽动了一下，因为我知道我要告诉他的是什么。

“爸爸……你是坐着接电话的吗？”

我们都哭了，他站在被工作人员看管着的收容所哭，而我则站在旅馆外的冰冷的电话亭里哭。

虽然我没有见过父亲哭，但在那一刹那，我能感受到我们的心都碎了。

汽车载着我奔向了贝德福德公园，由于眼泪在眼里打转，我的世界也在旋转。整个路途中，卡洛斯一直盯着我的脸，不断地抚摸我的膝盖，劝我说句话。当时我感觉我离他是那么的遥远。我满脑子里只有母亲、莉莎和父亲。失去亲人的痛苦冲淡了那些琐碎的小事。

在托尼的餐桌上我见到了莉莎。她好像穿着一件妈妈的旧大衣，独自坐在桌子的后面，眼睛充满了血丝。当我走近时，我们看着彼此，默默地看着。

9. 怀念珍珠

妈妈，我们的关系让我想起了珍珠是怎么长成的。人们只是看到珍珠是美丽的珍宝，但是从来没人意识到它们其实生于痛苦——它们成长的环境很艰苦，但被牡蛎紧紧地包裹着，是牡蛎让珍珠保全了自己。

亲爱的妈妈：

失去你是如此痛苦，我还有很多话没有对你说。妈妈，是死亡剥夺了我们解开这些心结的机会。

妈妈，你能了解我现在的感受吗？能体会未说出的话在我心中的分量吗？

在过去的16年里，我已经学会了隐藏自己的感情，学会了如何掩饰自己不想说的话，因为我不想伤害你，不想把你推远。

妈妈，你和我的关系让我想起了珍珠是怎么长成的。人们只是看到珍珠是美丽的、完美的珍宝，但是从来没人意识到它们其实生于痛苦——它们来自艰苦的环境或者危险的境地，被牡蛎紧紧地包裹着，是牡蛎让珍珠保全了自己。

在我沉默的背后，妈妈，这就是我所做的——像牡蛎一样，忍受着家庭的痛苦直到珍珠出现。你已经离开了，现在我真的不知道自己的沉默是不是给我们带来了好处。

你是在周三上午8点半左右离开的。那时候我却在另外一个地方，睡着、笑着，或许已经忘了你。

我真的没法原谅自己。

你走的时候是那么孤独，我几乎有一个月没有去看你了。你当时担心女儿再也不来看你了吗？想到这些你是不是走得更容易一点儿？我以前一直都陪在你身边，给你钱、帮你换洗、听你说话。你走的时候我怎么就没在你身边呢？陌生人给你换衣服，喂你吃饭，把手放在你赤裸的身体上时，你是不是像刚孵出的小鸟那样脆弱？

我知道他们会在你的病床前彼此冷冷地讨论各自的私生活，用喷着香水的、戴手镯的手来给你换便盆。这种孤独感肯定让你恐惧。

妈妈，你害怕吗？

当我跟别人在一起吃汉堡、在阳光下欢笑时，妈妈，你害怕吗？

妈妈，我现在并不孤独，我有很多的朋友，其中一些也来参加你的葬礼了。还记得卡洛斯吗？他也来了。现在他已经是我的男朋友了。萨曼莎不能下床所以就没来。“莉丝，我不能去，那些事情太压抑了。”在我上车的时候她告诉我的。我们已经付了从马镫的下葬地到这儿的交通费，这是你的一个朋友帮我们办的。但我还没有写信感谢她，也没有写给任何人。我不知道为什么还没有写。

莉莎、卡洛斯、菲夫和我赶在你下葬之前来到了墓地。天很阴暗。妈妈，是慈善机构给你办的葬礼。透过他们捐献用的小窄槽，你可以听见高速公路上汽车呼啸而过的声音。你被放到松木棺材里，它被钉子钉严了，上面写着拼写错了的你的名字。

你里面还穿着在医院时穿的睡衣吗？

松木棺材上写着拼写错误的“珍妮·默里”，还有两行粗体字——“手”和“脚”，用来标记方向的。卡洛斯知道我不擅长弄这些，就用黑色笔在你棺材的前面画上了飞着的天使，并且写上了所有正确的信息：珍妮·默里，1954年8月27号生，卒于1996年12月18号。莉莎和伊丽莎白的亲爱的妈妈，皮特的妻子。

妈妈，你十月怀胎，给了我们生命，带我们来到这个世界。现在你的身体却是冰凉的，一动不动。

爸爸没能赶得上葬礼——当时火车太拥挤，他根本买不到票。是我打电话告诉爸爸这个消息的。我问他："你是在坐着接电话吗？"他就知道我要讲什么了。想起他痛苦的呻吟声，我心里满是对你们俩的歉疚和爱。当时他是多么需要你的拥抱呀，但是你却走了。你永远地走了。

妈妈，你不知道吧，有一天爸爸在医院亲吻你的嘴唇了。护士还训斥了他，说这样会对他的健康造成危害。我很高兴你当时没有听到她讲这样的话。在你的生命中，人们总是这样排斥你，不是吗？就连我也是这样。

妈妈，你是不是觉得我跟他们一样，想推远你，抛弃你？我一直在思考这个问题。

妈妈，你能想象到爸爸专门来看你之后，在那辆返程火车上的情形吗？我倒是经常想起，他是怎样把头埋于两手之间，就像他平时遇到困难时那样。他是多么希望你能好起来，那么他就不会把你一个人留在那个只有机器和死人、闻起来让人呕吐的建筑物里了。也许，他现在还不能接受你已经去世的事实。我也不能。

我们是在圣诞节的第二天给你下葬的，差不多花费了一周的时间筹备一个免费的葬礼。在圣诞夜前夕，我和朋友在餐馆吃了一只20美元的火鸡。菲夫和他的堂兄、萨曼莎、莉莎、卡洛斯和我，我们都想念我们的父母。所以我们只有互相帮助来忘记你们，忘记你们这些经常让我们尽情地吃、在我们床边为我们唱歌的人。而这些对于我们来说只能是梦了。我们只有彼此相依，才能不去想你们。

但是当我看到圣诞树上闪烁的红色、橙色和黄色映在莉莎悲伤的脸上，而她身旁的其他人却在有说有笑时，我就想起了你。她是那么像你，小小的身躯，大大的眼睛。妈妈，莉莎很漂亮，她已经长成一个漂亮的女人了，跟你一样漂亮。我希望我们很亲近，这样我就能拥抱她了，现在我是多么渴望能抱紧莉莎、你和爸爸呀!

已经有人在柜台为我们付账了。在我们离开餐馆之前，卡洛斯向自动点唱机里扔了两枚4盎司的硬币，它开始播放萨德的《珍珠》。

永远爱你的莉丝

1996年12月27日

10. 选择希望

生活总是这样：一会儿所有东西都有意义，下一刻一切又都变了。人会生病，家人会离开，你的朋友会关闭曾对你敞开的那扇门。我坐在那里，经历过的那些快速的变化折磨着我，心里却没有悲伤。不知从哪里，也不知为什么，一种异样的感情偷偷地占据了悲伤的位置，那就是希望。

安葬了母亲后，有一个星期我都无法入睡。无论什么时候休息，我总会突然冷得发抖，心脏就像一只困在笼中的鸟儿挥动着翅膀，在胸口疯狂地跳动，把我惊醒。当我好不容易睡着时，内疚却折磨着我——我反复做着一个噩梦，在母亲最需要我的时候，我却抛弃了她。每次都会做这个噩梦，母亲的离去一次又一次上演。我失眠了。

纽约遭受了从未有过的寒流。汽车旅馆管理方终于对严寒的投诉有了回应，提高了暖气温度。有了蒸汽，空气也变得重了。我拼命想睡觉，胡乱盖着汽车旅馆的床单，卡洛斯和身上的汗水让我浑身湿漉漉的。我当时的记忆断断续续：他把一打玫瑰花带到我的床边，芬芳无比；伴随着卡洛斯的收音机吱吱啪啪的响声，那芬芳不再，花一天天地腐烂了。萨曼莎站在镜子前，抹着黑色的眼影，她的嘴唇亮闪闪的，很有光泽。

我醒来后十分脆弱。我无法控制自己的情绪，不时流露出伤感，或冷淡无语。到了第三天晚上，卡洛斯实在受不了。他在窗外，在我可以看到的地方，用手机跟其他女孩子打电话调情，以此来奚落我。随后，他只带着萨曼莎去散步，莫名其妙地几个小时后才回来，带着从一些高级餐厅打包的剩饭，油乎乎的袋子上用带曲线美的法语或意大利语写着餐厅名字。他从没带我去过这些地方。我知道我不是一个好伙伴，我的悲伤充斥着整个房间，让人透不过气来。

我们一起在汽车旅馆的最后一晚是跨年夜，一起度过了 1997 年最初的几个小时。我们三个人打开一包瓜子，弄得床上到处都是。午夜 12 点，无数的彩带在纽约时代广场飘下。这是我度过的第一个没有母亲的新年。

卡洛斯消失了 3 天。由于没有值钱的东西去抵房钱，旅店老板看在我们处境比较困难的分儿上，答应我和萨曼莎上午 11 点离开，晚一分钟都不行。我们等待了漫长的一夜，谁也没说话，我们都知道怎么回事，但都不愿意说：他这次不会回来了。我不记得谁先收拾的行李，但我记得我们互相帮着收拾了。萨曼莎从一堆垃圾中找了一个行李箱，把自己的东西塞了进去，有漫画书、染发剂瓶、她的诗歌、划破口的牛仔裤、老气的毛衣。我所有的东西都装进了背包里：我的日记本、母亲的硬币、一些衣服、内衣和随身携带的一张母亲的相片——那是在格林威治村照的黑白相片，她那时 17 岁，无家可归。我们把自己的东西装到袋子里，那些不属于我们的东西，我们就往墙上扔或者狠狠地踢到房间的另一边去。

萨曼莎一直藏着 10 美元，就是为了以防万一。坐火车要走的路太远，行李又太重，所以当太阳升起的时候，我们打了一辆出租车。我们背着背包，每人用一个垃圾袋装着衣服，去了贝德福德公园大道。我们不知道接下来该怎么办。

我们并不是有意要分开，只是分开了。萨曼莎去找奥斯卡存放她的袋子。由于是星期天，我知道我的朋友们一定会在家，所以我不停地去敲朋友家的门——鲍比家、杰米家、乔希家、菲夫家，任何我能想到的朋友家。鲍比让我把装东西的垃圾袋留在他的壁橱里。杰米的母亲不在家时，我在她家洗了个澡。我正吹头发时，卡洛斯来敲杰米的门。杰米回头看着我，手在门把手上，仿佛在说："你想怎么对她？"卡洛斯的眼睛像是疯了一样四处乱看。

"我又找了一个住处，三叶草，我们走吧。"他说。

我可以肯定我需要一个地方住，但不肯定杰米的母亲什么时候就会回来，也不肯定还能去谁家。

我就这么跟他走了。在出租车上，我的头发还湿漉漉的。"我们能不能停下来接上萨曼莎？"我问道。

"我们会回来接她的。"卡洛斯说，我知道最好别逼他。他的迷彩服已经破烂不堪，明显需要洗洗了。他胡子拉碴，不可思议的是他靴子上的鞋带也不见了。他敲了敲出租车司机驾驶室的玻璃挡板。"新英格兰斯鲁韦州际公路，'12 + 1'出口。"他说。

"哪儿？"司机问道。

"新英格兰斯鲁韦州际公路，'12 + 1'出口！"卡洛斯大叫，看着我，疯狂地用手从前向后搓头发，有些沮丧，"我的周围全是魔鬼，他逼着我讲那个号码。三叶草，我知道，他在逼我。"我的心像是被狠狠地砸了几下。

"13？"我问，"你是说13出口？"

卡洛斯听到这个数字后，退缩了一下，然后缓缓地点了点头。他拳头紧攥放在嘴边，眼睛紧紧地闭着。

"是的。"他说话的口气既平静，又带有几分神经质。我刚才为什么要上出租车？我想。我不知道卡洛斯到底怎么了，但我知道他对一些东西感到紧张。

我深吸一口气，告诉司机："他要去新英格兰斯鲁韦州际公路……13出口……"我很害怕，卡洛斯竟然说起了西班牙语。司机加快了速度。

悄悄地，我把手伸进包里，在衣服中摸索，用手来回地抚摸母亲的硬币。这些年来，我一直带着这个硬币，拿着它让我感觉离母亲更近。

我一遍又一遍地摸着硬币，心里默念：

愿上帝赐予我平静，让我接受无法改变的事情；赐予我勇气，让我改变我能改变的事情；并赐予我智慧，让我能分辨这两者的不同……

我们的新住地是路边的一个卡车司机休息的地方，人们在这里也能得到几个小时的休憩。这里跟凡科特兰汽车旅馆一样，只是现在我根本不知道是在哪儿。如果没有卡洛斯，我根本不知道怎么乘车。我有种不祥的预感，我们不会回去接萨曼莎了。这家旅馆什么也没有，只有外表邋遢的人、卡洛斯和我。

我认为最好的办法就是安静顺从。不管卡洛斯说什么，就算我不同意，也要听从。我太害怕了，不敢反抗。只要他愿意，他就利用我的恐惧来戏弄我，就像在做游戏。他给老板房钱后，对我吼道："我们去房间。"我们去了。他拿着房间唯一的钥匙，我站在寒风中，等待着。我看他非常缓慢地挪动，检查他的呼机，看看他的电话，钥匙距离门锁只有几英寸远，但他就是不开门，就是为了让我在冰冷的屋外待着。接下来的几天里，有好几次，他很自然地大声叫"该吃饭了"。每当听到他这么说，我就会抓起衣服，跟着他出去。可当收银机显示我们的餐费是13.50美元后，他拍了几下柜台，转身就走了出去，扔下外卖食品和饥饿的我。有几个晚上，他离开汽车旅馆也不说是否还回来，我就呆呆地等着。

现在我还经常想起那些夜晚，独自一人在"12 + 1"出口的新英格兰斯鲁韦假日汽车旅馆。那些夜晚是我过得最糟糕的时候。

我看着窗户，等卡洛斯回来，听着薄薄的木板墙那边不断传来妓女的声音。我没钱打电话，也无处可躲。父亲告诉我，他曾经被关在监狱里8个星期，他所有的消遣就是一本书。他说，他开始对那本书里的人物产生幻觉，他们开始和他说话，成为他唯一的伙伴。夜里，我独自在房间踱步，因母亲而感到疯狂、伤心，慢慢地有些释怀了。

我的思绪又转到了自己生活中的人，他们会如何看待我的选择？如果我离开，能去哪里？鲍比家？住不了太久。去杰米家？她母亲是一位社工。她肯定在等待“帮助”我回到托管所，所以我也不能一直待在那儿。圣安妮托管所里的那些卑鄙的女孩、冷漠的工作人员和监狱一样的环境，让我一想起来就头痛，我再也不会去那样的地方。回到布里克的公寓吗？ 多姆比亚先生会去那里找我，所以这就等于选择去托管所。不可能。

我不知该怎么办。我试图用睡眠和电视麻木自己，但又不断地想起母亲：安葬她的那该死的松木棺材，那钉棺材的粗钉子。她在棺材中穿的是在医院的衣服吗？我告诉她，我会“晚点”去看她。我真的认为我可以晚点去的……但是，我有她的硬币，莉莎和布里克家的衣橱里还挂着她的衣服，她真的死了吗？由于卡洛斯的精神错乱越来越严重，就像陷入激流中被冲到了下游，我觉得自己最好陪着他。

接下来的两个星期，每当卡洛斯长时间神秘外出回来后，他会掏空自己的口袋，把所有东西放在旅馆的桌子上：黑色和金色的拉丁王珠，越来越多的他文身要用的抗生素软膏管，一把手枪，装满药片的保鲜袋，块状的大麻，奇怪的是，还有两罐可乐。我盖着毯子，在昏暗的光线下，眯着眼睛看他打开了一个假的可口可乐罐，拿出一个白色粉末塑料袋，无疑那是可卡因。站在并排挂着镜子和俗气栗色毡布壁纸的墙前面，卡洛斯转向我，拿着那个罐子和袋子，数着自己在镜子中的影像，一共三个。他抬起眉毛做了一个逗乐的表情，可能他认为在可口可乐罐里藏可卡因很有趣。

卡洛斯还算有点风度，不再尝试跟我有身体接触。在寒冷的一月，破晓时分，他回到屋里踢掉沾满雪的靴子，拉过一条毯子盖在身上，躺到地板上。这既是一种安慰，又让我感到紧张。如果我们不说话，不在一起睡觉，那我们为什么还要在一起？但是，我却忘不掉他那充满激情、深情望着我的棕色眼睛，当我睡在他胸口时感觉到的心跳。卡洛斯原是舒适和爱的源泉。他会照顾母亲，他说他会像照顾自己患艾滋病的父亲那样照顾母亲。我对他感到气愤？不太可能，毕竟我们一起经历了很多，但对他感到恐惧还是很有可能的。

又经历了很多尴尬无语的夜晚和太多的消失，我冒险说了自己的疑问。一天晚上，我用最羞怯的声音小心翼翼地问他："你要去哪儿？我能和你一起去吗？我们可以去接萨曼莎吗？"

朋友们都没有萨曼莎的消息，我很担心。

必须做出些改变了。对于我的问题，卡洛斯只是冷笑了一下，他下巴垂着，眼里充满厌恶的神情。我们一整天没有吃饭了，除非我催促他，否则我可能又一天吃不到饭。我希望他离开时带着我。

我很温柔地又问："卡洛斯，你听见了吗？我能和你一起去吗？"我的心怦怦直跳。

他慢慢地朝我走来，然后很迅速地抡起手臂，"砰"的一声！他的拳头从我头上飞过，打裂了墙上的木制镶板。我大声尖叫。他收回了硕大的拳头，好像要打我的脸。我退缩着，举起手臂保护自己。他拳头高举，上上下下打量我一番后，笑了起来。

"愚蠢。"他喃喃自语，然后去了洗手间。我浑身发抖，蜷缩着靠着床头板，再也不敢说一句话。他从来没有用暴力威胁过我。

但，也许那不是真的威胁我。卡洛斯用一种无声的方式来控制一切，以确保你知道不要去逼迫他。他在水槽前对自己喃喃自语，把东西都扔到了浴室地板上。我不敢动也不敢说话。就像平常一样，我从镜子里看到卡洛斯用发胶把头发梳到后面，用一次性剃须刀修了修下巴上的胡子，戴上金戒指，最后把枪塞进腰带里，把毒品放到迷彩服的拉链口袋里。他悄无声息地溜了出去，一头扎进了寒冷之中。

1月13号的《纽约日报》新闻头条是“警方将起诉一起故意杀人案”。这篇文章的真实性大大高于情感性。文章很平淡地写到那个女人“全身被刺多刀，被割喉，死在了汽车旅馆的地板上”。这都是她的男友干的。在这个城市中，这样的事情一直都在发生。实际上，报纸上说的“在‘性感床单’汽车旅馆，男友犯罪用刀伤人”已经不是什么新鲜事了。在旅馆进行毒品交易，警察突袭，对妇女施暴再普通不过了。

我不用等着看新闻介绍这个伤人事件，我只需拉起窗帘就能看到。当时，卡洛斯出去了，我在电视上看这个新闻。最开始还没看明白——一个记者在一个汽车旅馆前面，谈论恐怖的谋杀案，发生在新英格兰斯鲁韦旁的一个低级旅馆。旅馆服务员发现了尸体。

当时尸体正在被默默地搬到救护车上，救护车就在那个瞪大了眼睛的记者身后。这应该是我最喜欢的节目《法律与秩序》中的一幕。然而，这是真实的谋杀，就发生在我的窗外。罗萨·梦瑞拉，39岁，有5个孩子，在假日汽车旅馆的地板上因失血过多死亡，和我的房间只隔3道门。我跳起来，打开窗帘向外看，看到了那个记者。我当时就像在看两台电视，摄像机从两个不同角度进行拍摄。我来来回回地看电视和窗外，看到的都一样：梦瑞拉被装在尸体袋里，救护车的门“砰”的一声关上了。记者用的便携灯十分刺眼，照在她那化了浓妆的脸上。

我关闭了所有东西，包括灯和电视，然后爬到毯子下面。黑暗中，我听到了警察无线电的吱吱声，脚步踏雪的声音，服务员用西班牙语疯狂地说着“不”。

我对着空屋子骂着：“去你妈的。”仅仅几个小时后，你根本就想不到发生了什么事——记者走了，警察收队离开了，整个旅馆又像往常一样开始营业了，就好像罗萨·梦瑞拉从来没存在过，好像她不是5个孩子的妈妈，不是谁的女儿或姐妹，好像她的存在根本就无关紧要。

事实是，人可以消失。我禁不住坐在那里，想到离我房间不远那个被谋杀的女人。她是怎样在一个肮脏的旅馆房间里，和一个宣称爱她的暴力男人走到那一步的？我跟她不一样吗？

或许，最初我是爱卡洛斯的，我也渴望他说的我们共同的未来。我本想他能继承遗产，拥有属于他自己的一个住处。我本想给他从来没有感受过的爱。但是，这些未来在很久之前就幻灭了。现在，我和他在一起，是因为我怕他，而且没有他我会感觉进退两难。我需要他。

我禁不住乱想，如果出事的不是罗萨和她男友，而是我和卡洛斯会怎样？如果记者说出的受害者的名字是我，又会怎样？伊丽莎白·默里，16岁，证实被其男友谋杀，其男友18岁，是一名毒贩。我想象着，如果我的生命就这样结束，那对我的父亲、莉莎、萨曼莎和鲍比——所有我爱的人，意味着什么。

旅馆服务员看我可怜，给了我2个25分硬币。我用硬币给杰米打了电话："我需要你的帮助。能否跟你妈妈谈谈，让我在你家住几天？我需要离开这里，就现在。"

在众多朋友家中，杰米家只是一个中转站，在我找到下一站之前，这里是我的避风港，这次来的就我一个人。杰米和她母亲大吵了一架，然后默许我在她家住一周。我永远不会忘记杰米的善良——她什么都没问我，只是尽力帮助我，就像家人一样。她从她母亲那里借钱为我付的出租车钱，在我热气腾腾洗澡时把我的衣服洗了，还做了金枪鱼三明治，面包皮都切掉了，还有热乎乎的鸡汤。我们挨着睡在床上，既干净又温暖。卡洛斯离我很远，我感觉很安全。如果她能说了算，我可以住更长时间。但是我的朋友们都没有自己的独立住处，因此，事情就变成了哪一晚在谁家住的问题了。从这儿开始，一切都变得不确定了。

最初几周，我从一家到另一家漫无目的地住着。萨曼莎往鲍比家打了几次电话找到了我，我真的很想她。她很安全，住在第241大街的托管所中。当我拨打她留给我的号码时，一个叫莱拉的女孩接了电话并让我留了言。

"萨曼莎现在不在，出去了。你要留言吗？"

"告诉她，莉丝打电话了，如果她要回电话，告诉她我今晚住在鲍比家。萨曼莎是一个波多黎各女孩，留着蓝色短发。请确保让她收到这个留言。"

"我认识她，"女孩脱口而出，"我是她最好的朋友。"

她挂了电话。萨曼莎已经往前走了……现在只有我自己了，好好想想吧。

又一次，我不得不半夜从菲夫家离开，因为他的父母吵起来了。鲍比从来不介意我的深夜打扰，看起来，他很乐意见到我。当我到他家时，他已经穿好睡衣了，穿着牛仔裤剪短后做成的短裤和一件已经褪色的T恤，上面有麦当劳的标志，只不过金黄色的拱形下写的字是"大麻"。看到他打开门时那温柔的眼睛，我才意识到我是多么想念他，想念贝德福德公园、托管所和我们的组合家庭。来的路上我拦住了几个人讨了些钱，然后就买了中国菜，主要是不能空着手来。

"猪肉炒饭，不放蔬菜；鸡肉炒花椰菜，不放花椰菜，按你的口味做的。"我在走廊里，高高地举起袋子，先说了这么些话。

他似笑非笑，手指放到嘴唇上，示意我不要说话，然后带着我进入了温暖、有些昏暗的家。他母亲正在睡觉，还有几个小时就得去医院换早班了。一只灰色的带老虎条纹的猫正在厨房的垃圾桶里找东西。他小妹妹的一幅画挂在冰箱上，画的是一只紫黄相间的蝴蝶，边缘参差不齐，都画到线外去了。

我们坐在电视前开了饭。一段摔跤的录像刚播完，屏幕旁边是一张鲍比和他女朋友戴安娜的相片，是在一个婚礼上的激情热吻，加上了相框。她的头发乌黑亮丽，垂在肩上。黑色的床垫上到处都是鲍比的数学作业，白纸上都是图形和各种各样的印迹，它们旁边圈起来的就是答案。待在一个真正的家，而不是和卡洛斯一起在那个汽车旅馆日渐萎靡，我好似重生了一般。看着鲍比的论文，他健康的身体、俊朗的面庞、甜蜜的爱情，很明显所有的东西——社会、现实、生活——都已远离了我，而我就像被隔离进了一个病态的虚幻之境。在他旁边，我感觉自己就像从地狱跑出来的鬼魂。

"嗯，最近过得怎么样？"他问道。

"你指什么？"我略有迟疑地说。坐在那里，看着鲍比稳定的生活，这个问题几乎只是寒暄。我是否跟自己感觉的一样衣衫褴褛？我的衣服又脏又臭，我的头发油乎乎的、蓬乱不堪。

"我就是指，我也不知道，你过得怎么样？我知道你这段时间很难，包括你妈妈的事和其他好多事。莉丝…… 联系不到你，也很痛苦的。我只想有事的时候陪在你身边。所以，我就是想知道，你最近过得怎么样？"他刚洗完澡，头发还是湿的，把头发轻轻撩起，露出那真诚的双眼，满是关心。从汽车旅馆回来后，我肯定自己有些过度防御。我告诉自己要记住这不是在对付卡洛斯，世界上还有好人。

"对不起…… 我累了，"我一直盯着地上，试图掩盖自己的尴尬，"确实发生了很多事，但我想，我还好。"

"还好？就这些了？"他问道，把一勺米饭送进嘴里。他的关心是很真诚的。看着他，我特别放松，并且提醒自己确实还有真正爱我的朋友。和鲍比在一起，我很安全。

"是的…… 你现在知道了，就这些了，我很好。"事实上，我现在不太好。离开卡洛斯，让我得到了自由，虽然有时也会从梦中惊醒，但我感到非同寻常的轻松。

我们一边吃饭，一边看那些旧的摔跤录影带，鲍比频繁地暂停以便告诉我每一个动作的正确名称。但我的眼神总是落在他那些放在床垫上的数学作业上。他的字很活泼，下笔很重，看起来很有自信。

“…… 这些是著名运动员，”他说，用手来回地指，“但是ECW——也就是超级摔跤冠军，当真用到暴力时……”

“鲍比，”我打断他说，“高中是什么样的？”

那晚以后，那个星期剩下的日子我是在菲夫家度过的。又过了一周，我从一个地方跑到另一个地方。我很难能睡一个完整觉，因为我总是在家长睡着后偷偷跑到朋友家，然后在他们醒来之前离开，但是每晚还能睡上4个小时。在迈尔斯家，他有一个野营时只用过一次的睡袋。他把睡袋放在电脑桌和床之间，我一下就把他这个狭小房间里的唯一一片空地给占据了。

杰米的母亲做了米饭和豆子，晚上，当我们放着九寸钉乐队的录影带、在厨房瞎聊男孩子或者谈论老电影时，杰米会把她那份饭分给我一半。在鲍比家，我可以享受世界上最棒的淋浴。我尽情享受着他的潘婷洗发水的清新香气、香水香皂，以及他妈妈的棉球和芳香剂。

我的朋友们供我吃饭，有时我会讨到足够的钱去托尼的店里买一盘淋着干奶酪和肉汁的薯条。托尼会让我坐在店里吃，能暖和好几个小时。

但是，当没人能帮我时，我会去超市偷东西，只要能拿得到的我就偷。我胆大，把面包、奶酪干和无籽绿葡萄塞进我的背包或者放到运动衫口袋里。只要能不再胃痛，我怎么做都成。这并不是最困难的时候。如果我需要什么东西，我会计划怎么去得到它，我一生都这样计划自己的需求。家里没吃的了？去超市打包，去加油站帮忙加油。父母太吵？离家出走。学校没意思？别去。很简单。我总能满足自己的需求。

和萨曼莎还有卡洛斯在一起时，靠朋友的帮助，生活还是能应付得来。如果我去寻求帮助，我可以告诉自己我们这是在“社交”，我们三个是顺便

“来访”。但是独自一个人无家可归，一切都颠倒了。这让我知道了我需要得太多了，我讨厌这样。

是的，有时我可以住一夜，但是这是有代价的。一些小事让我心里十分纠结。在鲍比家，晚餐时我听到在火炉旁的低声私语，鲍比和他母亲小声地争论那晚是否有足够的食物分给我。或者从杰米家外的走廊上听到她和她母亲的争吵声，又打又闹只为让我多住一晚。菲夫家也变得很复杂了，他消失了，去看他的表妹们。他父亲开了门告诉我他也不知道菲夫什么时候回来。他们是我的朋友，而我却是其他的什么东西……“需要地方住，您能给我一盘吃的吗？还有毯子吗？我是否可以用一下淋浴？您是否还有多余的……”我就是这样，我受不了这样。

我不想再这样，而且这样真的很可怕，因为我的朋友、他们的家庭都帮助我很多，我不得不想知道：他们什么时候就不再帮我了？到什么份上我就变得太过分了？他们什么时候开始拒绝我？不能永远这样下去。而且我想到有一天，不得不听到我的朋友们直接拒绝我的吃饭和住宿要求，还特别厌恶我的自暴自弃。一想到这些，我真的不知道该怎么办。

我害怕自己想象中的拒绝时刻马上就要到来。当你爱的人拒绝你时，会是什么感觉？我不想知道。因此，我决定最好别要求太多了。没必要马上这样，这需要时间，但是我决定永远都不会再这样贪求了。

这种境况也让我明白了一点：朋友是不会为你支付房租的。一天晚上，我在鲍比的床上刚要睡着时，脑子里突然涌现出这个想法。虽然这个想法很简单，却让我的思维有了巨大转变。朋友是伟大的，他们很仁慈，帮助你，在一起很开心，但是朋友不会为你付房租。我以前从来不用担心房租。这个想法出现时，我不得不担心，我正在试着感受真正拥有一个住所并且攒钱付房租的感觉。我所沉迷的所有东西（卡洛斯、朋友、思考过去）——没有一个能为我付房租。要想付房租就要关注新的东西了。

在依赖了朋友几个星期后，我开始一个人在地铁上睡了几晚。躲到车厢最远的角落，我就像其他乘坐交通工具的乘客一样，在回家的路上，伴着地铁的节奏而入睡。但是这样不安全，有时会有暴徒上车，少年们戴着头罩，大声地说话，占据了整个地铁车厢。他们盯着我，我得醒来好几回，不过也没别的什么事发生，这很幸运。因此，我总是在车厢的走廊休息，这样会更好些。

贝德福德公园附近每一栋楼的楼梯井的出口平台都让人感觉很安全。躺在那里，睡在平坦的大理石床上，用背包当枕头，我的身下是世间众生相：做饭的香味，情人的争吵，盘子的叮当声，电视音量震天响，我以前看的节目，《辛普森一家》和智力竞赛节目、说唱音乐——所有这些都把我带回了学院大道。然而，我听到最多的还是家庭的声音：孩子叫妈妈，丈夫叫着妻子的名字，让我联想到，爱在一些人中间延伸并充满一个空间，把这个空间变成家。我想知道莉莎在布里克家过得怎么样。刚失去了母亲，她怎么去上学？我没有勇气给她打电话。我知道自己没法应付她肯定会问的问题："莉丝，你在外面都干什么了？你以后日子怎么过？你还去学校吗？"太难应付了，所以我离家出走了。

多少个夜晚，我渴望家的温暖，但只在我奋力想得到舒适和安全感时才会有这样的想法。我不知道家在哪里。

有时候，当我醒来，我都不知道自己在什么地方。最开始几秒钟，感觉是在学院大道，旁边的脚步声是父母在为晚上的狂欢作准备。或者是在布里克家，萨曼莎就在我伸手可以碰到的地方。但当我揉揉眼后，就发现其实这只是其他人的感觉，他们家里的噪音围绕着我，空气中还有他们的味道。我是在鲍比家、菲夫家或者我曾去过的其他什么地方，朋友的朋友的公寓。

我在丹尼那儿住了一个星期。丹尼是鲍比的一个朋友，这些年来一直跟我们这群朋友来往，和我是一路人。他是个个子高高、皮肤白皙的波多黎各男孩，有双大大的淡褐色眼睛，很帅气。和鲍比一样，丹尼喜欢电子游戏并且经常和我们在一起。他总是换女朋友，还有几个女孩自认为是他的女朋友。

佩奇是他最新的女朋友。他们刚搬到一起同居，带着我们这群人跟他一起住。

佩奇22岁，以前也离家出走过，现在长大了。丹尼告诉我她很成功，有一份稳定的工作，并且有自己的公寓，她没有找室友，而是自己在付租金。这个公寓在一家中国餐馆上面，只有一个卧室，特别小，以至于从客厅一转身就到了厨房。但她自己租了下来，她负担得起。

佩奇为我们做鸡肉和米饭时，热气和香味充斥着这个狭小的空间，就像在蒸桑拿。这时候她卷曲的头发湿乎乎地贴在鬓角上，就好像黏在上面一样。说话之前，她会先把头发拨到后面去。

“你确定不想参加普通教育水平考试（GED）[①]？”当她把一个冒着蒸汽的盘子向下放到我大腿上时问道。

“不想。我一直在考虑拿个高中文凭。”我告诉她，“我确实对普通教育水平考试不感兴趣。我听说这个很厉害，但这不是我追求的东西……你也知道，我很难回到学校去了。人太多了，而且我感觉自己落后太多了。”

“那么，我以前上过的高中肯定特适合你。”佩奇一边说着，一边给丹尼的盘子里添饭。

从佩奇那里，我了解到了纽约的非传统性高中是什么样。“这里就像一所私立学校，只是对那些有动力的人来说如此，不管他是否有钱。老师真的都会特别关心你。”她告诉我。

我在日记本上胡乱地写下了她学校的名称和地址，她继续说着在高中时的经历，又说到了她前男友的事。她说话时，我拿笔把她学校的电话号码涂黑了，那些数字都有了立体感，好像有了生命，要从纸上跃起。

---

① General Educational Development Tests，简称GED，是一种全美国承认的替代高中毕业生文凭考试。如果通过考试就可以获得高中毕业证书。GED考试衡量5个领域的知识：写作、社会知识、科学、阅读和数学。GED有比较严格的报名条件，考生在报名时必须要参加一个大约含15~20道题目的“预测试”。考生大多是新移民、在家受教育者和因为各种原因从一般高中退学或未毕业的人。——编者注

大家都睡着后，我坐到了佩奇最喜欢的椅子上，在昏暗中写了些东西。

翻开日记的空白页，我写了一份单子：

当我拥有自己的公寓时，我需要：

1. 隐私
2. 一直都是温暖的
3. 随时都有食物
4. 一张大床
5. 干净的衣服，尤其是袜子
6. 睡觉，没有人叫醒
7. 温暖的浴室

我翻到下一页，用笔敲打了几分钟。大挂钟滴答作响。墙上全是佩奇在高中上艺术课时画的抽象画。巨大的米色帆布上泼满了鲜活的红色、黄色和绿色。我仔细看了看在画的旁边钉着的一张相片。一个和佩奇长得一模一样，但略微显老的女人，她的头发更卷曲，穿着自己最好的衣服站在一个矮胖的男人身边。那个男人留着花白的胡须，打着领带。佩奇在他们中间笑着。佩奇以前告诉过我。“那是在我的毕业典礼上拍的。”她说，“那天照了很多相片。我的艺术老师哭了，看到我离开很舍不得。”

我在日记本上又轻轻地敲了几下，然后写道：

高中毕业所需学分：

40分……42分？（搞清楚）

下一学年开学时我的年龄：

17岁

目前地址：

目前在哪儿就是哪儿

目前高中学分：

1分

本来应该是零分。以前我和萨曼莎时不时地绕道到肯尼迪高中，我们一起坐在内德格林小姐拥挤的社会学课堂后面。我们的行为算得上是特立独行。那时萨曼莎的头发是火红色，像消防车的颜色，用大筷子扎成发髻，黑色的眼影在眼圈周围结块了，她看上去就像一只浣熊。我穿一身黑，从托管所出来后我一直这么穿。为了搭配我的衣服，我从商店偷了一个皮的狗项圈，还很自豪地戴在脖子上，上面镶嵌着银饰扣。我们的衣服都穿破了，很“酷”。事情就这样发生了，有一天我漫不经心地走进内德格林小姐的教室，参加了一个社会学考试，并且考试过了。这就是为什么我有一学分。哎，应该是内德格林小姐可怜我了。

上课时没有出席，100分的题我却考了81分，这让内德格林小姐感到很奇怪。有一天她把我拉到大厅里求我来学校上学。“你是个聪明的女孩，”她说，“我看了你的档案……你妈妈病了，是不是？你以前考过第二名？”她眼睛湿润，充满了同情。

“是的。”这就是我所有的回答，尽量避免和她眼神接触。

在我的一生中，老师都是这样的，他们都会为我感到伤心。那些住在威彻斯特郡、戴着珍珠项链的贵妇人们看一眼我的生活，就会永远感到悲伤。不管怎么说，如果说她认为我很聪明，那她就错了。我能通过考试的唯一原因是，我读过父亲的一本书，上面写过同样的课题——内战。

她考的是最基本的知识。其实，我做的并没有她认为的那样让人印象深刻。她为什么要哭？她站在那里，穿着带褶皱的皇家蓝套装，只能干洗的那种，眼里充满了担忧，擦拭着自己的眼泪。她抱着我说了些话：“我知道你为什么不去上学，这不是你的错。你也是这些事情的受害者。亲爱的，我明白，没事。”这些话我记了好多年。

内德格林小姐的所有善意中，我只听到了一个信息，那就是我不用写作业，因为这不是我的错，我是一名“受害者”。她知道。好吧，反正我不想做作业，这样正好。

这是我最后一次出现在肯尼迪中学。当我的成绩单邮寄到布里克家时，上面是一串的不及格和唯一的一个及格。那是通过内德格林小姐的课考后得到的一学分。这就是到目前为止，我的整个高中教育——只有可怜的一学分。

在茶几上台灯的灯光下，我继续拿笔涂抹着日记本上的电话号码和地址，还写下了几个字：非传统性高中。

早上我醒来时，佩奇正在那些仰面朝天、在地板上呼呼大睡的人旁边走来走去。她穿着一件印有大相片的T恤，利索地掖在卡其裤中，头发束紧成了一个圆髻。她正在找钥匙。我不作声地看了她一会儿，就那么看着她走来走去。她是唯一赚钱的人。我特别尊敬她，因为她能自己养活自己。我眼角瞥到了她鲜橙色的加菲猫钥匙链，被杂志压着，露出一点儿。

我站起来拿起她的钥匙，小声说道：“接住，佩奇，我想跟你一起走。”

她点头同意后，我从冰箱上偷拿了2个25美分的硬币，往睡觉时穿的拳击短裤外面套上牛仔裤——那条拳击短裤是卡洛斯的，便急急忙忙跟着佩奇出了门。看到早晨的阳光，我的眼睛生疼。此时，我已经离开那个旅馆好几个月了。天气转暖了，树都长出了嫩绿的叶子，小鸟叽叽喳喳地在树上叫着。

佩奇戴着耳机，随便哼着歌。我和她拥抱告别时，闻到她身上有浓烈的果香乳液的味道。

在拐角处我们分开了。商店刚开始营业，人们哐哐地打开门做生意。一位老人在打扫佩奇楼下那家中国餐馆前面的人行道。当佩奇消失在远方，我拿出日记本翻到写着电话号码的那页。我把硬币投进电话机，心里犹豫不决……挂机……再次拿起话筒，慢慢地拨号，深深呼了一口气。

2-1-2-5-7-0…

“您好。我叫莉丝·默里。我想预约一下……是的，去参加面试……为下学期。”

接下来的几周，我尽自己所能去寻找、考察并参加非传统性高中的面试。内心深处有一种东西告诉我要去曼哈顿，或许因为父亲经常认为曼哈顿是人们干事业的地方。我喜欢那种乘坐4号线或者叫D号线地铁的感觉，可以在城市东边或西边不同的站点下车。我穿上黑色的牛仔裤、黑色的T恤，把书包放在腿上，里面装着我所有的物品。我会坐在那些拿着报纸坐车去赴约的商业人士旁边。我两只耳朵上下都打了耳洞，油乎乎的头发齐腰长，前面的头发帘是用来遮住眼睛的。看着在日记本上写下的地址，我穿过人行道走向高大的曼哈顿大楼，直到找到我在布朗克斯用付费电话联系过的学校。有时，我会在大楼外面踱会儿步，深呼吸，再鼓起勇气进去。

我用尽全身力气走进大楼。我一直不敢进去。多年来，或许这一辈子，我总感觉万事之中都有一堵墙。站在大楼外，我还能描述一下它。墙的一边是社会，另一边就是我、我们——所有来自贫民窟的人。我们被隔绝了。我心中的感觉就好像整个世界被分为了对立的我们和“那些人”。

墙那边的每一个人感觉都是“那些人”——每天坐火车上班的人，那些上课举手、做什么事都不错的聪明学生，有家的人，去上大学的人。墙这边就是我们这样的人——辍学、福利救济、懒散、不守纪律的人。太不一样了。确实有很多具体的东西显得我们太不一样了。

首先，我的家人和周边的邻居们，我们的生活节奏是很疯狂的，一切取决于当前的需求——饥饿、取暖、房租、电费单。日常困境的解决标准就是“现在”。福利保证不了我们稳定的生活，账单“现在”到期了，支票必须兑现。父母无法追求太多，因为“现在”母亲就浑身颤抖，需要治疗。我应该去上学，但是“现在”我没有干净的衣服，而且我已经落下太多课了。35美元的食物没法养活我们4个人一个月，但是“现在”我们必须试着来。在墙这边的我们，优先的永远是解决当前问题的任何东西。这也是为什么我总感觉墙的那边很神秘。

为什么每个人最后都拥有一些奇怪的东西，例如存款、汽车或者自己的房子？他们是怎么找到一份工作，并长时间保有这份工作的？拿到高中毕业证后，为什么还要花费4年时间去上大学？为什么还要额外多上4年的学呢？对于墙这边的人来说，我们谈论未来时，指的是近期的事。我们最关心如何解决当前最紧急的需求。我们从不会着眼于高尚的长期规划。当然，对我们来说，某一天还是有机会让生活过得更好，但是现在，我们有更紧迫的事要担心。

走进那些学校就好像参观墙的另一面，去参加那些老师的面试意味着和“那些人”进行对话。整个过程就像我第一次尝试过一种日子，考虑远非我当前需求的东西。而且这样做，我感觉很危险，也是不允许的。我不熟悉这些大型办公楼，这点让我很不受欢迎。对他们承诺的学业进步，我也无动于衷。这些学校还是作为华尔街上的证券大厦或第五大道上的高端珠宝店比较好，也可以当白宫。走进这些学校，其荒唐程度就像走进了那些地方。这意味着走进了“那些人”那边。我需要鼓足所有勇气进入这些楼里，我的心一直怦怦地跳个不停。

面试总是很让我失望。当人们没有听你讲话时，他们的表情很明显。很空洞的眼神、带着很多不确定的点头，通常还有“不露齿的微笑”——爸爸经常说那是假笑，是不会笑的人用来安慰你的。顺便说一下，我知道有时候甚至在面试没有开始之前，老师们看我的眼神就告诉我“不行”。有些人可能大概看我一眼，从头到脚打量一番就得到对我最肤浅的认识，并给我贴上标签——不讲文明、懒散、麻烦；接着又是不露齿的微笑，并说道：“我们地方有限，感谢你的申请”以及“如果有新的机会，我们会给你家打电话联系”。

他们只能往鲍比家打电话联系我，因为我留了他家地址。但是他们联系我时，多数时候只是说：“对不起，不行，我们这学期人招满了…… 我们想接收你，但是由于你的学分太少，我们不得不说不行，给其他人一个机会……不行，对不起，我们认为不太合适。”谁会想招收我这样的学生？一个已到毕业年龄的新生，平均分不及格，几乎没有任何学分，需要在他们学校重新开始受教育。尤其是我从不跟他们进行眼神交流，而且看起来状态也不好。整个评委会肯定会一致说不行。

我的钱还够做两件事情：买地铁票去下一个面试地点，一个叫作人文预备学校的地方；坐火车回到布朗克斯，只需要一个小时车程，还可以买点比萨吃。

比萨还是面试？

我坐在大学门口的石头隔板上，看着人来人往。

我已经厌倦了，厌倦了面试，厌倦了被拒绝，厌倦了听到说不行。如果无论如何只能听到不行这两个字，那我去面试还有什么意义？我现在走了，至少还能买点比萨吃。如果更现实一点看，可以说我就是在浪费时间。

但我坐在那里，又反复思量。如果……是的，很可能这个学校和其他学校一样，但是如果这次的回复不是不行呢？也不知这个想法从哪里冒出来的，既简单又吸引人。“如果……尽管不大可能，但如果就是这下一次面试，就这一次，学校招收了我呢？”

这个想法让我心里一阵感动，不由得想起了母亲。我独自一人站在人行道上，身边都是“那些人”。我的思绪开始迸发——我有家，有家人，头顶上有屋顶，有我爱的人为我在世界上指明方向。现在，我在第 65 大街，母亲死了，父亲走了，莉莎和我也分开了。一切都不同了。

生活总是这样：一会儿所有东西都有意义，下一刻，一切又都变了。人会生病，家庭会分裂，你的朋友会关闭曾对你敞开的那扇门。我坐在那里，经历过的那些快速的变迁折磨着我，心里却没有悲伤。不知从哪里，也不知为什么，一种异样的感情偷偷地占据了悲伤的位置，那就是希望。我想，如果生活可以变得很糟糕，那么，它也可以变得更美好。

有可能，我会进入下一所学校，也很有可能，我会取得优异的成绩。

是的，想想以前所有发生过的事，没必要那么现实，很有可能我可以改变一切。

我放弃了吃比萨的想法，赶去参加面试。

20 世纪 90 年代中期，贝阿德·罗斯汀人文高中正卷入一场麻烦。他们面临的问题是严重的学生过剩，预计最多招收 1500 人的学校招收了 2400 多人。在人满为患的教室里，很多孩子的学习成绩越来越差了。

老师们的教学热情非常低，态度有些玩世不恭。一些老师还在校内身兼学校管理委员会（SBM）职务，提出了一个令人绝望的方案：把成绩差的学生和其他人分开，只教他们一些基础课程，老师们也不用给他们上太多课，中午之前就可以放学了。一小群老师偷偷给这个方案起了个绰号，叫“失败学院”。

失败学院并不起眼，位于切尔西第 8 和第 9 大道中间的第 18 街上的人文高中里，是巨大的教学楼里面最底层一个角落里的独立学院。计划是让那一百多名学生在里面上课。这些学生学业情况非常差，在主流教育里被认为是害群之马。最初的想法是，有了这个方案，学校就可以专注于教育那些表现好的学生，而那些表现不好的将被隔离到失败学院，放到从属学校里，没有人对他们期望太多。要不是佩里·威纳先生，这个学院可能就真的成为“失败学院”了。

佩里先生是SBM委员会的主席，也是一位充满激情的英语老师。他对这个隔离的想法非常愤怒，他对抗委员会，要求开办一个真正的非传统性高中来代替那个失败学院，以满足那些处于水深火热中的学生的需求。另一个人大力支持他的想法，那就是教师工会主席文森特·布罗维迪——一个毕生致力于以更好的教育赋予青年人能力的老师。他们一起用了好几个月时间开会设计一所学校，可以为这些主流教育中的边缘学生服务，而不仅仅是容纳他们。他们组成了一个团队。

每天早上 7 点，佩里和文斯（文森特的简称）都会到学校进行规划，一干就是一个多小时。他们要建立的学校不仅仅是为了防止学生辍学，也不遵循非传统学校的模式——这个模式对问题学生形同虚设。他们决定要找到一个已经被证明的成功的模式，一个真正起作用的模式。他们参观学习了很多高中，这些学校专门招收精英学生和特别的学生。他们从这些学校的设计中得到很多灵感，信心十足地回到了切尔西。

所谓的失败学院的学生也相应地变成了人文预备学校的学生。“预备”，正如佩里和文斯叫的那样，将会成为一个小型学校，专为边缘学生提供个性化教育的机遇和权利，而这种个性化教育原本是那些上得起精英私立学校的人才享有的特权。预备学校的设计将与典型的传统主流教育完全不同。

预备学校最多可以接收 180 名学生，因此学生们可以享受到老师一对一的关照。普通考试在这里不是衡量一个学生成功的标准，因为这种考试会限制课程和学生表现自己真正学识的能力。相对地，一种叫作表现评价任务（PBATS）的测试方式出现了。表现评价任务是一种严格的个性化学生能力测试方式，学生可以对考试问题进行深入地回答，而不是像纽约州高考会考考试一样进行传统的填空考试，那种传统的考试方法多数情况下正是学生边缘化的催化剂。相反，表现评价任务要求学生使用一学期的课堂学习和真实的世界知识来全面深入地阐释问题。考试可以有多种方式，可以是作品、延伸写作项目或是课上演讲——演讲可以给学生们一个机会，把自己这学期的感知传达给大家。以这种方式，表现评价任务还可以为选修课开辟空间，这样老师也可以用不同的方式教学了。

因此，在预备学校，课程不仅限于那些常规的课程名字和主题，例如《地球》1、2、3 册，文学 2 册，把它们都换成了更具动态的课程，如“直面历史和我们自己”，在这门课里，我们可以学到种族灭绝的本质，还有人性主题，这些课可以让学生学到但丁的《地狱》或卡夫卡的书。英语可以变成舞台上的莎士比亚，同学们可以通过理解和表演哈姆雷特来获得英语学分。

不仅仅是改了名字，课程本身也有意创造一种真实的环境，鼓励学生深入思考。为了达到这个效果，每个班最多 15 个人。这样，老师和学生们就把椅子围成一圈坐下，互相用眼神交流来进行一堂活泼、以讨论为主的课。在预备学校，没有学生可以隐藏自己，也没有空间让学生迷失自我，更没有空间让某个学生被遗忘。

佩里为了预备学校甘心劳累，他奉献一切，只为看到自己的学生能抓住第二次机会并取得成功。他的信念是，如果主流教育失败了，就需要有一种不同的教育模式来让这些学生取得成功。预备学校就是这种不同的模式。这样，学生就不会被看作是有功能障碍的人了，而是体制本身具有功能障碍。传统体制中与生俱来的“失败”概念在人文预备学校的任何阶段都不存在。建校之初，其目的就是为了让学生更容易知道什么是可能的。

迟到了 15 分钟，我飞一般地穿过两扇门，额头上汗如雨下，我努力扎起的发髻也变得蓬乱。“人文预备学校”，我一遍又一遍地读着日记本上的内容来确定我没有走错楼。这地方看起来很小，就像一个学校的事务部门。

主办公室，也是预备学校唯一的办公室，里面有一个四面拼接的小房间。

房间里的墙没有和天花板相连，文件柜被用作隔板来拼成独立的房间，一个文件柜的一侧还贴着运输标签，送货时写的学校地址还在上面。书架顶上有一台电扇，嗡嗡作响。书架里随意地装着一些旧书，正上方有一张海报，紫色、粗体，写着“生命始于行动”。这里的秘书叫阿普里尔，非洲裔美国人，眼睛非常漂亮，她指引我在等候区坐下。等候区只是在她办公桌对面沿墙放置的一排学生用椅。

“你迟到了。他们没等你，已经开始了。”她歪了一下头说道。她的脖子、手腕和耳朵上都戴着金饰品，“别担心，佩里马上就出来。你可以跟他谈谈。”

看着最左边的那个小房间，透过门上薄薄的玻璃窗，我看到黑板上写着：

请从下列话题中选择一个，并就其意义写一篇文章。

多样性

社区

领导能力

一个中年白人男人，下巴留着胡须，戴着眼镜，正在主持一场讨论，由于在隔板后面，我几乎什么都听不见。他穿着深色灯芯绒衣服，戴着栗色领带。我第一眼注意到的是他特别爱笑，看起来非常友好。五六个年轻人坐成半圈围着他，仔细地听着并回答他的问题。我拿出笔开始写文章。我不知道对于社区和领导能力该写些什么，因此我选了多样性来写，因为我想到了以前上学时所遭遇过的种族歧视。

我写了 3 页纸，详细描述了人们依据我的外表、种族或者衣冠不整来对我做出判断。在学院大道，很多年了，他们都叫我白人小女孩。当我从第 141 初中的大厅走过时，他们会嘘成一片说：“白妞，你应该很有钱，也很下贱。”我还继续描述了在我先前参加面试时，他们盯着我不太入流的服装看，一个老师甚至连一句话都没听我说就拒绝了我，这让我十分气愤。我用蓝色的笔潦草地写着，段落是又长又冗繁。读完以后，我感觉还是比较连贯地表达出了多样性和种族歧视。这么多年来，这是我第一份写作作业。我咬着笔，这时我本应参加的那个面试突然结束了。

我不得不拦住老师。他正要出去，猛地从我身边过去了。

“先……先生，”我叫道，“先生。”他转过身，热心地笑了。

“你好，”他伸出手说道，“我是佩里。”他说完就笑了起来，直视着我的眼睛。我却看向一边。他也是墙那边的“那些人”。他那和善的眼神让我放松了警惕，但心却怦怦乱跳；他伸出手时，我却退缩了，看着他的手很长时间后，我在最后一刻握住了他的手。

“我也是预约好了来这里的。”

“伊丽莎白……”他拿起一个记事本，“……默里。出什么事了吗？”他问道，眼睛从本上抬起来，透过他的眼镜看着我。他专注的表情让我感到不安，这使他看起来很有趣。他看起来很不一样。如果我见佩里先生那天留有相片，一定是完美的反差研究成果：衣着混乱的人见到了一个友善的男人，从这个男人的眼镜和桌上的莎士比亚书籍来看，他好像住在图书馆里。

“哦，实际上，我叫莉丝。请叫我莉丝。我只是需要一个机会坐下来和您谈谈。非常抱歉，我迟到了。”

我特别紧张，掌心都出汗了。我不擅长说这些东西；我从来没有觉得会被允许跟权威人士对话。那些面试我的老师肯定注意到了这些。我特别担心，如果这位先生注意到我这些问题会怎么做。我的意思是，在他眼里我是什么样子？一个像老鼠一样在街上流浪的人——满头虱子、肮脏、懒惰、小偷、不守时、没有责任感？

“你看啊，莉丝，”他说道，视线没有离开我，“我想让你进去谈谈，但是我10分钟后还要上课，而且面试还要写一篇文章。这要好长时间。恐怕你得重新预约了。”

我举起已经写完的文章给佩里先生。“写完了，”我告诉他，“我已经写完了。”他看起来很吃惊，斜眼看着这篇文章，从我手里接过，非常快地读了起来。

“那么，我可以借用您 10 分钟了吧？”我逼迫道。

他再次露出了开心的笑，倒退了几步回到办公室。我坐下时告诉自己，他们也是人。

“嗯，”我开始说道，“我的记录不是太好，我知道……”

我想在他开始评价我之前控制这个对话，并为自己辩护。当我说话时，我才注意到他的面部表情——同情而且被吸引住了——他看起来没有评价我的意思。佩里只是在听。他看着我，听我说的每一句话。他是真的听进去了，从他脸上我可以看出来。我们对话时，我内心感到了一种信任，不知不觉地，出于信任，我把一切都告诉了他。这一切不包括我现在无家可归。我不想回到那个救助体系中去，如果佩里知道我无家可归，他第一反应一定是给托管所打电话。因此，我守着这个细节没说，其他的全告诉他了。

“我有个朋友叫萨曼莎，我经常和她一起逃学，我也不知道，我联系不上她了。还有，我真的想毕业，真的。但是过了这么多年，没办法了。”

所有东西都从我嘴里喷涌而出，跟过去几周面试、拒绝我的其他老师相比，在他面前我的情感变得更丰富，比我想要的还丰富。我情不自禁。这是一种奇怪的感觉。一个老师以自己的方式倾听你的话，而且不是出于可怜。相反，他听的同时还主动参与进去，询问我一些搞不清的问题，提供一些见解。在听到我妈妈的葬礼时他还明显地叹了口气表示悲哀，但一次都没表示说我可怜，只是理解、感兴趣。当对他毫无保留时，我听到了自己的声音，我开始评判自己。我听到自己向他人介绍自己的生活，尤其是面对一个他这样的教授型的人时，我觉得自己的话没有任何条理，而他看起来没有任何反感。我在屋子里瞟来瞟去，从电脑到他干净的棕色皮鞋，到自己破烂的 10 块钱的靴子。

“莉丝，”他插话道，脸上表情严肃，他突然变得很严肃，“这些……太可怕了。听起来你经历了很多事。我真的很想帮你。但是我还得确认一下我帮的不是倒忙，你明白吗？”不知道为什么，我想他的意思是要给福利院打电话。我赶紧找到了最快的出口，我应该比他跑得快，去贝德福德的火车离这里只有5个街区远。

“我的意思是说，莉丝，我从你的预约单上看到你快17岁了，算是没有上过高中。是吗？”

“我有1学分。”我说。他的意思，好像是说17岁已经很大了。我前面面试的那几个孩子，没有一个超过15岁的。

“我很钦佩今天你能来这里。我是想说，如果这个地方适合你，这是一回事，但也要看你到底想追求什么。对一个17岁的女孩来说，4年的高中生活很不容易。如果我不告诉你还有一个更好的半年高中教育的课程，那我就失职了。这个课程在这栋楼的另一边上课，晚上上课…… 在我跟你深入交谈之前，我只是想告诉你，你应该明白你可以做出选择。”

选择。他触动了我的一根神经。那么长时间，我看到母亲委屈自己去布里克那儿，听从他的要求，接受他粗暴的推搡，忍受他的叫喊，不得不张开自己的双腿——所有这一切都是因为母亲没有选择。父亲机敏、生活经验丰富，接受过教育，但住在收容所里，也没有选择。

“我以前进过监狱，谁会雇我工作？”他经常说，“我的选择太有限了。”我住在汽车旅馆，吃着卡洛斯留下的东西时，没有选择。我听说过普通教育水平考试成就了很多人，但是，在父母经历过那么多后，我在内心深处告诉自己，从高中毕业我会有更多的选择。

“我知道你的意思，佩里，我非常感谢您的帮助…… 但是我真的想高中毕业。我不得不这样做。”

听到我自己说话这么大声，我知道我真说出来了。想什么和说什么完全不一样。说出来以后让我感觉自己参与其中，我能感觉到我在颤抖。佩里还是盯着我。我试着猜他怎么看我刚说的话，他会不会认为我失败、肮脏、落魄。或许，他在想怎样用最礼貌的方式拒绝我。戴着领带和眼镜，穿着锃亮的皮鞋，看起来他是很讲礼貌的那种人。我想他可能是在威彻斯特郡长大的。他或许经常对像我这样的人说“不行”，就像其他人做的那样。

佩里重重地靠到椅背上，轻轻叹了一口气。但是，看起来他没有压力，只是流露出了一些情绪。我等着。

“莉丝，”他开始说道，再次站起来，这让我的心跳加快。我想终于来了。他的声音非常低，表情很严肃：“你能准时来上课吗？”

笑容划过我的脸庞，双眼瞪得要冒出来了一样。“绝对没问题，”我回答道，“好的。”

我现在唯一需要做的就是找一个监护人，然后尽快地正式登记入校。

第二周，我和父亲约在第 19 大街和第 7 大道的交叉路口见面。那时，我已经开始为自己计划了。我会登记入学、暑假打工、存钱、上预备学校，靠自己的积蓄生活。我所计划的一切是如此充实。但这一切都需要父亲的帮助——我需要他帮我完成这些注册表格并通过审核。这之后所有的事情我都能够靠自己解决。

星期四的早晨，天气闷热，当我来到约定的地点时，父亲倚靠在灯柱上，正在全神贯注地看书。我放慢自己的脚步，开始深呼气，然后慢慢地走向他。我最希望的是父亲能察觉到我对他的感情，其实我十分清楚父亲和我都不会表达彼此的情感。这可能是为什么我们会有一个无声的约定：假装我们没有任何情感。

但此时看见他，我却格外激动。我自小已经习惯于陌生的面孔，无休止的搬家，每当在人群中看见与他相似的面庞时，总是让我很受打击。不论多长时间，不论我们之间有过怎样的伤痛，我还是很想念我的父亲。此时再次见到他，他变了好多，面部消瘦，满面胡须，衣衫褴褛，一脸惨淡。他看起来是那么虚弱，就像那天在莫苏鲁公园大道上的母亲——那天我们将承载愿望的蒲公英吹向天空。我很少会在外面或是在学院大道之外碰见我的父母，一旦碰到了，这个社会就会不断提醒我他们是如此的羸弱不堪，生活将他们弄得如此狼狈。

前一天晚上，我打电话到父亲所在的收容所，一个女人用尖锐的声音高喊他的名字让他接电话，这让我对他感到很内疚，有种保护他的冲动。他电话里的声音很微弱，我想是我的电话把他从午睡中吵醒了。

“爸爸，我要重新上学了，我需要你帮我登记入学。嗯，我希望你可以帮我。”我直接切入主题，因为收容所电话使用时间有限。为确认事情的真实性，他向我询问了两次。“不，这不是什么救助项目，爸爸，是一所真正的高中学校。我需要你的帮助。”我身体的一切都在抗拒自己对他使用“需要”这个词。“你能帮我吗？”不论什么原因，如果他的答案是“不”，我不知道接下来我该怎么做。但他却没有拒绝。他毫不犹豫地答应跟我见面，而并不是像我之前所想的那样。

我对学校的行政人员编造了一个天衣无缝的谎言，让他们无法发现我是个无家可归的孩子。我用朋友的地址和一个假电话号码作为我的掩护。我知道学校永远都不会找到我的父亲，因为我告诉他们我的父亲是一位长途车司机，每次在路上的时间都要好几个星期。

当我向他走近时，他笑了，在报童帽下向我展现了一个灿烂的微笑。我也笑了，再次见到他的喜悦将我忧郁的心情一扫而光。我们拥抱了一下，他仔细地掀起书中的一页折起角，把书放进他的背包，我们一起向前走。跟他谈论任何严肃的事情都会让我感到紧张，比如我们现在的生活、莉莎或者母亲，所以我直接将话题引到预备学校上来，就好像我们每天都在一起，彼此都很随意。我对他反复叨念有关注册登记的所有细微、重要的部分。

“地址是202东大街第264号，邮政编码为10458。爸爸，您都记住了吗？”

他的脸扭曲着，我能猜出他正在想他是怎么变成现在这样的。

“你想让我说什么？”他大叫地说，“莉丝，他们认为我是一名长途车司机。”

“是的，但这并没有关系。他们并不会问你这方面的问题。”他看起来更多地像是恐慌而不是生气；我注意到他的双手有一点点颤抖。

或许是我入校面试的不安情绪影响到他了吧。

“那我住在哪儿？”他问。

文斯是预备学校的联合主任，佩里的办学合作伙伴，是他接见了我们。文斯鲜明的轮廓使他看起来比佩里严肃，但他微笑着，向我们表示热情与友好。进入他的办公室之后，他递给父亲一些文件，散放在两人之间的桌子上。需要父亲签字的部分已经用X标记出来。

他与父亲握手说：“很高兴见到你，默里先生。”

“叫我皮特，”父亲纠正道，“莉丝的母亲和我并未结过婚。她当时只有17岁。那时的她精神饱满，十分疯狂。”他笑着说。

我吓了一跳。但文斯却并未对此感到吃惊，他只是对着父亲微笑。父亲说：“叫我皮特就好。”

他很紧张，这也让我开始紧张起来。如果没能成功，我该怎么办？如果我们把这次机会搞砸了，我要去哪里？我盯着文斯的脸，寻找任何有关怀疑的迹象。

“好的，”我拍手说道，“我们开始吧，我并不是着急，只是我并不想耽误爸爸的时间。您知道的，他工作很忙。”

尽管父亲的双手在不停地发抖，他还是设法签下和他在福利文件中签署的一样干净整洁却又参差不齐的签名。他喃喃自语，不停说道：“好的，好，太好了，太棒了。”

“太好了，成功了。”我紧紧地盯着文斯，心怦怦直跳。我努力使自己看起来平静又高兴。

“请告诉我您的地址？”文斯问，手指停放在键盘上。

我盯着父亲。他的眼睛望着天花板，用手摸着自己的额头努力地回忆着，“933——”他说错了鲍比的地址。

“264！是264，爸爸！”我快速地打断他，“看吧，这就是你没睡好的结果！”我拍了一下父亲的手，不自然地笑着。

“他工作的时间太长了。”我对文斯说，摇头假装对父亲不满。“202东大街第264号。”我替他回答道。我还把电话号码一同给了文斯。现在换作是我在发抖了，差一点就搞砸了。当文斯站起来再次与父亲握手时，面试结束了，我终于松了口气。父亲给了文斯一个对社工一样的微笑——我所熟悉的那种微笑。

文斯突然转过来对我说：“莉丝，欢迎你来到预备学校。”我不安地移动着自己的双脚，期望父亲别再说话。

“接下来你应该做的是去见阿普里尔，去取你的秋季课程安排表。”

我笑着向文斯表示感谢，拉着父亲向门口走去。在离开预备学校的路上，我不得不阻止父亲从办公室里偷拿一本《时代》杂志。

在返回第19大街的路上，我陪父亲步行走向火车站。不到45分钟的时间我们就到了，站在进站口，我注意到父亲很不安，不停地将捆绑雨伞的尼龙搭扣系上又解开。

“嗯，莉丝，我希望自己成功了。如果我搞砸了，我感到十分抱歉。我想我们还是做到了吧……这次你真的认为自己可以好好上学？”

我回答道 :“是的，我知道我会的。”我比自己预想的更加坚定。

为了今天的面试，我特意从鲍比那儿借来了这身衣服，虽然穿上去松松垮垮的，但还算是干净整洁。我同样向父亲隐瞒了我现在的生活状况。在最近的几次通话中，我告诉他我一直住在鲍比家，而且生活得很不错。我用尽一切方式避免他知道我现在真实的状况。因为一旦被他发现，我知道他会对此感到愧疚。他一定会担心我。而他的担心又会反过来让我惦记他。这对我们俩都没有任何好处。所以最好的办法还是告诉他我一切都好。

“这次你真的决定好好上学，真是太好了。”他说，“我很高兴，我相信这次你可以真的做到，太好了……也许你会一直这么继续下去。”虽然父亲说出的只是这样几句话，但真的是一种赞美。

“我会的，一定会的。”我笑着对他说。

他拿出一张纸巾擦了擦鼻子，根据上面的标志我知道他是从麦当劳里拿出来的。在我小的时候父亲就经常这样，走进快餐馆里，拿走人家供应的餐具。

“你在收容所一切都还好吗？”我转移了话题。也许我并不想清楚地了解他的事情，也许我只是在让自己别去担心他。

“噢，还好。”他说，“在那里，我自己就拥有 3 平方米大的地方，还有空调。他们待我很好。没有什么可抱怨的。嗨，莉丝，你身上有钱吗？我想买点午餐。”那天早晨我向鲍比借了 10 块钱。不过我身上就剩下 8 块了。扣除我坐地铁回布朗克斯的钱，我把剩下的都给了他。

“谢谢。”父亲说。我很高兴自己能够再次帮到他。

我撒谎说 :“没关系的。我自己有点积蓄，这没什么。”

我们一起下楼走进车站，拥抱告别，相互承诺会经常联系和看望彼此。他并没有和我一起在售票口等车，他向我告别，然后走向站台深处，独自等车。路过公用电话时，他把手指插进去，看看是否会有剩下的零钱。

他们安排我9月份入校，现在才刚到5月份。在接下来的几个月中，我会好好地利用这段时间为我即将到来的学习生活做准备。为了完成预备学校的注册，接下来我必须要做的事就是回我原来的高中JFK，领取我的成绩单。

去过预备学校之后再回到JFK，感觉肯尼迪高中是那么大。通过金属探测仪后，我进入了教学楼。没有人看着我。成百上千的学生，到处都是。感觉就像是在车站一样。当天，我乘着1号列车回到预备学校，打开成绩单的信封，不及格栏里45、50——到处都是。看看这一行行不及格的分数，我很受挫，感觉自己像一个烂摊子，一场事故。听别人谈论自己的成绩（曾多次受大人们的教导）与亲眼见到自己的成绩真是天差地别。成绩单是如此真实，清楚显示了我曾经做过什么，以及我以后要做什么、怎么做。面对如此糟糕的学习成绩，我明白摆在我面前的困难还有很多。

在车上盯着JFK的那封信，突然我想到——我在预备学校的成绩单还是空白的。预备学校的成绩单上没有分数，什么都没有，这意味着我是空白的。我可以重新开始。

这样的想法让我感到振奋，特别是在想起我曾经遭遇的种种之后。现在这成了我唯一的希望，从此之后我所学到的任何东西都不再与我的过去有关。

回到第19大街，我让阿普里尔给了我一份预备学校成绩单的复印件，上面只印着我的名字以及待填成绩的空栏。我把JFK的成绩单交给了阿普里尔，心里默念着永远都不要再看到它。我将这些空白的成绩单随时带在身边，它们时刻提醒着我要好好规划自己的未来。睡在贝德福德公园附近的门厅里，我拿出那些空白的成绩单，在那些小框中填满了我想要的分数——A。每一天，我都会脚踏实地地做事。我心目中的A已经实现了，现在我只需要将它们变为现实。

母亲以往的遭遇帮我坚定了决心。我之前所见过的像成绩单一样正式的文件，是母亲福利资格认证的一些文件。审核福利资格的社工总是给我们出难题，为难我们。不知道什么原因，福利办事处的墙壁都是那种恶心的绿色，屋内的荧光灯和窗户上的金属栏使这种绿色更加令人作呕。办公室里每天都有数十、上百人在这里排队。当那些数量不多的座位被占满时，人们就会坐在窗台上或者是地板上，有站着的，也有来回走动的。

母亲、莉莎和我也等了好长时间，我们同其他所有的人一样，都在一遍又一遍地检查着自己的文件。终于轮到我们了，我抱着母亲的膝盖，我所记得的大部分都是母亲与社工之间那些奇怪的对话。母亲说了些什么并不重要。那个社工看着母亲的文件：出生证明、证明信、由医生开具的精神疾病证明以及我们的房租证明。她对母亲视而不见、充耳不闻，她完全有能力让我们有东西吃、有钱付房租、有安全感，当然她也有能力剥夺这所有的一切。最终只可能是：我们拥有审核所需的文件，通过审核；或是没有，审核失败。当其中的一份文件丢失或无效时，比如第二套复印件或是一条母亲的医生笔录，都可能会让我们之前所做的工作（收集文件，乘车花费的时间和费用，我们排队的时间）付之东流。我们的文件就会被扔出来，然后他们喊“下一个”，我们就必须回去再重新开始。这一切的关键都在于文件是否正确。

我的高中成绩单与此又有什么不同呢？其实是一样的。我有时在想，如果将来有一天我想上大学，会有一个人穿着西装、坐在另一种办公室里打开文件，看着我的档案，决定我是否具备进入大学的资格。有或没有，必定会是两者之一。假如我没通过，他们也会合上我的文件，然后喊：“下一个。”那我就太倒霉了。我明白，生活中有些事是没有商量的余地的。这些成绩单对我来说尤其重要，它们决定着我的“成功”或“失败”，它们是我的选择，是我通往成功的钥匙。所以，按照我在成绩单中定下的目标，我好好想了想我在预备学校所做的一切将有着怎样的意义——答案是，这将意味着一切。

从此以后，也许我有时也会不想去学校，想睡在菲夫（或鲍比）家的地板上，不愿意起床。鲍比和杰米一起出去，在附近闲逛时，或者其他人逃课时，我也许会心生向往。但我知道我不会再这样了。我必须要做的是认真思考一下我的成绩单，我要每天都按时上学——这是我有生以来的第一次。也许我会成功地进入大学，也许不会。哦，还有就是，我的朋友不会替我交房租。

11. 打工生涯

我成功背后的原因很简单：我不仅常挨饿，而且又没有暑假，我需要在冬天来临前储存粮食，省吃俭用，不管怎样，以备长久之需。我的确需要这样。我的目的就是要节约每一块钱，等到入校学习不得外出工作时，我也能够度过那漫长的日子。

女服务员——市中心咖啡&三明治快餐店招聘兼职服务生，为人热情，能够承受较长的工作时间。

保姆和管家——上东区家庭寻求女性家庭教师，擅长家务，对孩子要有耐心，必须精通英语。

我坐在一个名为“多尔”的本地青年社的等候室中，手中拿着笔，翻看着那些分类广告。这些日子，我一直在看《乡村之声》。我的主要目标就是填饱肚子，找到健康服务和家庭教师之类的工作。我还未成年（到9月份我才会满17岁），而且还离家出走，我害怕自己会引起儿童福利院的注意，这样他们会把我送回托管所，所以，在寻找栖身之地的时候，我尽可能地不引人注目。通过别人介绍，我发现了一些不错的地方，多尔就是其中之一。

多尔位于曼哈顿下城区布隆街的一个三层楼房中，能够满足年轻人的所有需求，只要你不满21岁就可以。我经常从多尔拿走一大袋的食物，有麦片、花生酱、葡萄干和面包。我把这些东西塞进包里，然后在便利店、加油站和零售店里收集招聘信息。每周一到周五的下午5点钟，多尔都会在二楼提供免费的热餐。经过找工作这无聊的几天之后，去多尔吃饭成了常事。这样我就不用再去超市偷东西吃。我像其他年轻人一样，坐在咖啡桌旁，边吃着我的鸡肉和土豆泥，边看招聘广告。

一个周末的下午，我坐在多尔的等候室中翻看着广告。报纸上刊登了各种各样的职位，但大多都要求有相关经验和教育背景——可这两种条件我都不具备。所以我只看上面印着“有激情、工作努力、自由”等词语的广告。一个名为“纽约公共利益研究所”的非营利环保机构的广告十分醒目：

> 你关心环境吗？你喜欢与他人一起工作吗？你拥有改变世界的激情吗？如果你具备上述素质，纽约公共利益研究所将会是你的理想之地。今天就打电话预约面试吧，做好准备为环境保护游说……请记住，要带着希望而来，不要失望而归。
>
> 每周350~500美元，让这个世界更加美好！
>
> 无需相关经验。
>
> 薪水佣金制。

我并不知道“佣金”是什么意思，但我每周确实需要350~500块钱。我把这张广告从《乡村之声》撕下来装进了口袋。

纽约公共利益研究所给我提供了一份暑期工作，那里还有许多正在休暑假的大学生。作为房间里最小、着装最差的人，我很担心自己不会被聘用，但结果是所有的人都留下了。很显然，如果员工的工资按本人所筹到资金的百分比发放的话，每个公司都会这么做。所以我现在明白“佣金”是什么意思了。你的工资是你所赚得钱数的百分比。如果你筹集的资金多，那赚的钱也就越多。我不得不好奇，募集资金到底会有多难？

一个名叫尼克尔的女人，是纽约公共利益研究所的前辈，她向我们保证这份工作能满足大家的基本生活。会议室挤满了大学生，他们看起来像是正在举行流浪时尚发布会：一些白人留着长发、戴着麻首饰、穿着印有各种公共事业标志的T恤。私立学校的学生打扮得像休闲的懒汉，名贵的衣服上有好多洞——他们这种流浪汉般的穷人打扮让我感觉很难受。之后我感觉好了很多，我大概是屋子里唯一的真正的流浪汉。从他们的城市旅行者的包包、贵重的首饰以及高档登山鞋可以看出，大部分的人都很富有。但是如果他们喜欢用这种方式诠释贫穷的话，我对此也无所谓。

尼克尔向我们讲述了工作细则，一周5天，根据机构环保活动最新进展的简报来工作，纽约公共利益研究所每次会在每辆车中安排8个游说者（我们是被这样称呼的），将我们带到纽约的主要募集地。我们所做的工作是敲门并号召民众和纽约公共利益研究所一同与癌症抗争。尼克尔的演讲中有这些内容：研究表明，癌症的起因与社区喷洒农药有关。纽约公共利益研究所四处宣传，希望能够通过相关的法案保护环境。作为游说者，我所要做的是站在门阶上，引起人们对环境保护的重视，然后邀请他们成为我们的一员，一起与癌症抗争，也就是让他们捐钱。我们的薪水按我们所筹集资金的百分比发放。我们出发时，他们会给我们一份核心研究的复印资料，还有写字板和临时工作证。

我们的车向着亨利哈德逊公园大道的方向行驶着，我确信来这儿工作是一个错误。我们都在练习着游说语，而我就是最差劲的那个。

“你好，嗯，我叫莉丝，嗯……我来自纽约公共研究所。我的意思是，纽约公共利益研究所……我来这儿与您一起与癌症抗争……嗯？”

其他人要比我表现得好多了。我旁边的女孩叫安娜，来自斯卡斯代尔镇，她第一次游说就表达得十分精练：“我需要您加入我们的活动，与那些有毒化学物质做斗争。加入我们吧，让我们成为一个团队。”

她戴着昂贵的珍珠耳环，背着帆布包，看上去是那么完美，我深深地被吸引了。另外我还惊讶于她组织语言的能力，相比之下，我是如此笨拙。那是个什么词儿？“做斗争”？难道不是过去我们在学院大道用来灭蟑螂的商品名吗？显然，从她用这个词的方式来看，它一定还有别的意思。我拿出我的日记本，开始记录那些我无意中从伙伴们那儿听到的词。

他们每个人都慷慨激昂，奋力用肢体语言和丰富的词汇表达着自己。我一动不动地盯着他们，尤其是那个叫肯的家伙。

在肯身旁，我既高兴，又感觉极不自然。他一点儿都不像我们小区里的那些人，他让我感觉很紧张。他长相清秀，精神奕奕，极其帅气。他有一头蓬乱的浅色的金发，一双薄荷色的眼睛。他身材高大，皮肤犹如金黄色的橄榄，和他身上洁白的写着“人类平等”字样的T恤形成鲜明对比。肯从布朗大学回来的那个夏天，我无意听到他对安娜说，他摆脱了一段交往了很长时间的恋爱关系，最近还是单身。

不知怎么地，我们最后还是一起坐在车里，按照我们沈经理所说的，一块练习我们的“说唱”。我不停地说着，黑色T恤和厚重的黑牛仔裤都被汗水渗湿了，我不得不把头发向后扎成一个马尾辫。肯接着我继续说，他说话也结结巴巴的，但逐渐流畅多了。

“干得好。”我比自己预想的更加热忱，我的脸一时尴尬得涨红了。“谢谢。”肯微笑着说。当他支支吾吾的时候，他也因一时难为情红了脸，还自嘲了一番。尽管我努力克制，但还是忍不住朝他看。

沈经理让我们“分片（分配给我们指定的区域）”工作，具体分到哪个街区，还要靠对我们游说水平的评估而定。那些不熟练的游说者，被分到“干巴巴”区域，那些地方到处是破烂不堪的房屋，门口零星地散落着一些续租表。而那些熟练的拉票者可以到富人区——那里有像城堡一样的大房子，肥沃的草地像是高尔夫球场的草地一样，喷泉、赛马骑师的雕像点缀其间。在这些地方，从私家车道走到门铃的地方还要花5分钟的时间。

恰巧那天，我负责“干巴巴”区域，很明显工资会很低。他们分给我一个看上去就要坍塌的街区，破旧的院子周围到处是生锈的网眼栅栏。定额是120美元一天——运气不错！但是，当晚上九点半货车来接我的时候，令沈经理惊奇的是，我居然赚了 240 美元；一小排票子整齐地夹在我的写字板上，它们的水印映着铬合金别针像是一道柔和淡雅的彩虹。

我把写字板举起来，借着大货车微弱的橘黄色灯光问沈经理："这样可以了吗？"夏日的天空变得深蓝，我们站在那儿，被茂密的树干笼罩着。他仔细地看了一遍又一遍，说："嗯，很好。"那天以后，我被委派到更富裕的街区，我的工资也持续上涨，经常一晚上能达到几百美元。

原本我并未被NYPIRG（纽约公共利益研究所）所看好，因为即使那些最娴熟、最善于交际的人在经过多次拒绝后都不得不退缩。这项工作并不轻松。我成功的传闻很快传遍了整个办公室："莉丝喜欢这种环境"，"她得到过最好的训练"，"她可能没来这儿的时候就经验丰富了"。

这些传闻都不真实，我的成功和技巧也没什么关系。我成功背后的原因很简单。我不仅常挨饿，而且没有暑假，不像我那些伙伴们，总是期待着周末外出和欢乐时光，我需要在冬天来临前储存粮食，省吃俭用，不管怎样，以备长久之需。我的确需要这样。我的目的就是要节约每一美元，等到入校学习不得外出工作时，我也能够度过那漫长的日子。第一次，我为自己的生活找到了一个更大的目标：走出贫民窟——那个我出生的地方。这就是我的底线。

我还有一种难以企及的渴望，这与全新的环境有关，与我在那些富人区经历过的繁忙有关——我从来没见过的大房子，在看不到尽头的沙砾车道上停放的汽车，阳光下绿树成荫的街道里骑车的孩童们。主妇们打开前门时朝向我的那条小路，那些和谐美妙的笑颜，那些紧紧黏着母亲腰身、靠她们宽阔有力的脊梁支撑的孩子们。当我举起写字板背起装得满满的书包的时候，当我偷偷体验他们的生活的时候，我所津津乐道的是：从他们小屋里跑出来的空调的冷风，正肆无忌惮地凉爽着我的脸颊和臂膀。令人激动的是，我所看到的人们的生活完全不同于我熟悉的模式。我渴望拥有同样的生活，这深深地激励着我。不论是敲开门开始谈话，还是拥有美丽邂逅，都像是经历一种冒险。我在人行道上闲逛着，郊外的街区如此迷人，让我心生好奇，很想知道还会发生什么事儿呢。

而且那无疑是我和肯一起工作的最开心的日子，我一直都记得。沈经理一把货车开走，我和肯就偷偷地抓住机会分工合作，有时候还一块去募捐。之前我们从没想过谁先打破僵局，开口说话，正是自然而然流露出来的伙伴情谊拯救了我们。我们一块工作的时候很惬意。我们能够轻松地筹到一天的工资，而且还很多。要是我们工作结束得比较早呢，我们就找个地儿闲逛，坐在树荫里说话儿。我不是很确定我能不能和肯谈得来，我要不要告诉他妈妈的事，学院大道的故事，还有我是如何离开汽车旅店的呢？还是给他讲讲那个星期我一个人睡在地铁上的事情？所有这些似乎都搭不上腔。阳光是这么明媚，你会闻到公园里新鲜泥土散发出来的清香味，听到树梢上知了的鸣叫，提起那些似乎不太合适。尤其是当肯微笑时，如果提及我的生活只会让大家扫兴，那为什么还要说呢？所以呢，我让肯先发言，谈论一下他的家庭，他的前女友，还有在布朗大学的事儿。我完全沉浸在他的快乐和美好中。我们会模仿尼克尔，然后捧腹大笑，嘲笑一下彼此的工作和生活，笑到肚子疼为止。

在肯身旁，很容易就能开心起来，很容易就能相信生活正如我曾了解的那样，有着童话般的小屋、完好的草坪和阳光明媚的清晨。

8 月的一天，我乘A号线去预备学校送资料，碰巧见到了萨曼莎。她恰巧在C号线上，就在地铁门关闭的那一刻我们认出了对方。地铁就像两匹并肩跑在赛道上的马儿，驶出车站，一同开进漆黑的隧道，光线暗了下来，两辆车不再同步了。我撑开手平放在玻璃门上，萨曼莎居然也这样做了。这次荒唐的相遇让我俩大笑起来。萨曼莎微笑着，用她的中指指了我一下；她绿色的秀发绾作两个圆发髻；她穿着长裙，一件栗色的蕾丝小背心，看上去整洁极了，比起上次我看见她的时候，胖了些许。我本想用手势告诉她下一站的时候下车，可地铁隧道里的圆柱子一直挡着我们的视线。最后我们在第14街区下了车，紧紧地拥在一起。她身上散发着肥皂和婴儿爽身粉混合的味儿。我特别激动。

"你去哪儿了？"她朝我嚷嚷，抱怨地拍拍我的肩膀。回想起在汽车旅馆的时候，我俩的关系由于卡洛斯变得有点紧张。但是自从8月份那个凉爽的下午在地铁站偶遇之后，我们的友情又复活了。我像疼亲妹妹一样地疼爱她。

"我就在你身旁，"我跟她说，"事实上，我正不断让自己强大起来，我找到了一份工作，这就是我的全部。想不想和我一块儿走走？"

我们背着书包踱着步，让我十分吃惊的是，萨曼莎居然拿出一包香烟肆无忌惮地抽起来，但我又不能说些什么。时间过得很快，我甚至不能判定，对于那些私人问题，我们是否还需要像从前那样亲密地给对方点儿建议。我们就那么一直走着，她开始跟我提起她的生活。群体的家庭生活还不错，那些女孩们都成了她的家人。她不久就要和奥斯卡结婚了。虽然他们还没有什么正式的打算，但无疑她正享受着即将结婚的喜悦。从斯塔滕岛来的女孩里拉将有幸当伴娘，毕竟她们一块儿待了那么久。

"里拉常常和我一块儿搞恶作剧。GHFL就是我们的家。"她说，"我已经习惯了和大家一起生活，她们也都这样想。"

散步的时候，我不停地踢着我们面前的一个小石块，低垂着眼睛。

"听起来好极了。"我说道，心里不停地想：我们还能像以前那样亲密吗？她还惦记着我吗？

"你想看看我要去的学校吗？"我问萨曼莎。

"当然。"她耸了耸肩，心不在焉地回答我，要是她那天下午没什么事的话，还不如和我去报读高中。萨曼莎跟着我来到预备学校，填了一张申请表。阿普里尔告诉她，她不久就会接到电话。佩里没见着萨曼莎。我们从学校侧门溜出来，回到了地铁上，我们就要在这儿分开了。萨曼莎拿笔在我手上写下了一行弯弯曲曲的字——她的家庭电话。分别的时候她热情地拥抱了我一下，我能够感觉到那深深的爱意。我想这才是真正的她。我俩承诺很快就能见面，要是预备学校通知她的话，她也一定会告诉我。要是她和奥斯卡挑好了日子，她也一定会打电话通知我。

肯的母亲开面包车来的时候，天正下着雨，她也有和肯一样的金色短发，只是颜色更深点儿，衬托着她的珍珠耳环。她带着我们5个，还有肯的同事们，在沙土路上疾驰着，沿着A号线一直开到他们在海滨的家，一路上下着细毛毛雨，夜晚的柏油马路映着街灯闪闪发着光。她的臂膀健壮黝黑，可见她常锻炼，饮食健康。她的衣服——一条运动裤，白色深V领T恤衫——这么干净，仿佛是刚从衣架上取下来的。她滔滔不绝，不断询问我们学校和好玩儿的事儿。我尽可能地保持安静，唯恐大家注意到我，此时的我不得不伪装成一个正准备申请大学的高中毕业生。

停车的时候，我看到她伸出手，面带微笑，轻柔地抚摸着肯的额头和头发，他们和谐的面容在红灯的衬托下变成了淡粉色。我真想告诉她，她是个慈爱的母亲。从她对儿子的疼爱及肯说话时的轻柔你就能觉察到这一点。看着他们，我仿佛溜进了洛伊斯天堂电影院里，冒着随时都会被逮住要被赶出去的危险，冒着我骗人的罪行会被公布于世的危险。

肯家里的地下室建得像是一个豪华套间。肯离开布朗大学的时候它还是老样子，但从那以后，他的小妹妹艾丽卡（让我窘迫的是她居然和我一样大）接管了它，屋里到处是肯的旧哲学书和艾丽卡的环保海报，比如“拯救鲸鱼”、“拯救树木”、“救救孩子们”。艾丽卡和她母亲准备了一些茶点，一张小桌子上放着三明治和各种果汁。

我在楼上洗澡间换睡衣的时候，大家开始玩起扑克牌。我计划着玩牌的时候无意间坐到肯身旁。整个晚上我们有许多次无意的亲密接触。我会假装视而不见。当我发现他入睡的地方的时候，我打算正巧也睡在他身旁，让他意识到整个晚上我们一直都心有灵犀。我透过镜子，在干燥的双手上擦了点香草味的洗发水，然后小心谨慎地用指尖抹了点到发梢上，为一会儿我们一块儿吃饭做准备。

镜子里出现我的模样：褐色紫色的卷发长及腰间，我真希望肯能喜欢。我一点儿也没化妆，我讨厌我那张脸老是出卖我的睡眠有多么不足——在朋友沙发上和走廊里打发几小时的睡眠。四个小银耳环衬得我的耳朵格外漂亮，眉毛比我想象的还要浓密，我的睡裤是慢跑运动员穿的那种，还绣着漫画里那种骷髅头。那天晚上肯的母亲借给我一件肯的T恤衫，整整大了3码。

那个夜晚在我看来就像在国外度过的第一个夜晚，在那儿我对语言一窍不通。我们靠着地下室的门，坐在睡袋上，围成圈儿讲故事。卡特、安娜、斯蒂芬、杰里米还有肯，他们谈论的事我一点儿都不熟悉。"富人啊。"父亲肯定会这么称呼他们。我不知道他们是不是很有钱，但我很清楚的是，他们和我截然不同。毕竟，在贫民区里，我们是绝对不会谈论这样的事情，比如说各种各样的奶酪。

是的，我们不会谈论Brie，Havarti和Gorgonzola这三个牌子的奶酪有什么差别。在贫民区，我们只能买到一种奶酪，就是美国牌子的。我们只有在能兑换现金的时候，才能从酒店老板那里买到一美元的包在厚厚的蜡纸里的火腿和奶酪。还有，在贫民区，我们也不会谈论去欧洲徒步旅行（欧洲无处不在）。

但在贫民区，我们却常常谈论我们居住的街区，以及我们街区周围的街区。"你听见大街上的枪声了吗？他们逮住了米克！他死掉了！""奥利加太太又在安德鲁大街上卖没控制器的独木舟了？他们比露露太太的便宜了一美元！她可真有经商的头脑。"人们从来不讨论别的国家和文化。事实上，我们街区以外的东西，甚至我们四周的街区对我们来说，都是模糊的。所以，当肯跟我们说起他去年夏天曾经跟着一个青年社团成功地寻到了一条去古巴旅行的路的时候，我不解地问："为什么这么说呢，去古巴很困难吗？"

"嗯，由于禁运还有别的什么……对，就是这样。"他说道。我不解地点了点头，好像我刚刚听错了似的。我的心猛然颤动了一下。禁运令？这可能是读高中时老师教会你的知识。我讨厌这种感觉，我不想知道却又非得去知道。有时保持沉默还是比较好。

他们还谈论自己的大学。他们会比较校园，比较宿舍，比较导师，甚至比较研究生院的课题规划，比如说奖学金、论文，还有注册员。究竟研究生院是什么样子的呢？它和大学有差别吗？要是我从高中毕了业，然后就能去大学了，这样大学可以被称为研究生院吗？不过貌似不像，因为他们已经在大学校园了。我有些费解，不过我开始对大学这个概念更感兴趣了。

他们兴奋的心情只是吸引我的一部分原因，我最感兴趣的是他们彼此之间的那种归属感。似乎正是通过大学这条路，才使你与那些之前从未见过的人们打交道，才使你有东西可谈。还有我突然想到一个问题：我能上大学吗？即使我不知道欧洲在哪，不知道Brie和Havarti两个牌子的奶酪有什么区别，我能拥有他们所拥有的东西吗？母亲8年级之后就辍学了，父亲也辍学了。而我还能上大学吗？

"想喝点什么？"肯无意中碰了碰我的胳膊问道。我的心又狂跳起来，双颊通红："不了，谢谢。"

"那好吧。"他微笑着说。

肯拿了个枕头放在睡袋上，倚靠着。安娜宣布"她的歌儿"节目开播了，她一边拨弄着她红褐色的头发，一边提高收音机的音量。四个女郎唱的《怎么了》响彻整个地下室。"讨厌！"她叫嚷着。安娜和卡特跟着一块合唱。肯大笑起来，看了看四周。他刚才看我了吗？还是我自己想的？我敢保证他一定是看我了。我望着他的双眸，也微笑了一下。

我找了个借口起身去了洗手间，晚回来了几分钟，正好把座位换到了肯身旁的睡袋上，又重新加入进来。两个小时过后，很多三明治碎屑都散落到了黑漆漆的地下室的地板和桌面上。宽阔的过道里每个人都睡得那么香甜。正如我预谋的那样，肯挨我最近。在这个漆黑的寂静的小屋里，我们的交流就需要一些暗号啦。

屋里一片寂静的时候，咳嗽声就是暗号：我还醒着呢，肯，你别担心我睡着了。我起身去拿水也就是在说——走吧，趁我离开的时候快离我近点。偶尔我的脚擦过肯的脚面，还有点色情味儿在里面。我静静地等着他的回应，结果却什么都没发生。嘶嘶的蒸汽管道散发的热气充斥着整个地下室。月光透过小窗倾泻进来，照亮了他小妹妹的画儿：在某个遥远的地方，一片明媚的海滩上有两个正举着一只小海龟的小女孩儿，腕上的友谊手镯交相辉映着。我等待着，可是还是什么都没有。突然，有动静！

是一种噪音，一种信号，还是某种动作……原来是肯的鼾声响起，掩盖了管道的嘶嘶作响声。毋庸置疑，他百分之百完全睡死了。

第二天早晨，肯的母亲在餐桌上放好了包在餐巾里的刀叉，通常托尼家的晚餐才这么做。肯的父亲正在慢跑，汗水浸湿了他那Vineyard 牌子的T恤衫，他停下来和我们打招呼："嗨，孩子们！"当艾丽卡穿着她的羊毛睡衣蜷缩在客厅时，他弄乱了她金色的秀发。杰里米、斯蒂芬还有卡特找了桌旁的位子坐下，而我却坐在离他们都很远的地方，假装忙着烘烤面包，避免与大家的眼神交流。这时，前门开了，肯和安娜穿着外套，笑容满面、蹦蹦跳跳地过来了。

"所以呢，"安娜的声音低沉有力，仿佛是在发一个布告，"跟你说，我们打了赌。"她边说边开玩笑地去戳肯的肋骨，她的蓝眼睛闪闪发亮，由于跑步呼呼地喘着气儿。肯弯着腰，手掌撑在膝盖上，舒了口气。安娜悠闲地把手搭在肯的背上。我从来没意识到原来在他们的友情里还有这样的情感。我曾想过，这个男孩是不是对我真有意思。一直以来，他都那么友善，而我却一直在想别的事儿，我简直就是一个白痴。

肯的母亲把一个盛满了油酥小点心的大篮子放在早餐桌上，金黄色的表面撒满了白糖的脆皮松饼、诱人的丹麦点心、撒满了葡萄干和罂粟籽的百吉圈。精美诱人，我完全被它惊呆了。真让人难以置信，我以前从来没见过一整篮子的糕点。一整罐橙汁原封不动地放在桌子上。我们身后是个火炉，肯的父亲用煎锅边儿磕了一个鸡蛋。斯蒂芬和卡特开始往百吉圈上抹奶油，肯也坐了下来。

“你坐到这儿来，”他示意安娜，“我想我打赌打输了，还欠你一顿早饭呢。”肯给安娜倒玻璃罐里的果汁时，她冲他笑了笑，搬着座位，弄了弄头发就来到了他身边。这有点像周六晚上现场直播的滑稽喜剧。

我还没来得及制止自己的时候，我的笑声就脱口而出了。人们都回头看我，很显然，根本没什么有趣的事儿发生。我知道我有点儿古怪，但是我还是忍不住捂着嘴咯咯地笑起来，笑得我发抖，控制不了。这一切多荒谬啊：奶酪的探讨，漂亮的房子，肯那让人难以忘怀的容颜和善良，肯和安娜是一对情侣，还有他的父母……可正是这个糟透了的面包篮子让我止不住地笑起来。要是萨曼莎也在那，看见他们这种美妙而又难懂的生活时，她一定会和我一样大笑的。他们的生活就像梅西百货橱窗里一件美好的圣诞节展览品，吸引着我们的眼球，只是，它被锁了起来。人行道上的点点光亮让你眼花缭乱，而你却依旧前行。

我的傻笑引起了大家的注意。嘿，我知道有人表演的时候，疯狂的表情会是什么样儿，真是太难为情了。因此呢，我尝试着跟大家解释我大笑的原因，好让大家缓和一下心情，可是这样只能让事情变得更糟，大家更困惑了。

“你正好拿了一整篮子的……糕点，装得满满的，”我哼了一声，“嗯，啊哈，不，你知道的……我只是想说，整整一篮子。那么大一罐果汁，你明白了吧？”我沉默了一会儿，欲言又止，“我的意思是说，你们每天都这样吃早餐吗？我是说……早餐好极了，这就是我想说的。”谢天谢地，我终于说完了。

“别担心，我真是喜欢这些糕点，”我跟他们说，“它们棒极了。”

肯的母亲先说了话，把我从尴尬中解救了出来。

“糕点还不错，是吧？”她说道，好像我刚才说的完全讲得通，“它这么新鲜，是因为面包房都是按大家预约的时间做好糕点的，所以它才这么美味可口。”

我咬了一口蓝莓松饼，收拾了一下我的座位。斯蒂芬、杰里米还有卡特正讨论着在乡村里成立爵士乐俱乐部的计划。此时，我的不安还没消失，而且很显然他们并没邀请我加入的意思。

大家很快吃完了早餐，开始走来走去收拾各自的行李。这时门铃响了，安娜的母亲来接她了。我自己一个人坐在餐桌旁的时候，恰好看见两位母亲在前门那聊着天儿，一会儿安娜和肯也过来了，四个人围成圈谈笑着。那一瞬间，我想起了母亲，眼泪顷刻涌了上来，一会儿，我就平静了下来。看着他们四个人，听着别人下楼打包的动静，看到肯的小妹妹还是一个人待在房里，我想起了很多往事。

这儿什么都不属于我。

我在这儿所享受的一切都只是暂时的，仅仅只是一次旅游而已。我的伙伴们很快就要回到各自的大学生活中，我们就会失去联络。这个家的温馨，这些有趣的伙伴们都不再属于我。这个小团队不是我的，家也不是我的。我也不会再和肯有什么实际的联系。他们的生活享有社会的对称美，这有助于彼此之间的联络。就算我加入俱乐部，那里的成员们早晚都会明白我有多么不适应。不久，我就要回到布朗克斯区，而“他们”就永远都过去了。

我低头看了看篮子里满满的松饼和百吉圈，我又抬头望了望他们待着的彼此交流的地方，望了望肯的笑脸，他的温暖和美好。我偷偷地拉开书包的拉链，里面塞满了我的旧衣服，还有一捆用橡皮筋扎好的 100 美元，那是我用了一个暑假才积攒起来的。我开始往包里装松饼、百吉圈、香蕉、橘子，我还塞了一袋长条面包。为什么不带着呢？这些吃的我应该留着。

要是能的话，我还想把橙汁都倒进我的包里。

12. 抓住机遇

我知道这个世界上到处都有人时刻准备着告诉你事情应该是怎样的，什么事情是现实可行的，但同时我也体会到其实没有人知道事情的结果会是怎样，除非他亲自去尝试了。

我在“人性美德的发展”上花了2年的时间，就像参加了一场“城市生存学术研究”的马拉松比赛，我也从中获得了很多东西。

我发觉说和做之间有截然不同之处，正如确定目标和实践目标有本质区别一样。我想尽快赶上，所以我定了一个这样的目标：我想以每门课平均为A、绝不能低于A的成绩毕业，而且要在2年内实现这个目标，否则我就要无家可归了。这个计划听起来不错，能帮我继续自己的人生旅程。要是看了我的日记，更是会深受鼓舞。不过当我做起来的时候，就没有想的那么轻松了。

学校生活开始的第一周还不错，我忙着上尽可能多的课程，做尽可能多的功课，担起更多的担子。我没有和预备学校的老师过多地沟通，而是每天忙着把我收集到的成堆的课程，增加到我的学习计划中。五门标准课程，我全都去上。为了满足那些想弥补数学学分的人的需要，学校开设了一节课外的早间数学辅导课，我也去上。另外，我还根据办公室张贴的通知，去上附近华盛顿欧文高中一周两次的夜校。苏鄂德公园高中也有一节周六的历史课，为了这个学分我也报了名。我还要在休息时间单独去拜访老师。我有这么多的任务要去完成。我准备在预备学校用一学期完成高中一整年的课程，这就是我要开始的目标，9 月份正式开始了。

有一个问题一直萦绕在我的脑海里，它一直激励着我，那就是——我是不是真的能够改变我的人生呢？我花了那么多时间去回想往事，现在我很想知道，如果我坚定不移地致力于一个目标，每天清晨一醒来就为之努力，我是不是就能够改变我的人生？

回想起最初几周，老师们在讲课程序言，给我们很少的作业。我认真地做笔记，按时上课，或者提早一点儿去教室。我开心地完成我的任务，把作业讲义收集起来，看着它们在我的背包里慢慢变厚。起先一切都很好，可是很快，期末考试逼近了，报告和发言也日益临近。我最初几周的乐观态度很快就消失了，深深的担忧和茫然涌上心头。原来思考目标、确定目标与实践目标是如此不同。

直到我亲身经历了这样的状况，才弄明白居无定所地读高中，就意味着要处理那些我从来没遇到过的难题。

首先，天知道教科书原来这么重。单单是这么厚的教科书，已经让我吃不消了，可是我每天还要带着这些厚厚的教科书到处跑，在那些流浪的夜晚处理一件件突如其来的事情；还要根据课表要求在某一时间段读完那些指定的书，我总是错误不断。

要是我没正确地安排时间，我就得因为某个作业拿错书后硬闯鲍比、菲夫或吉米的家。拿错书导致的结果可能是，期末考试时掌握了一手的错误资料，也可能意味着成绩A和成绩B的差别，甚至是更大的差距。在我奔波于众多上课地点之间，应付沉重的课程和繁多的作业时，总是遇到很多突发状况，难以百分百正常进行。所以，要解决这个问题，我就得随身带着我几乎所有的课本、衣服、日记本、妈妈的万国宝通硬币和相片，以及牙刷和盥洗用品。我把所有的东西都塞在了一个大包里，可是它太沉了，背着它在城市里奔走太困难了，书包带紧紧扣在我的肩膀上，勒着我的皮肉，我的背每天都疼痛难忍。

其次，就是睡眠的问题。有时候我朋友的父母诚挚地邀请我去他们那里过夜，有时候不。我不得不去朋友那儿时，我就要一直等到他们的父母睡着了，这就意味着我要在走廊里写作业，打个小盹到深夜。直到天蒙蒙亮的时候，我静悄悄地走进公寓，睡在某个人的被褥上或者睡在毛毯上以防万一。有段时间我还睡在一个朋友的大衣橱里。大多数时候，我会趁清晨他们父母还在熟睡的时候出门。我还为此在口袋里放了一只震动的小闹钟，这样我就能到点起床了。闹钟响了之后，无论我在哪儿，我一般都安安静静地坐起来，悄悄穿上我的黑靴子，踮着脚奋力地背起我的书包，再走出屋门。有时候，在清晨5点到6点半或7点的时候，我都在走廊里花掉上学前的几小时，或者坐在楼梯井上打个小盹。有时候，我面朝着学校看着太阳慢慢升起，这时的空气还像夜里那样凉飕飕的，商店还没开门营业呢。

最后，就是按时完成作业了。想做和能做完全是两码事儿。事实证明，我需要一定量的睡眠才能头脑清醒地交一篇好文章，值得得A的好文章。要是没有足够的睡眠，我的脑子就像一团糨糊，更谈不上我想要的A了。如果按照我朋友们的作息时间，我就保证不了充足的睡眠。要是我简单地爬进楼梯间倒地就睡的话，睡足觉还是比较容易的。有时我能找到一个相对比较干净比较安全的楼房，这样就没人能打扰我了。我可以借着走廊里的灯光学习，拿我的外套当毛毯铺在地上，多余的衣服做枕头。当我特别需要好好休息时，走廊就是最好的睡觉场所。

这些难题都解决了之后，我基本上能应付得来了，而且我还有些存款，还可以去多尔餐厅吃热腾腾的饭菜。但是也有棘手的时候，也有我想说“算了吧”的时候。有一个经常性的问题一直让我骑虎难下。

事情通常发生在早晨，我的闹钟6：20响了之后。有时我在菲夫家睡醒了，或者是别的地方，如果他们的父母不在家，我就可以想睡多久睡多久了。一天我睡醒了之后，看到有10多个人随意睡在地板上的编织垫和床垫上。那时候太阳刚刚升起来，公寓的墙面上到处是涂鸦，啤酒瓶随处可见。大家一晚上都在狂欢，刚刚睡下。大多数夜晚，我都在楼梯井上写作业——用我的成绩单提醒我要聚精会神——这样我就能避免闻到恼人的香烟味儿，避免听到狂欢的人们的吵闹声了。当夜晚聚会告一段落时，我又偷偷溜回我朋友的公寓，找个小地儿睡会儿觉。过了几个小时，我的小闹钟响了起来，我睁着眼躺在那儿，一动不动地盯着天花板。此刻，我多想把毯子盖到头上再睡一觉。在那一刻，这种欲望几乎要让我丢失了我的决心，几乎要让我放弃了。

是要暖和的毯子，还是走出门去?

当有舒适的住处，也正是大多数我要经受考验的时候。我睡在过道上，偶尔被迫搬出朋友住所时，或是我必须整夜坐在地铁上睡觉的时候，感觉都还好。与此相反，住在朋友家里可以好好睡觉的时候是让我最难抉择的。这是因为，如果不想有那么一天被迫流浪，就无论如何都要找个理由，一个心甘情愿的理由去上学。

这样我上高中就不止有一次选择权，我必须一次又一次地做选择，可是每一次我又要克制住不去选择。在那些极少数出奇安静的早晨，软软的靠枕和暖暖的感觉让我比任何时候都想索性把毯子拉过头顶。我费尽全力迫使自己走出门上学去。在这些时候，我是自己最大的阻碍。

是要暖和的毯子，还是走出门去?

结果证明了，做这些决定无关意志力。我一直敬佩那些有自制力的人，因为我从没觉得自己会成为这样的人。如果纯粹凭意志力就足够的话，我想很久以前在学院大道的时候我就是很有自制力的人了。这样是不够的，至少对我来说并非如此。相反，我需要动力。在意志薄弱的时候，我需要一些能够想到的事情促使我将毯子扔掉，穿过前门走出去。不仅仅是意志力，我还需要些别的事情来激励我。

有一件事一直激励着我，那是我记忆中的一个画面，每当面临这些选择的时候，我就一次又一次地想起它。我想象着一名运动员在跑道上奔跑。画面定格在一个夏天，橙红色的跑道，被白色斑马线划分出运动员的赛道。唯一不同的是，我臆想中的这名运动员并没有和其他选手赛跑，她是独自一人，也没有任何观众。而且，她并不是在自由开阔的跑道上奔跑，在这条跑道上，她需要跨越许多障碍，她在骄阳之下大汗淋漓。每当我遇到令人沮丧的事情的时候，比如，厚厚的课本、疯狂的睡眠计划、在哪儿睡觉以及吃什么，我都会想起这个画面。为了克服这些难题，我设想我的运动员沿着跑道冲刺，跨越障碍，奔向终点线。

在那些艰难的早晨，那至少是我一半的动力，另一半则是想起了我的老师们。

在我意志薄弱，抗争在毯子和门之间时，我知道佩里正在学校等候我，其他的老师也是这样，让我惊奇的是，我开始喜欢这种生活了。

早晨的数学课是由苏珊来教。苏珊是个粗壮的女人，每天穿着花裙子和平底鞋来上课，她酷爱文学。有时我们更多的是讨论书，而不是数学。苏珊对爱情小说常有独到见解，那时爱情小说是我的最爱。她告诉我一些我自己所不能领悟到的想法。她常常鼓励我深入思考。苏珊到得特别早，她是最先打开灯，并以充沛的精力和灿烂的微笑欢迎我们7人小班的老师之一。“今天见到你们很高兴”，她每天早晨都这样说，而且她确实是这样想的。因为苏珊每天给我们上第一堂课，所以我从不想迟到，并且光是想起她就使我动力十足。

那时候还有凯莱布、道格和艾利杰，他们都二十几岁。他们都是刚刚从大学毕业，比如康奈尔大学、普林斯顿大学——在纽约公益研究所的一些谈话中，我熟悉了这些校名。 总之，他们致力于教学，不吝惜时间，兴致高昂而又不失友好。艾利杰善于用提问而不是论断的方式激发学生思考。受艾利杰的影响，我在言辞以及一些我之前从未考虑过的事情上变得更加深思熟虑。就像皮特一样，我在课堂发言的时候，他会与我有眼神交流，察言观色，然后鼓励我继续发言。他也激励着我应该积极互动。

道格是个含蓄并且谦逊的人。有一天我在课堂上问了一个问题，当他回答得手足无措的时候，他停下来说：“莉丝，我不知道，却一直努力装作知道。

但是我真的不知道，很抱歉。如果你很想知道答案，我可以帮你查。”我有点震惊了。从来没有一个老师对我如此仁慈。从道格身上我学到了坦诚的重要性。

我从没遇到过像凯莱布一样的人。佩里曾经开玩笑说，预备学校的老师们投入如此多的时间，他们一定是把自己当成投资银行家了。我想他说的正是凯莱布。预备学校已经形成了一种不同于主流学校的文化，因为下午3点钟下课铃响时，不会出现大的人潮涌动。实际上，人们放学后都留在学校，聚集在一个很大的公共场地，那就是所谓的预备学校中心。有的学生留下补课辅导，或者和预备学校的同学参加课外活动，临近傍晚才离开。老师们这样做，并不额外收费，他们投入了很多额外的时间。

凯莱布待得更晚。放学后很长时间，甚至是在参加课外活动的人回家后，你仍能在狭小的职工办公室里看到凯莱布的身影，手持电话，一个接一个地给迟到缺课的学生打电话：“你好，我是凯莱布，很抱歉今天没有见到你。你不介意的话，可以给我讲一下你迟到或缺席的原因吗？从现在起，为让你可以准时上课，我们能帮你做点什么？”就这样，凯莱布一个接一个地接触学生们，问他们问题，认真聆听他们的回答，并给予帮助。他信守承诺，并且对学生负责。“言行一致”是他的座右铭。我从没见过这样的事。从凯莱布那里，我了解了老师热情洋溢，对学生一视同仁意味着什么。从凯莱布的身上我还了解到，致力于某件事并耗费大量精力达到目的究竟意味着什么。因为我自己经常在预备学校待到很晚才离开，所以我知道凯莱布工作有多努力。我常待在一个狭小的办公室里，那有高高的屋顶，一面喷过漆的煤渣砖墙和成排的书架，我伏在办公桌前，通过自学电脑来完成作业。沉甸甸的方状物体，有着昏暗颤动的显示屏和扁平的键盘，这些对我来说完全是陌生的。

我意识到我的学业具有双重性：我在学习的同时，还要学着如何学习，我感觉好像是在负重爬山一样。在学习散文写作时，我写了一篇关于《麦田的守望者》的散文，与此同时我又学着如何打字。我一个字一个字输入，错误接二连三，打乱了，一次又一次重新开始，让我很沮丧。我感到筋疲力尽了。我从来都不是一个学得很快的学生。相反，为了理解课文，我总是不得不反复读，而且和同学相比，我常常要耗费 2~3 倍的时间来完成作业。大多数的晚上，我都会熬到很晚，那时候预备学校空荡荡的教室四周已漆黑一片，管理员总会让我抬起脚，擦拭着我周围的地板。在我逐字输入无穷无尽的文字时，我总能听到凯莱布在隔壁房间挨个给学生打电话。

在这样的环境中，我回到学校继续上课，我知道我不能再躺在床上自暴自弃了。当我知道我的老师们在等待我的时候，我怎能将毯子拉过头顶置之不理呢？当他们心甘情愿努力地工作时，我又怎能不像他们一样呢？

看到预备学校的老师们，我对学校消极的情绪开始淡化，取而代之的是对于学习真正的喜爱，带着这种心情，最终我对生活产生了一种切实的希望。我对老师的感情亦如我对学校的感情。如果老师们优秀，学校也是优秀的。对我来说真的是这样。如果老师们信任我，那至少会成为我自信的漫漫长路中的第一步。在多数我很受伤的时候更是如此，尤其是我曾经被冠以“逃课生”和“问题学生”的名号。我常常根据那些成人——我的父母、社工、精神科医生和老师的眼神，来判断自己。如果我在他们眼中看到失败，那么我就是一个失败的人。如果从中我看到“很有能力”，那么我就变得有能力。我以他们的判断作为认定自己的标准。以前，有一位老师——内德格林女士，她将我定位成一名受害者，尽管她是好意，可我也相信了自己就是一名受害者。如今我知道预备学校的老师对我评价很高，并且帮助我达到现今的水平。如果我继续保持，渐渐地我就可以成功。与预备学校老师们密切的关系，让我重新树立了自信。

在预备学校我学到了很多。我开始痴迷于莎士比亚（在学校上演的话剧里我饰演哈姆雷特和麦克白），我参加了学生会，此外，我还代表预备学校随学生团体乘车去城市北区参加了地区会议。我开始穿些鲜艳的衣服，剪掉遮住脸的头发，渐渐地，眼睛也开始直视人群。我知道我的心声很重要，我觉得老师们的言行是我在预备学校学到的最重要的一堂课。我的老师们是我敬仰的对象，也成为我在黑暗和迷茫世界中的指路明灯。

我和伊娃成为朋友，是在每周一和周三一同上自然课的时候。班里的注册学生有 15 人，14 个女孩和 1 个男孩，那个唯一的男孩叫乔纳森，曾向我们所有人宣称他愿意成为“女生中的一员”。在我已经排满的课表上，这堂课是额外加上的，这个学分很重要，因为只要再学一门课就能积到 40 学分了，也就达到我想在两年内毕业的目标。

我们组坐在咨询顾问杰西的长方形办公室里，一些人蜷坐在蒲团上，其他人则在间歇时去隔壁教室搬过一些金属椅坐着。一个名叫凯特的女士坐在我们前面。她很丰满，戴着大大的圆眼镜，一头又长又红的、万圣节式的夸张鬈曲长发。她的上衣是一些颜色混搭的拼缝布料制成的，就像是一块旧布，让人给缝上了两只袖子。她常常微笑着，露出她那小而洁白的牙齿。她看到我们很高兴，也很乐意教我们。凯特参与了一个名为“个案”的项目，这个项目主要培养孩子们在司法体系下成为同伴中的宣导者，宣传预防艾滋病。杰西为她提供了项目实施的地点。

凯特通过提问来介绍这个主题，她问道：“曾经有人告诉过你，他的太大戴不上安全套吗？”屋里爆出一阵神经质的咯咯傻笑声。

乔纳森大喊：“没错！”

“谢谢你，乔纳森，”凯特说，“这就是为什么艾滋病能传播。好的，还有其他人听到过类似的话吗？请举手。”几个女孩举手了。

“很好，”凯特说道，“如果男孩子和你在一起的时候，坚决不戴安全套的，请举手。”

大部分都举手了，包括我。我有时会与卡洛斯争论，让他戴安全套，我觉得这十分必要，尤其是对他来说。

“谢谢，女士们，放下手吧，乔纳森也是。”

“是的，老师。”他用一种南方女人的腔调，捻着拇指说道。女孩们都笑了，有人和他组成了 5 人组。

“很好，现在我想让你们看看这个。”凯特说道。她从一个袋子里拿出一个红色安全套，打开它，像一个比萨厨师和面团一样，很专业地展开它。她在伸手拿安全套时说道：“这堂课后你们接下来要做的是，全权负责教授你们的同伴所有关于艾滋病和性传播疾病的预防知识。”她拉一下安全套，扯一下，又拉一下，再展开，“但是首先，你们必须先了解所有艾滋病和性传播疾病的预防知识。为了了解，我们要做一些有点暴力的事。”

十指错综复杂地交叉好后，凯特将安全套口拉开。让全班集体震惊的是，她开始把它套在头上，最后套住了整个脑袋。她把眼镜放在了膝盖上，一边拉扯着，听着我们的笑声。凯特拉伸着胶套，直到它能坚实地盖住脸，包住了她的鼻子，然后朝安全套里吹气。就像街道集市上，人们朝那些小丑气球嘴里射水，直到气球爆了一样，当安全套膨胀到一定程度，就像她以往做了无数次那样，凯特拿起一根头簪，扎破它，伴随着一声爆破声，安全套碎成一片一片。

这响声更像是在鼓掌，我们都是这么觉得的。“那么，谁会因为太大而戴不上安全套？”她不以为然地说道，重新整理一下头发，扶了扶眼镜。“保持身体健康的第一步是要知道这是值得的。你很重要，并且你要为自己的健康而争取。你的权利和义务、安全和舒适都是很重要的。此外，你能够掌控和你男朋友的关系。记住，你有他想要的东西。你比自己所认识到的更强势。”站在讲桌上，杰西冲我们所有的人微笑着。

看看杰西，又转头看看凯特，我感觉全身被骄傲包围着。听着这两个成年女人将我们拉到一边谈论着女孩的话题，我爱极了这种感觉。这让我觉得很奇特，好像她们是在分享什么秘诀似的。

“你的幸福与你的自尊，无论是智力上、身体上还是精神上，都有着直接的联系。身体就像是一座神庙，你必须保护自己，以防滥用虐待你的神庙。你必须成为自己的守护者。你要说出自己的感受。”凯特说道。

她的热情洋溢感染了我。我对凯特所说的话产生了共鸣，心里产生了些许微妙的变化。我奇怪的是为什么自己会让卡洛斯以他的方式来对待我，我怎么能那么轻易地让他伤害我。我没有拒绝卡洛斯，我也没有让罗恩从浴室里滚出去，是莉莎赶走了他。

我们和凯特用剩下的时间浏览了一遍她称之为“知否”的列表——由这个问题引出的一系列事实。

“你知道清凉维普可以导致酵母菌感染吗？任何大量含糖的东西都容易引起大阴唇感染。大家都知道什么是大阴唇吗？”

“可以引起什么？”房间里响起一个疑虑的声音。说话者是一位瘦瘦的、漂亮的白人女孩，她长着一双又大又绿的眼睛，戴着闪亮的大头钉似的鼻环，穿着高跟皮靴。她叫伊娃。在我的两门课上我看见过她。她的风格很时髦，她的粉红嘴唇勾画出了深红色的唇线，长长的棕色头发高高地扎起，梳成顺滑的马尾辫。

“它常常会感染，是真的吗？”她问道。所有人都大笑。“这取决于什么呢？”乔纳森讽刺道，并且大笑，声音又高了五度。

凯特笑道：“不经常，亲爱的，只是有些事需要警惕。”

“哦，”伊娃答道，很明显仍然有些疑虑，“好的，我正要问，因为列表上并没有说到这一点，女孩们是要知道的。”然后她也笑了，我们大家也都笑了。

伊娃住在第28大街和第8大道间，距离预备学校很近。除了曾在我父亲的一个朋友家里暂住过外，我从来没有住过曼哈顿其他一处像样的房子。像我爸爸说过的，我期待变成“富人”，但不是像伊娃和她父亲那样的。伊娃的父亲尤尼克，是一名大屠杀幸存者，住在切尔西一处红砖楼里，那儿住的基本都是老人和低收入家庭。尤尼克是一名画家。他的母亲，也就是伊娃的祖母，在他还是婴孩的时候，就把他从华沙贫民窟偷偷抱出来，救了他一命。有很多关于大屠杀的抽象画，挂在他们宽敞明亮的公寓的墙上。

“他们让我吃东西时有种负罪感。”伊娃手指着微波炉对面的油画，半开玩笑道，那张油画上有一群憔悴又恐惧的人迷失在了森林里。

“你太逗了。”

伊娃在为我们准备夜宵，两盘奶油意大利面，还有豌豆和胡萝卜。伊娃很风趣，并且很有思想，平易近人。在杰西的课上我遇到她的时候，我立刻就确定自己很欣赏她。

伊娃成了我在预备学校的第一个真正的朋友。最初我们只是在课后简短地聊几句，后来就变成到她在切尔西的公寓就餐，最后就留在她家过夜了。我们很快就变得亲密起来。我告诉伊娃我的详细状况，不过还是有所保留，我希望在足够信任她的时候再全盘托出。她从未真正明确表示要帮助我，可是她却帮了。我们经常一起过夜，在第28大街闲逛，伊娃常常为我做饭，借给我衣服穿，让我在楼上洗热水澡。在预备学校吃中午饭时，她常常分些她的零食给我，从没有显示出不方便的意思。

“你爸爸对那场战争还记得多少？”我问道，我穿着睡衣走到她的厨房，准备要睡觉了。我现在常常觉得与其他人交谈容易多了。和凯莱布讨论过“面对历史和自我”的话题后，我了解了关于种族灭绝和大屠杀的种种，我很自信地把伊娃吸引到谈话中来，这让我感觉很不错。

“记得一部分吧。他那时真的太小了，而他父亲是一个举足轻重的犹太人团体的领导者，所以他的大部分记忆是在战后，那时我的祖父把幸存者带到他们的卧室里。我的父亲无意中听到了，对于一个小孩子来说，这真的很难接受。”她说。

伊娃钟爱心理学，她观察人很深刻，常常从他人的动机、目标和需求的角度倾听他们。“我想他的画是用来发泄情绪的，”她说道，“在经历了那么深刻的伤痛后，人们会需要某些东西来治愈伤口，填补所失去的。”伊娃给我盘吃的，然后又给了我一盘。“莉丝，沙发上放着给你的干净床单。什么时候你累了就准备睡觉去吧。”

伊娃陪伴着我，我感受到了她的善解人意和无微不至。她很稳重、善良、有趣。我每天都期待能见到她，希望她能成为我生命中的一部分。

有时，另外一名预备学校的同学也会到伊娃家里和我们一起。他叫詹姆斯，每天和我们一起上历史课。詹姆斯身高 2 米多，混血，有着很漂亮的褐色皮肤，健美强壮的身躯，留着散乱的非洲式发型。他喜爱日本的一切，常常穿着胸前印有日文字母的T恤，或是在武术班里穿的旧式武术服。他的衣服总是很乱，而正是他身上的纯真让我很想和他做朋友。我们俩聊起天是因为很偶然的机会。那天，我们的老师在课上神经质地反复说，仅仅在一堂课上就重复mmkay这个词有十几遍。说得太频繁太滑稽了，我正想找个观众，然后就发现詹姆斯正强忍着笑。于是我偷偷把一张纸条塞给他，上面写着：“马特说mmkay”，下面写对应的数，正好记到 100。然后他在小小的教室里爆笑，导致我们被迫搬离座位，而两人却仍得意地悄声分享这个笑话，在教室里通过眼神交流。之后吃午饭时，我注意到他独自一人在吃东西，想到了萨曼莎，我于是鼓足勇气接近他。我突然走过去，把手啪嗒伸到他的土豆泥里。

“这顿午饭太糟了，”我说道，“你愿意和我去快餐店吃吗？我请客。”

他看着我，脸上挂着一副怀疑的笑容，看了看我插在他食物中的手指，而后又看看我说道：“没问题。”

在离西区高速路不远处的一个公园，眼前是哈得孙河的白浪滔滔，我们将一个三明治分成两份，我贪婪地享用着一包薯条，看着詹姆斯在码头上悠闲自得地玩轮滑，呼吸着午后清凉的空气。在那之后，我们开始每天一起吃午饭，然后很快，我们三个，伊娃、詹姆斯和我，总是待在一起。有几个晚上，我会在伊娃家睡，别的时候就去詹姆斯家过夜。詹姆斯与他母亲住在华盛顿海顿，是靠近布朗克斯区的住宅区，是个一居室。最先，我睡在他双层床的上铺。整个晚上，我们会熬夜滔滔不绝地聊数小时。墙上挂着富士山的图片，窗外是一棵美丽的橡树。最后，我索性就躺到詹姆斯身边继续聊。有几个晚上，我们就在聊天中睡去，裹在一起像卷饼似的。有的时候，事情会更进一步。詹姆斯很温柔很细心。我们的性爱很和谐，发生得非常自然，如同我们间的友谊。在和詹姆斯一起睡的那些晚上，我睡得很香甜，知道自己非常安全。

虽然失去了家人，可我正在构建一个新家，有伊娃、鲍比、萨曼莎、菲夫、丹尼、乔希、詹姆斯和杰米，我可以因爱选择生命中注定要在一起的人。就是倚仗着他们，我才得以承受住一切。

并不是说莉莎和父亲不是我的家人，但是自从母亲过世，我们就一个个开始在外漂泊。莉莎和布里克一起，而父亲住在收容所。感觉我们之间经历了许多无言的伤害。莉莎怪罪我在最难的时刻离开她和母亲。而父亲和我在搬进圣安妮托管所后就无话可说了。我们之间有了些莫名的问题，随着时间流逝，感觉他离我越来越远。我觉得是我没去上学，加入了我们那个“组合家庭”才逐渐与他疏远的。无论如何，我觉得是自己先离开他的。于是，他搬出学院大道的公寓时，甚至都没告诉我，这让我非常难过，因为我知道这正说明了我们的关系再回不到从前了。我不再是他的假小子，不再是那个摆弄货车，在很晚的时候帮他躲开莉莎视线的小孩子了。

没有可以共同居住的地方，父亲、莉莎和我彼此远离对方的圈子，过着各自的生活，甚至很少联系。在我上完高中第一年的时候，事实上，我们几乎都没联系了。

费尽了心思，我们尝试过一起居住，但非常尴尬。我们一起度假，强迫自己在父亲居住的村子里一个最喜欢的甜品店里办生日宴会。第二个暑假，我在纽约公益研究所工作，并用我的积蓄买了个蛋糕。庆祝宴会常常如出一辙。我和父亲早早就到了，而莉莎待会儿才到。我和父亲会聊聊天，但是从不谈及彼此以后生活的细节问题。在莉莎到后，大家各自就座。最难的是座位问题，因为没有专属三人坐的餐桌。我们的桌子常常空出一个座位，就好像特别突显母亲不在了似的。由于一般都是我们中的一人过生日，服务生托着插满蜡烛的蛋糕走过来时，彼此已不再熟悉的三人就为各自唱歌庆祝。

莉莎的生日最煎熬了，因为那时我能看出父亲极度紧张。他一直非常紧张她，甚至比和我在一起时还厉害。在我逐渐褪色的记忆中，唯一一次能让我想起他那么紧张的一次，是与大姐梅瑞迪斯偶然相遇的时候。他那时充满负罪感，很想逃离。那时我的眼睛一直盯着父亲，他不停地摩挲着双手，唱生日歌曲时，他坐立不安，强颜欢笑。他勉强自己唱歌，看着有点荒唐。我感到心里一阵阵紧揪，我希望莉莎没有发现。很庆幸她不知道我给父亲打过电话，精心安排了整件事。父亲竟然让我到商店帮莉莎选一张贺卡，他说："我不擅长这个，莉丝，现在我又没什么钱。帮我选个漂亮的礼物，好吗？"他恳求道，"谢谢了，莉丝。你最好了。"

可是帮父亲给莉莎选一张生日贺卡并不容易。

我要怎么选呢？贺卡全都是为那些担负起父亲责任的男人打造的。贺卡装饰得金光闪闪，上面写着诸如"亲爱的爸爸为你寄上一张贺卡"、"历经数载，看你成长，有你是我的幸福"。可是他没有，的确没有。"生日之际，祝福我的女儿，你是我生命的光华。"我不想以此来使莉莎难堪，也不想让他尴尬。于是我自己想到一个办法。他们谁都不知道，不止一次在贺卡商店一个可怜的角落里，我找到适合父亲送莉莎的贺卡，上面写着"想念你"或是"今天直到永远，我会一直在你左右"。这是一些表达爱意的卡片，却给人一种很悲情又生疏的感觉，但这些却是唯一能站在父亲的角度表达他问候的卡片。我所扮演的角色，是父亲授予我的，并且我也接受了，目的是要减少这段时间的不愉快，让我们大家的关系能够进展顺利。

同样地，在莉莎向别处看或是去洗手间时，我常常偷偷给父亲钱来支付“宴会”的花销。服务生拿着账单走过来，父亲就伸手拿过装着现金的黑皮包，“我来付账，”他说，“祝你生日快乐，莉莎。”

并非我们不爱彼此，事实恰恰相反。我只是觉得我们不清楚再如何相处。没人告诉过我们这些以及如何处理家庭破裂的悲剧。面对疾病缠身、精神崩溃的母亲去世，我们不知道该做些什么。就算再亲近，但大家的心不在一起时，我们都不知道怎么办才好。相互联系需要费尽心机，我们一直竭尽所能做到最好。

我过完 18 岁生日的几天后，我们在固定的地点碰面庆祝。我首先到达东 11 街，父亲几分钟后也到了。我们一起等待莉莎过来。

“在学校怎么样？”他选了比较稳妥的话题问道。

一切进展顺利。他是知道一切都会顺利的，对我的生活，这大概是父亲知晓的唯一的一件事。他支支吾吾地又谈了一些小事，让我惊奇的是，他提到一件在报纸上看到的事情：“你知道的，莉丝，这些天，有人在艾滋病的研究与治疗上取得了显著成就。他们认为很快就能找到解决办法了。”

一般我们都避讳聊任何会涉及母亲的话题。我的脸上一定满是疑惑，因为当我再看父亲时，他转过头去，装作是在找莉莎。可是他并未更改话题：“以现在的治疗水平，那些艾滋病人的生活……比过去强多了。人们真的可以继续活很长时间。”在他说完后，我试着想办法，如何委婉地劝他聊些别的话题。

“亲爱的，我已经知道了。我是艾滋病阳性。我是 4 月份确诊的。”4 月？现在就快到 10 月了。一直以来，他都没想过告诉我吗？即便是我们之间疏远了，他怎么能严守秘密呢？感觉像是有人朝我的前胸捶了一拳，我的心跳加速，脸涨得通红。我抬头看着他，我唯一在世的父亲，我呆住了，想到即将要失去他，甚至想到了更多。和他并排站在人行道上，我的世界一下子失去了一切光彩。

人行道上穿梭不息的人群中，莉莎出现了。在她走近之前，父亲靠过来，快速地耳语道："拜托了，莉丝，帮我个忙，千万不要告诉莉莎。"

我们三个人坐在第11街吃蛋糕，听着旁边父亲和莉莎气氛越发紧张的谈话，我头都要大了。这天晚上，我察觉到父亲比平时我看到的他要快乐很多，当闪烁着18根蜡烛的生日蛋糕推上来的时候，他们一起给我唱了生日快乐歌，这时父亲轻轻地捏了下我放在桌下的手，他的手在颤抖，动作显得有点古怪。这样的身体接触对父亲来说是那么不自然，而我也知道这对父亲来说真的很不容易了。从他的手势我可以感觉到，他在慢慢穿越我们之间的距离，默默地对我说："莉丝，我会永远在你身边陪着你。"此时此刻我已经无法把目光从他身上移开了，我想紧紧地抓住他，保护他，不让艾滋病把他带走。我想让家里经受的一切苦难全部都结束，让父亲再次健康起来。

愿上帝赐予我平静，让我接受无法改变的事情；赐予我勇气，让我改变我能改变的事情；并赐我智慧，让我能分辨这两者的不同……

吹蜡烛的时候，我并没有许愿，而是选择了原谅父亲，许下一个要努力挽回我们之间关系的承诺。我没有犯和母亲生病时同样的错误，我打算在父亲的身边陪他挺过这一切，我们会再次融入彼此的生命里。的确，他并不是最好的父亲，但是他却是我的父亲，我们始终爱着彼此，依靠彼此。这些年来，他让我失望了无数次，但是现在生命已经短暂到我不得不放弃原来的固执了。所以我打算忘掉我承受的伤痛，忘掉我们之间几年来的仇怨，还有最重要的是，我打算放弃任何想要改变父亲的想法，接受他本来的样子。我打算把我所有的苦痛像放飞了一簇氢气球一样，全部抛向天空。

很讽刺的是，这些年来我一直在逃避学校，但最后学校竟变成了我的避风港。记得在预备学校的时候，我连续上了两个学期的课，我总是尽力用各种课程把我的日程塞得满满的，享受着用我所受的教育重塑生活的过程。我也开始体会到一种自己可以完成长时间课程阅读所带来的成就感，品味到用心研写关于莎士比亚和塞林格论文的那些创造过程。而在佩里的人物动机和句法讨论课上，最大的挑战就是要选择准确的词汇组成准确的句子。

一天下午，他甚至大胆断言："语法可以救人性命！""标点符号可以改变一切！"他还常拿着白粉笔在黑板上指指画画："来，我们开吃了，爷爷！——对比——来，我们开吃爷爷吧！这两句话对爷爷来说，可是大不一样了。"他这样调侃，惹得整个课堂都哄堂大笑，我也开怀大笑，被他的热情打动。

但是我很清楚我并不是因为学校本身的原因才厌恶这里的。我从来就不是大家眼里所谓的"搞研究的人"，我确信以后也不会是。恰恰相反，我始终觉得自己的工作一定是植根于社会中，并且前程似锦。我很清楚我喜欢这所学校，是因为她给予我的每一项学习任务——读书、写论文，以及课堂陈述——这些都让我更加离不开我的老师，还有在这里的新朋友。如果说我很赤诚地热爱着我的学校，那么就是热爱她给予了我认识那些珍贵朋友的机会。而世界上最好的事情莫过于和自己志同道合的人并肩为梦想一起奋斗了。

就像在伊娃家那些通宵学习的夜晚，伊娃、詹姆斯和我三个人四脚朝天地平躺在她家的客厅里学习，我们的书本零落得到处都是，堆在桌上、沙发上、楼梯上。有时我们一起连续学习好几个小时，我蜷成一团躺在沙发上，头枕在詹姆斯的膝盖上，他用手指轻轻捋过我的头发。读书的时候，我们有时候也互做鬼脸，开一些愚笨的玩笑，再开怀大笑。詹姆斯翻着本讲日本文字的书，他很勤奋地练习书写，常常会在笔记本崭新的几页整洁地写上几行。伊娃负责给我们做饭，她通常会做意大利面，浇上用鸡肉、豌豆和胡萝卜烹出的奶油色浓汁。如果是我们手头比较宽松的几天，她就会给我们加菜，做波特贝拉鲜菇或者是来几勺鳄梨。我总是喜欢带点吃的到伊娃家做客，这样我还有点贡献。虽然我的计划总是排得满满的，但抽出点时间停下买点东西还是不难的，而且杂货店就在第26街上，第8大道过去就是了，和伊娃家只隔了两个街区。

一天晚上，从夜校下课后，我在联合公园通往伊娃家的路上，突然萌生了一个念头。我打算照例在超市门口停下，然后偷偷摸摸地拿点东西放在我包里，再从侧门悄悄地溜掉。这样一来，我们三个就能裹着睡衣，慵懒地躺在伊娃家的沙发上看着电影再大吃特吃一顿了，想着就很不错。其实并不是我没钱付账，事实上，第二个暑假我曾在纽约公共利益研究机构工作过，在那赚的钱我基本都是随身带着。但是有钱才能生存，所以我尽可能地存着这笔钱。那天晚上，照例我去了一家超市，但是绝对没打算要花钱付账。

起初，这项计划进行得还很顺利。我手里拿着鸡排和乳酪，准备把东西藏在书包里，就在这时，我瞥了一眼商店经理，突然停了下来。他身材矮小，却粗壮敦实，是个拉丁人，系着领结，耳后还夹着一支钢笔。他盯着夹写板旁边的几张纸，一边核对装货，一边指挥着一些员工，他已经忙得大汗淋漓了。我还注意到正在录入货物价格的出纳员，又看到一个年长一点儿的女人正把包放在手推车里准备带回家。我站在那儿，看着他们每一个人，突然意识到我其实根本不想从这儿偷走任何东西，这么做根本是大错特错。这个经理为了维持生意辛苦工作，而这些我是第一次真正看在了眼里，我不知道以前站在这里为什么就没有看到。此时此刻，我手拿着那罐乳酪和鸡排，突然间感到自己厌恶至极。

这学期刚开始，学校里就发生了一起学生钱包盗窃事件。社区就此召开了会议，佩里先发起了讨论，说道："其实钱包丢了并不是我们最大的损失，我们最大的损失是我们这个社区的诚信已经消失殆尽了。这不仅引发了一个我们是否还能相信彼此的问题，而且还需要一段时间来重塑我们之间的信任。这对我们社区是个打击。”

那时候，在预备学校里，每一个人的行为动机和对集体的影响都清晰可见，这种意识对我来说始终是模糊的。直到我站在超市里，看到那个超市经理，才发现自己已经成为贼群里面的新成员。还没上预备学校的时候，我就从来不是大家所说的社区中的一分子，也没有想过我的行为会影响任何一个人，而不仅仅是我自己和我的生活圈子。

但是现在站在超市里，回想起我们在社区大厅的那场会议，我开始认真地找寻自己做这些事情的起因和后果。乐观地看，商店盗窃将会引起物价上涨，人们就得花更多的钱买生活用品，最坏的可能就是商店经营不下去了，出纳员和经理都会丢掉他们的饭碗。我想，到时候人们心中的诚信就不复存在了。我又瞅了经理一眼，想着佩里说的话，然后拿着鸡排和一罐乳酪朝着结账台走去了。

这并不是说我就从此洗手不干了，其实后来我又偷过。但是那天确实是我坚持不再偷窃的开始，也是我逐步认识自我这个漫长的过程的开端。我慢慢懂得，其实我和其他人是紧密联系着的。

我拿着东西朝结账台走去，从书包底部掏出几张皱皱巴巴的钞票。那个出纳员朝我笑了笑，找了我一些零钱。我停下来注意到柜台那头正给我打包的小伙子，动作非常娴熟，麻利地两下就装好了东西。这让我想起来几年前我在超市帮忙打包的时候，我出去时，把零钱给了他做小费。他回了声："谢谢。”

海报板是用鲜明醒目的红色墨水写的，用蓝色和黄色墨水点缀在白色纸板上，写着“B细胞告诉T细胞要击垮病魔”。这让生物课更加生动，贴近生活。

作为三人学生组中的一分子，伊娃和我打算用新鲜独到的方法来展示细胞是如何在免疫系统对抗艾滋病毒中发挥作用的。我们打算一起站在后面，然后摆出一幅画面：拳击场上，一个拳击手把红色手套举在下巴的位置。场边教练拿着毛巾给他擦着脖子，手里还拿着一瓶水——这就是B细胞，一个沟通者。而擦汗的拳击手代表的是T细胞，是雄心勃勃满怀希望的战士。强大的竞争者就代表着艾滋病毒，高大地耸立在对面，气焰嚣张。

伊娃俯下身去，把长发顺到耳朵后面去，耳坠随着左右摇摆，她鼓起腮帮吹着没干的墨水。现在在上预备学校第二学期的萨曼莎，给她递过来记号笔并加了一个标题：“掌握自己命运，抗击艾滋病毒传播。”

“我们应该把这场战争变成一场血战，比如：‘我要杀了你！’你明白我的意思吧？”萨曼莎拿着刀在空中比画了几下喊道。我们三个都大笑不止。在预备学校见到她就像和家人重逢了一样，她并不是天天来上课，但是却足以享受到我们这个小团体的乐趣。她广交朋友，特别讨老师的喜欢。那天下午对我们来说很重要，萨曼莎还为这个场合特别装扮：她穿着破烂不堪的长裙，还穿着系条纹领带的蓝色男式衬衫和一双战靴。

“拳击手那个创意真是太酷了。”萨曼莎佩服地说道，边说边耸肩膀，把口香糖吹得啪啪作响，然后倚下身来，掏出铅笔在艾滋病毒的“脸上”画出了一只黑色的眼睛，她使劲地在纸上越描越深，说道：“忘掉这个家伙吧，他早该被淘汰出局了。”

“还有字，好主意。”我傻笑着对萨曼莎说。

我也蹲下，拿着铅笔给艾滋病毒画了一个破裂的嘴唇。“让我们把他画丑点吧。”我跟萨曼莎说道，然后就拿着铅笔在纸上乱涂一气。

我们要在预备学校中心做这个展示，一群学生正在那里等着我们。我们要做的，就是用这些角色使我们的同学能够对艾滋病有警惕意识，使艾滋病毒和免疫系统之间的细胞大战能够跳出这张海报，真正保护别人的生命。鲍比、乔西和菲尔也在等候的人群里，和其他预备学校的同学坐在一起，他们也在上第二学期。我只用了短短几个星期的时间，就明白了预备学校的环境是如此舒适优越，可以让我感受和信任来自老师的关爱。当我真正了解到预备学校和普通高中的差别以后，我就回去鼓励我的朋友也去面试一下。后来，他们也来了，并且其中有些人已经被录取了。萨曼莎、鲍比和我还一起上过几节课。

有时候，和朋友一起上预备学校也是件麻烦事。不止一次了，他们中有人想要逃课，而且还劝我跟他们一起去。这对我是非常有诱惑力的——看到他们在门口挤成一堆，然后溜走跑去热闹的曼哈顿大街上，我也想像以前一样溜出去玩儿，想象着和他们走在格林威治村和切尔西大街上，或是溜去看电影或是坐在公园里，每当这时我就感觉自己坐在教室里是多么无聊。况且，我从来不愿意用严肃教条的学校制度给我们小组任何一个人施加压力。有那么一些时候，不逃课对我来说实在是太难了，但是我始终想着那晚我坐在楼梯井，用蓝色钢笔整洁地写下一小列A的成绩单。我沿着这条轨道一路跑着，越过千难万险，一次勾上一个A，把它们累加起来，这就是我的大学门票，只有我自己可以帮我考上大学，其他人都帮不了。

当然，我始终把预备学校当成是我的家，它对我来说意味着一切。我想起了以前经常和父亲一起坐在沙发上看到深夜的电视剧《幸福》。不论那个角色诺姆什么时候走进来，每个人都异口同声地叫出他的名字。小时候我还不太懂这个电视剧，但是至少我懂得角色里传达出来的归属感，而且我很期待自己能拥有这种感觉，期待有一个可以寄托的地方。上预备学校以前，尤其是我的朋友们还没来上预备学校的时候，我从来不知道有那么一个地方，在那里每个人的名字大家都知道，每个人都受欢迎，可以共同为他们的目标奋斗，现在我们就在这个地方一起为更好的生活奋斗。这对我来说意义非凡。

“我们走吧，我想他们已经准备好了。”伊娃说道，然后高高地举起海报板。她描画的人物是一对坐在床边愁眉不展的夫妇，因为他们都记不起来在一次酒后激情中是否用了安全套。伊娃给那女孩画了蜂蜇了的厚嘴唇和鼻环，一副忧愁的样子。他们的想法全部写在气泡对话框里，非常醒目，还用了一些非常引人注目的词，比如信任、选择和结果。伊娃、萨曼莎和我三个人捧着这些道具，走进了会议室的门。

“没有人想得艾滋病。”作为开场白，我说道。为了这个场合，我没有穿黑色套装，而是专门穿着绿色毛衣蓝色牛仔裤来，我为此买了很多颜色鲜艳的衣服，这是其中的一套。

“但是这经常发生，艾滋病拆散了很多家庭，夺走了很多生命。我们今天聚在这里就是为了让自己远离艾滋病，这就是我们要做的。”

花了整整半个小时，萨曼莎、伊娃和我用我们学到的知识和各种案例做了演示。当讲到艾滋病是如何在人体之间传播的时候，我仿佛看到了母亲，但不是在医院里那样病恹恹的样子，而是笑着的样子，充满了生机和爱。我看见她跟我一起笑着，紧紧地握着我的手走在莫苏鲁公园大道上，把蒲公英的种子吹向天空，许下心愿，那时候艾滋病毒已经在她身体里疯长了。她希望我能够上学，希望我能够过有机会选择的生活，希望我可以一切都好。

施乐的机器还真是好用，打印出来的这 10 份成绩单整洁清晰。我坐在杰西空空荡荡的辅导员办公室，读着每一科的分数：92，94，100，100，100，98……我在每学期总共超过 10 门的课程中大多数都拿到了 A+ 的分数。我的计划是把每学期当作一个学年来用。那天上午剩下的课都集中在预备中心进行，和杰西的办公室就一墙之隔。我决定周五要搞定奖学金的申请材料。原本申请要在年底时候才进行，但我计划要提前把奖学金拿到手。

杰西是我的辅导员，是她帮我做的这个决定。在上大学前的最后几个月里，我们经常在午饭时间或者放学后在她那不大的办公室里谈论着有关大学的一切。

“莉丝，你的成绩很好，有大把的学校可以挑。我很看好你。”她说，“但是你最好盘算好怎么支付学费，赶早不赶晚。”

一个下午，杰西交给我一个马尼拉纸信封，里面装着一些她挑选过的适合我的奖学金申请表格。杰西还解释说，凭我这样的成绩，州立学校几乎百分之百会给出全额奖学金。我只需要填一份联邦助学申请表。同时，杰西说其他类别的学校收费会高一些，所以最保险的办法就是申请尽可能多种的奖学金，来保证在无经济后顾之忧的同时，选择面宽一些。听起来不错。

“如果一流学校的学费实在太高，”我一边拆信封一边问杰西，“比如一年3万美元，那么我申请的奖学金会有那么多吗？或者说足够支付学费吗？”

她的表情说明我没明白这是怎么一回事。

随后的几周我开始自己着手处理申请事宜，而且很快明白了杰西为什么会有那样的表情。还是在她空荡荡的办公室，我关掉灯，就着透过十字窗棂照射进来的阳光准备材料。用了近一小时，我把传单和宣传彩页按类分好了。所有的宣传品都是精心装饰过的，来自天南海北的学生灿烂地笑着，高擎着拇指，像是要说各种各样的公司赞助贷款、奖学金和补助有多么多么好。时不时地，墙那边的所有学生会因为老师们的几句话送上一阵掌声，而我根本不知道他们说了些什么。我不去参加这样的聚会是因为申请的截止日期就要到了，我要全心全意、小心翼翼地准备。资料实在太多了，我不得已开始一目十行地浏览，只注意有关他们能提供多少金额的信息。

一家金融公司组织了一场题为“自由市场下的自由贸易”的征文活动，并宣称会奖励胜出者500美元。他们简直是在儿戏！太令人失望了！花了那么长时间准备、审核、批复，最后却只能拿到这么一点钱，整件事把我搞糊涂了。隔壁又传来一阵掌声，欢呼声四起。我把申请表放到一边，打算去图书馆写。还有一家公司组织学生们以过去百年内的杰出政治家为对象撰写政治短篇小说，优胜者会得到250美元，还有提供400美元的，1000美元的，林林总总。估计这点钱勉强能解决在一所一流大学的吃饭问题。我又开始琢磨：对于那些家境艰难的人，要是没有一年数十份的奖学金支撑，怎么才能完成优质的高等教育？最后，我翻到了一份最有希望的申请单，而且也是杰西力荐的。她不仅加了星标，还用深蓝色笔写着“为你量身定制”。这是《纽约时报》本科生奖学金计划，向合格的大学生“每一学年提供12 000美元”的资助。很明显的，他们了解就读一流高校的花费不菲。他们的表格除了一般问题（如平均成绩如何、参加过何种校外活动）之外，还要申请者写一篇文章来阐述为了要在今后取得学术成就，在生活中所要克服的困难。

我瞪圆了眼睛。不是开玩笑吧？真就这样吗？这太棒了，我简直喜不自禁。我双臂一振，把桌子清空，铺开一张空白的便笺纸开始列提纲。我奋笔疾书，用符号标记出重点。几分钟内我就写好了一段。我想应该就是这样。我打算停下来歇一歇，出去接杯水喝。我刚走出办公室，隔壁的会议刚好散了，学生们呼朋引伴地涌出了教室。高年级的贝西姆迎面走来，拍拍我肩膀说：“表现不错！”我捧着杯子很纳闷地看着他。

“嗯，是。”我迟疑了一下。“那么祝贺你！”他对我说。

我还是茫然地盯着他的脸，最后我终于开口问他：“祝贺什么？”

“为你所获的所有奖项，”他说，“大家对你赞不绝口。所以，祝贺你。”

我神情恍惚地离开了，甚至没意识到那是一场颁奖庆典。

我跑去佩里的办公室找他。他停下了正在讲的电话，对我说：“上了大学我们会想念你的。”然后把一份写有我名字的文件夹递了过来。

回到杰西的办公室，我翻开那个文件夹，一项项把我所获得的奖章找出来。每张奖章都是装饰过的白色纸张，纷繁的蓝色纹饰衬托着字体花哨的“莉丝·默里”。大约有十几份，包括一份奖励我在学校才艺秀中饰演哈姆雷特时的出色舞台表演的，一份表彰我对社区艾滋病同伴教育计划所做的贡献的，还有一份认可我在多个学术领域获得了出色成绩的。

一瞬间我又回想起了申请奖学金时的情形。那天的课都结束了，我看到申请奖学金的学生们在一层的窗外三五成群，或抽着烟解闷，或嚼着口香糖发呆，或扎堆谈论着什么。

我把笔抵在纸上，微微发抖。神情恍惚中，我在纸上倾泻着一切。我所受的挫折，我所感的伤悲，那些所有令我悲伤的事情，我攥着笔把自己的故事写在这字里行间。是往事呈现了文字还是文字在回忆往事并不重要，因为其间并没有我的存在，我的灵魂似乎游离了出去，一边看着肉体的我如痴般奋笔疾书，一边看着不堪回首的往事如烟湮灭。

当晚我把文章加急打印了出来，和成绩单订在一起。万事俱备，就剩申请学校了。

我以前压根没想过要申请进入哈佛大学，事情是这样开始的：学校面向全体学生组织了一个名为“探究城市”的项目，其中最优秀的10名学生被安排在周末前往波士顿进行实地考察。当时佩里希望能对学生们的辛勤付出进行奖励，于是他和另一名老师一道安排我们搭乘美铁列车去“过周末”，就住在波士顿大学的宿舍。伊娃和我都够资格参加这次考察。我俩坐在大块头的城际列车里漫无边际地闲谈，来打发这4小时漫长的旅程。一路上我不停地打断谈话，兴奋地指着窗外飞快掠过的景致给伊娃看：“看呐！”房屋跑成了线条，水面闪动着粼光，只有天际开阔安如老者。伊娃以前跟着她祖母和父亲去过巴黎，见过些世面，美铁的旅程对她没什么吸引力，但她还是迁就附和着我，每次我兴奋得忘乎所以时，她也凑过来，看看这些寻常的东西这会儿有什么不寻常的。

这头一次坐城际列车旅行就像是一次冒险。我激动得有些目眩神迷，滔滔不绝。我们去餐车办私事时，我又一次打断了伊娃的话，不过这次是从伊娃讲她男友艾德里安的事情到一半时打断的。我猛地起身到对面的座位上，在她右边坐下来。“我无处可住了，”我冷不丁地向她坦白说，“别告诉别人，好吗？”我们在餐车里一边吃着百吉圈，一边谈论着詹姆斯和艾德里安。我有些担心我突然冒出来的那句“宣告”让话题变得沉重了。

“我不会和别人说的。”她说，一点儿都没表示出惊讶。我每晚在她公寓里过夜，这应该早已对伊娃表明了我的境况。“我发誓。”她又说，微笑着想让我放心。她抻展了百吉圈的袋子。在余下的旅途中，我们就像是彼此的日记本，倾诉着男友、喜爱的音乐，还有各自的梦想。

伊娃也想上大学。“那里一定要是一个我能把自己锁在屋里安安静静读一天书的地方，一个真正是学习天堂的地方。哦，对了，还有，一定要能置身于自然，远离城市；一定要风景如画，绿荫环绕。”她这样描述着，“我还想让艾德里安能和我一起来。”她又问我的想法。

“我不知道我想去哪儿。也许去布朗吧，听说布朗挺好的，或者会去加州的一所学校吧。”我回答她，“萨曼莎和我曾经说要相守一生……我也想去一处美丽的地方。”

对于波士顿大学的学生来说，宿舍就是整个天地。我和伊娃住一屋。我把行李扔到床上就匆匆跟同学去玩了。这是一个陌生又令人兴奋的地方，这里的建筑物让我心情很好。我们穿着短袜在楼宇间跑上跑下互相追逐着，带着尖叫声和笑声飞快轻巧地跑过一台台自动售贩机、一面面三角旗帜、一块块海报栏，在走廊和墙壁间回荡环绕。一个高个子、黄头发、戴着大耳环的女生莫妮卡追着我和伊娃。最后我们倒在地上，拉着手不停地咯咯笑着。窗外是一处巨大的田径场，远处就是繁忙的波士顿市。这就是为什么一提到“宿舍”就会让肯他们那么兴奋：这完全就是一个开阔的空间。考察前，我把T恤都挂在衣橱里，把换洗的牛仔裤叠好了放在一个抽屉里，用指尖摸了摸母亲的相片，再把她给我的硬币放在前裤兜里。这是我这么多年头一次有了可自由支配的时间，虽然只有短短的两夜。头一次，我对自己的收获感到自豪。我对自己说，我也可以住在如此美丽的地方。

波士顿很美，佩里带着我们穿过一个叫作毕肯丘的地方，那里绿树遮蔽着街道，乡间房屋和褐色的石头隐现在绿色中。你可以透过老房子一层的窗子看到屋内，客厅里的陈设一览无余：嵌在木墙里的水晶烛台和陈旧的书橱，式样过时的家具，但是屋子被壁炉烤得暖暖的。光从窗子里看真是看不够。它们让我感到世界充满希望。这些带有灰色百叶窗、掩映在郁郁葱葱的枝丫间，还点缀着白色的建筑很是迷人，鹅卵石的街道上还有花瓣星星点点地散落着。这里就像是另一个世界，令人神往。

佩里任由我提问："买这房子要多少钱啊？这些人都是做什么谋生？……大学是什么样的？"

我们走了一下午，不停地问了一下午。午餐时候我们按计划走进了哈佛广场的一家中餐馆，名字叫燕京。佩里首先宣布，我们会在哈佛广场的约翰·哈佛雕像前合影。我在电视上听说过哈佛这个名字，但从未亲眼得见，甚至连张相片都没见过。我对哈佛充满了好奇。

我没想到我能把那个下午在哈佛里的经历写下来。在写这些的时候我正穿得邋里邋遢在收拾行李，而且还忙着回想那次新奇的美铁之旅。

正如我先前说过的，很多年当中，我总感到有一堵墙横亘在我前进的路上。墙的一侧是我们所在的这个社会，另一侧是我自己、我的朋友和贫民区的人们。

伫立在哈佛广场上就像是在触碰那面墙，让手指在它粗糙的边缘上滑动，同时质疑着它的权威。

学生们沿着茂密的草丛间的小径走着，或抱着书本，或穿着有哈佛标志的深红色毛衣。约翰·哈佛的雕像前，一群日本游客在变换着姿势留影。我们排在他们后面等着。哈佛的学生们在公共草坪上垫张纸看书，或坐或躺，横七竖八。那些红砖砌成的建筑仿佛是由建造毕肯丘那边房子的建筑师修建的，也有着久远、威严的外观，似乎历史久远到不可追溯了，但同时也很漂亮。这些建筑构成的景致激发了我对一些难以言表的东西的渴望。这感觉一定显现在我脸上了，当时我和佩里并没有交谈，他凑过来说："嘿，莉丝，考虑过申请读哈佛吗？这需要你去努力争取，而且并非不可能。"

我尽力去理解佩里的意思。没有，我以前根本没有想过申请哈佛这件事。但是当我站在那里的一刹那，我摸到了那面墙，我想：尽管很有可能我不会被录取，但至少我是有机会的。

那是一个阴雨绵绵的2月的下午，我合上了伞，走进《纽约时报》大楼的旋转门，大楼位于时代广场右面的第43街，而来这里是为了奖学金的面谈。萨曼莎陪我逛了福特汉姆大道的廉价商店买了卡其布裤子，那件下摆有扣子的衬衫基本上很适合我，如果我用裤子遮住靴筒，那双黑色旧靴就有点像配裙子的鞋子了。莉莎把她的大衣借给了我，尽管丢了一颗扣子，但我觉得穿起来还是显得挺正式体面的。总共有3 000名高中生申请了这项有6个名额的奖学金，最终有21名被选为候选人，我就是其中的一名。那个极其寒冷的下午就是我参加面试的日子，我已经做好了准备。但同时，我也感到疲惫，因为那段时间真的是很漫长。

那漫长的日子始于我和莉莎一同去寻求政府的福利金，莉莎和我之所以需要政府福利，是因为我们急需得到租金，需要租金是因为我们租到了一套房子。

我第二次在NYPIRG的暑期工作中积攒了一些钱。莉莎和我做了一个约定。只要我年满18岁，就可以合法地签订租约，再也不用担心被带到托管所，我情愿花费我所有的积蓄，哪怕一块钱也不剩，也要让我们住进贝德福德广场里的一居室。除了房子的产权费，第一个月的租金，安全押金，一个床垫，一些瓶瓶罐罐，锅碗瓢盆，一张餐桌，两张椅子，所有这些置办齐全之后，我基本上就宣告破产了。而这时，我几乎忙得焦头烂额，有11门课要上，还要申请大学，这么忙已经让我完全没有精力工作了。为了报答我所做的，在Gap工作的莉莎将支付我们所有的费用直到我结束学业，可以重新工作为止。而这样也会让她把钱花得一干二净。尽管经费是如此紧张，我们还是想方设法地去应付。有时候买些吃的，只享受最基本的电话服务，但我们还处于几乎不能付房租的边缘。附近的汤餐馆是稳定的食物来源，特别是多尔青年社的工作人员把他们储藏室里堆积的东西给我，这简直就是我们的救命稻草。作为协议的一部分，萨曼莎将与我共享一个卧室，她与我和莉莎同一天搬了进来。

12 月里的一个星期六，天空飘着鹅毛大雪。菲夫、萨曼莎、伊娃、鲍比、詹姆斯和我一起帮莉莎把她的东西从布里克那里搬到我们的新家。两地相距并不算远。我们提着灯，拎着大包小包一路连滑带跑地经过泥泞的地面。那是午夜 2 点，我们望着耀眼洁白的雪花在路灯的照耀下闪闪发亮，笑声在空气里轻快地回荡。詹姆斯一把把我推进雪堆里，我们便笨拙地摔在一起，砸成了堆。他亲了我，把一个冰冷的拳头大小的雪球打到了我的脸上。我尖叫着追赶他。菲夫和鲍比把莉莎的床搬上菲夫父亲的货车，他们穿的外套像两个大气泡，厚厚的登山靴在车子湿漉漉的金属表面上不断地打着滑。

从那天开始，莉莎、萨曼莎和我本来是一切顺利、平安无事的。然而搬进新家两天后，莉莎就失业了。我们还没有支付一分钱呢，一切都指望着莉莎的工资。当收到她最后一次工资支票后，就没法购买食品了。我们真的一无所有了。

那是最后一个学期，我有一整年的高中学业要完成，还要参加大学入学面试，所以我不能工作。几个星期来，平均每天我都要在学校学习 10 个小时，晚上回家后还要完成大学申请，申请资料散乱地放满了整张餐桌。我和莉莎、萨曼莎每天都定量分配我们从多尔那里得到的食物。在没有工作的时候花光了积蓄，同时还要上这么多的课、申请大学，这真是祸不单行啊！就如同在赌博，而且下了错误的赌注。至少从我自身来讲，我本来可以很谨慎地尽量减少花费，用我的积蓄生存下去。然而这所有的一切都投资到这套房子里了，我已经身无分文了。每天我离开房子去学校，莉莎都盯着工作栏看，但毫无所获。之后，各种缴费通知接二连三地邮寄了过来。白色信封里的账单中间用粗粗的红色线标了出来，我们开始倒数打印在上面的终止服务的日期。压力越来越大，像山一样压得我们喘不过气来。

申请福利保障似乎成了一个可行的解决方法。政府得帮助我们。我和莉莎对政府援助并不陌生，我们曾陪母亲一起去办过很多次，所以我知道可以得到什么。然而，我对如何应对接待我们的粗鲁的女职员却毫无准备。我们一次又一次地被拒绝，因为缺少这个或那个文件，比如要证明我们的母亲已过世，父亲没有照顾我们。但是如何证明并不存在的事情呢？如果我们不能提供母亲死亡证明的复印件，那该怎么办呢？但是后来，我去参加奖学金面试的那天，我确信我们准备了所有的材料，而且丝毫没有差错，那天早上我只要去办公室明确我们的情况，得到证明，就能付我们的租金，还会得到一些食品券。但是这一切都没有预想的那么顺利。

“你们没有资格获得政府援助。”工作人员很认真地说。她合上手中的文件，将它扔到了桌子上。

很显然她并不想继续多做解释，但是我还是问道：“您是什么意思？”

她急促地吸了一口气，唇齿间发出一声吱吱声，然后转动了一下眼球对我说：“我的意思就是我刚刚说的，你不符合，没有资格，小公主。”

公主？她这么叫我，这让我想起了和卡洛斯在汽车旅馆一起生活时的情景。生活在我面前隐藏着一个事实：我有很多的需求，为我提供这些需求的人决定着我的生活，而且远不止这些。我的需求越多，就越多地受制于他人怎么对我。我决定要加倍努力奋斗，像这个女工作人员一样的人们应该退出我的生活，直到他们在我的视线里消失为止。

“我明白您这句话的意思，我只是想知道我为什么没有资格。”

她说了很多，眼睛不停地转，半天我也抓不着要领。和别的其他接受帮助的人一样，我发现自己在和一个麻木冷漠的工作人员谈话。一道墙堵在了我和我想要的东西中间，而这就是墙上的又一块砖。

我感觉得到我气血上涌。在那一刻，她就是所有对我说“不”的人，所有挫败我的工作人员，所有在第一中学拒绝我的老师。我气得脸色发青。终于，我忍不住抬起手在她面前做出一个停止的手势，手真的离她的脸非常近，说道：“你知道吗？我一会儿要去参加哈佛大学的面试，没工夫在这儿和你浪费时间！”我的出发点就是想攻击她，让她知道即使此时此刻她有权决定一些东西，但我将会去一个比福利办公室更大的地方，见到比她更高级的人物。

她冲着我笑了起来：“是吗？接下来耶鲁夫人会来我这里，你还是早点去和你的哈佛见面吧！”

我的脸涨得通红，非常气愤地夺门而出，逃出那个令人痛苦的办公室。其实也无所谓，虽然工作人员怀疑我，但那天下午我真的和一个哈佛校友有一个面谈。事实上，我那天的安排满满的。首先要准备我的福利申请，接着是哈佛大学的面试，最后是去《纽约时报》的面试。我尽力减少在学校的缺席。所以我把这 3 个约定安排在同一天，我希望可以一切顺利。一个按部就班的一天：政府福利、哈佛大学、《纽约时报》。最后的事实证明，福利申请是那天唯一的一件不顺利的事情。

我在东 50 街的一家法律公司的办公室见到了哈佛校友。即使到现在，对于面谈我也只有一个模糊的印象，他礼貌地问了关于学校的一些很标准化的问题，我生命中想做的事情，还有我的教育和职业目标。只记得面谈结束后下电梯时，我觉得进展得很顺利，然后就打开记事本核实下一个目的地——西 43 街 229 号。

终于摆脱寒冷的大雨，我走进大楼，通过安检，被带到了一个小屋子里，所有的奖学金候选人都在那里。我找到一个座位坐下，很快就适应了环境。两个面容紧张的高中生和他们父母一起坐在沙发上，屋子里毫无生气。有的人来回踱着步，一位母亲不停地推捏着她女儿的肩膀。一份份的《纽约时报》在一张小桌子上堆积如山。

我明白赢得一份奖学金的重要性，但是对这次奖学金的重要性并不是真的很清楚。我知道没有奖学金，哪怕是一半的奖学金，我是进不了一所一流大学的。一流大学会提供最多的选择，而这正是我所追求的。哈佛的学费高得惊人，而目前我连一个火鸡三明治都买不起，所以我知道我需要这份财力支持。我所不明白的是由《纽约时报》提供奖学金的意义。在我认识的人中，我从未见过有人读《纽约时报》，所以对于一份报纸的影响力，我完全没有概念。在我的邻居中，如果有人读报纸，他们会读《纽约邮报》或者《纽约日报》。我见到的唯一读又厚又大的《纽约时报》的人是职业人士，他们会在上班途中读。我以前当然从未看过。然而其他人的踱步、明显的紧张或过于兴奋的谈论反而在我身上完全没有体现。我的无知让我没有意识到这到底有多重要。我在预备学校有过演讲的经验，而且也懂得怎样可以和人轻松自然地交谈，所以我并不十分紧张。事实上，经历了这漫长的一天，有一个温暖的地方坐下已经让我感到很好了，我甚至感觉在椅子上坐着很舒适，很放松。

在这个狭小且没有窗户的等候室里，我期待着这一天的第三个面谈，我的目光落到了一张摆放着茶点的桌子上。一瓶瓶水像工业生产线一样一排一排完美地摆着，旁边是一盘点心，有牛角面包、百吉圈和松饼。接待我们这些候选人的是一位活泼开朗的女士，她脸上总是挂着可爱的笑容，但她的名字有点吓人，叫谢拉。她鼓励我吃一些点心："亲爱的，拿点吧，没有一个人碰这些点心，最后都得扔了，这一整盘都等着你拿呢！"

我听到他们喊我的名字，谢拉转身走在前面为我带路。我迅速将炸面圈和松饼连挤带塞地放进书包。谢拉说我可以自便的，要不无论如何它们会被扔掉的。

我走进一个会议室，中央是一张橡木桌子，围绕桌子坐了大约 12 位西装革履的男士女士。在桌子的一端有一个空位，很明显我应该坐到那里，所以我走了过去。

我手上依然黏着炸面圈上的糖，于是说道："对不起，请稍等一下。"就从桌子上的盒子里抽出纸巾，一边擦着手一边坐了下来。此时，12双眼睛盯着我，好像想弄明白我在做什么。

我知道面试的问题一定是有关我的申请的。他们要我描述我所克服的一次困难。因为我已经年满18周岁，再也不受儿童福利的监管了。我在给《纽约时报》写申请的时候，写到自己无家可归，毫无保留。

在面试中，我说了更多申请上没有写到的情况。我告诉那些作家、编辑、戴着看似名贵的手镯和领结的西装革履的人们，告诉他们有关父母的情况，告诉他们学院大道，告诉他们妈妈卖感恩节火鸡，告诉他们我靠朋友的救济生存，在楼梯间睡觉，还告诉他们有时候我会挨饿，有时会从多尔那里弄点吃的。屋子里变得静悄悄的。一位打着红色领带、戴着眼镜的男士将身体向前微倾，打破了沉默。

“莉丝，还有其他的情况想告诉我们吗？”他问道。

我呆住了。很显然我应该说一些让人印象深刻、有思想有深度的事情，那样可以让他们觉得我获得这份奖学金是实至名归。

“嗯，我需要奖学金，我真的很需要。”这是我想到的第一件事。听到这句话每个人都笑了。如果我能想到一件听起来更复杂、更让人印象深刻的事，我一定会说的，但是这是我脑子里唯一的一件事，我的真心话。

有人说见到我很高兴，好几个人和我握手。

一个名叫兰迪的记者把我带到楼上的一个小餐厅里，《纽约时报》的员工每天都在这里吃午餐。这里来来往往的每个人都穿着西装，腰间钥匙链上挂着ID卡。兰迪坐在我的对面，他是一个白人，看起来30岁左右，穿一件有底扣的蓝色衬衫，系着一条领带。他对我很友好，还为我买了午餐。

“对不起，莉丝，我们不算是做正式的采访，”他说着，一边咔嚓咔嚓地按着他的笔，“能告诉我你怎么变得无家可归的，你的父母为什么不能照顾你吗？”

和他坐在这里，我满口塞着暖暖的意大利通心粉、奶酪和鸡肉，狼吞虎咽地吃着可口甜美的苹果酱。有这样温馨的午饭，还有这位记者的关注，我兴奋极了。能置身于一座真正的办公楼，到处都是职业人士，就和我在电视里看到的一模一样，我激动极了。经历了过去几年的事情，还有那一整天的遭遇，和他的谈话竟变得异常轻松愉快。我把所有的事都告诉了他。我告诉他自己不断长大，看着父母一天天老去，告诉他失去了妈妈，告诉他汽车旅馆的事，甚至连那天早上在福利办公室的情景也告诉了他。

多少年之后，我经常反思，我那时是多么幸运啊！我幸运，因为我没有意识到那天发生的事情是多么困难。如果我知道我和哈佛，和《纽约时报》的面谈是多么困难，如果有人告诉我这些事困难重重，几乎不可能实现，那我可能根本就不会去做。但是当时我还不知道要去分析成功的可能性，我唯一要做的就是展示自己，只要做就是了。在前几年里，我知道了这个世界上到处都有人时刻准备着告诉你：事情应是怎样的，什么事情意味着现实可行。但同时我也体会到，其实没有人知道事情的结果会是怎样，除非他亲自去尝试了。

我们的谈话结束后，我感觉自己又向前迈了一步，我看到自己在跑道上全速奔跑，障碍又一次被我抛在了身后。

那之后的第二个星期五，我们房子里的电话响了。听到电话铃响我确实很吃惊，我原以为电话那时已经被切断了。因为几个星期以来我们一直收到切断电话和断电的通知。事实上，我很确信我们离一无所有，包括失去这套房子，也就剩下几个星期的时间了。我已经开始计划把能打包的搬出去了。

“请问伊丽莎白·默里在吗？”我拿起话筒，听到了一个非常职业的声音。

“我就是莉丝。”

“我是《纽约时报》奖学金项目的罗格·莱赫卡，我打电话是要告诉你，你是 6 名获得《纽约时报》奖学金的学生之一。”

如何描述获得奖学金后的生活？旋风，是我脑子里想到的唯一的词。就像泄洪的闸门打开了，我从不知道我的生活会如此不同。如果之前我对此一知半解，我很快就知道《纽约时报》的影响力了。

6 名奖学金的获得者接到通知的下一个星期被要求再次到时报大楼拍照。莉莎陪我一起去的。我们和其他的获得者坐在一起，他们的父母坐在那个毫无生气的小屋子的后面。莉莎高兴得不得了，她环顾四周，不停地看屋子里的每一件东西，不住地笑着。

“我们在哪儿呢？”她问道，一边咯咯地笑着，“真是太好玩了！”

“我也这么觉得。”我和她一起笑了起来。我们都感觉这很酷。

我和大家一起拍了一张照，然后自己单独拍了一张。为了拍第二张，我被电梯带到了纽约时报大楼更高的一层，到了一个图书馆里。站在一架架的图书中间，我想起了住在学院大道时父亲带我到图书馆的那些时光。摄影师让我坐在大大的窗前，光线从我的身后透过来照耀着屋子。当他的相机咔嚓响的刹那，我想：要是父亲看到了会说什么呢，要是母亲也能看到……

我开始并不明白这些意味着什么，直到有一天报纸上的一篇文章成了热点话题，6 名奖学金获得者的相片印在都市板块上（与一篇报道比尔·克林顿和希拉里·克林顿的文章相邻），全世界的人都能读到。所有的人，包括我在预备学校的老师，他们将会知道我所有的情况。我有点担心他们会以不同的眼光看我。事实却证明恰恰相反。佩里很骄傲，其他老师也以我为荣。每个人都关心我怎样付房租，怎样维持稳定生活，而且不只我的老师们关心我。

我不认识的人开始来预备学校见我，给我拥抱，送我鼓励的话语、衣服、食物，还有人寄给我爱心包裹。他们帮助我，却不求回报。

我接到了铺天盖地的邮件，有人寄给我他们挂满笑容的家庭相片，也有来自全国各地邀请我到他家做客的，他们还送我书。有一位男子了解我的情况后，号召他的朋友和我们社区的一些人支付了我、莉莎和萨曼莎欠下的房租。是他们让我们能应付生活，继续生存下去，他们还买来各种东西塞满了我们的冰箱。

我再也不用睡在大街上了，永远都不会了。

所有这些意想不到的慷慨之举中，最令人感动的是人们帮助他人时的精神。当他们出现在我的学校，当他们微笑着看着我的眼睛，当他们详细地询问我的需要，这种精神就在他们的情绪中。在他们当中，有一个快 50 岁的女士，穿一件黄色连衣裙，在快放学的时候出现在我的学校门口。爱普从后面的办公室把我叫了出来，当我出来的时候，这位女士看起来很紧张，紧紧地抓着她的项链，焦急不安的样子。

她走向前做了自我介绍："我叫特丽莎·特里 ……首先，我要向你道歉。"她说着，站在 19 路的路边上。我有点疑惑，我之前从未见过她啊。她继续说道："报道你的那份报纸放在我家冰箱上好几个星期了，可是我却没钱帮助你。我本以为我什么事也不能为你做。但是昨天晚上我给我女儿洗衣服时突然想到，我多傻啊，也许我可以给你洗衣服啊！我想你在学校要忙于学业，如果可以，我来帮你洗衣服吧。"我有点疑惑地看着她。她又问道："嗯，你有衣服要洗吗？有吗？"

每星期一次，她都会开着银色的小卡车停在我学校前拿要洗的衣服，把干净的、折叠整齐的衣服送过来。她真的信守她的诺言。大多数时候她甚至还会送我一包曲奇饼。她说："莉丝，我能做的不多，但我知道我可以做这件事。"因此，我在学校学习 11 门课程的时候，特丽莎·特里，给我洗衣服。

人们从不知道的地方赶来，用各种方式帮助我。当第一次有人帮助我的时候，我并不相信。我无法相信一个陌生人——不是我的家庭成员，不是我亲密的朋友，会愿意帮助我，仅仅是因为他们在报纸上读了一篇关于我的文章。我甚至从来都没想到，这些人，这些墙那边的人，会帮助像我这样的人。但事实是他们会的。他们只是给予，不求回报。他们这样做，敲碎了我周围那道厚厚墙上的每一块砖。生平第一次，我真实地看到我和他人并没有差别。我们都只是人而已。就像那些已经实现目标的人和我并没有真正的不同，只要我愿意认真地工作，就能够一路上获得他人的帮助。

我收到的最喜欢的东西是来自一位名叫德比·菲克的夫人的手织被子，漂亮的被子上黏着一个小纸条，上面写着："屋子里开始冷了，希望你感到温暖，要知道人们都关心你。"

我渴望进入哈佛。我收到了一封信，哈佛没有接受我，但我被告知在等候的名单上。我鼓起勇气，努力往好的方面想。毕竟这不是拒绝，所以我依然有机会进入哈佛。我赢得了一次机会，生命中如此多的事情都改变了——我在预备学校表现优异，我获得了《纽约时报》提供的奖学金。然而，表面的积极只是掩盖了我内心的疑虑。我担心经历了这么多，我已经挥霍掉所有的幸运了。进入哈佛的梦想是不是一个奢侈的、过分的要求呢？

这种不确定让我感到害怕。我不想一切都指望所谓的机遇，所以我决定不再让这件候选的事情等下去。我以自己的名义打了电话，写了信。我甚至设法获得第二次面试的机会。每一个人都积极帮我准备。预备学校的员工向新视野提出申请（新视野是一个向我们这样的预备学校提供帮助的集团），他们派过来一位代表，带我到香蕉共和国购物广场去购物，这样我就有一些正式的衣服穿了。在商店，莉莎和我就像两个小孩子，我们开心地笑着，匆匆拿下衣架上的衣服，举得高高的让对方看见。她帮我选了一件黑色长裙，一件优雅精致的长袖毛衣。他们还给我买了真正配裙子穿的鞋子。

第二次面试和第一次一样，进行得很顺利，感觉事情很有希望。但之后我依然不确定将要发生什么。我被告知要等一封答复信，我的命运就决定于这封信，我只有默默等着。

高中生活的最后几个星期，我只关注邮递员和他会带给我多大的信封。老师们说大信封意味着好消息，将是一封接收函，装满一页页的指导材料，还有日历，这些让我激动地想起那雄伟的大学建筑。但如果是一个小的信封，就一定是坏消息了。只有一张纸，信头会有正式的拒绝词，哈佛大学深红色的标志也会印在上面。在过去的几个月中，那个标志出现在我生活的每个地方：无数次的网页搜索中，我在高中没人的办公室里辛辛苦苦写出的申请材料上，还在我的梦里。

在过去的几个月里，哈佛是我脑子里想的唯一的事。开始时我有充分的理由，调查录取数据、提供的课程，还有大学的校园生活。我觉得做些调查是合理的，可以让我成为一个有希望的申请人。但是自从被列到等待名单上，从申请到得到回复本来只需 4 个月的时间，现在拖长到令人痛苦的 6 个月。我最初对哈佛的迷恋也渐渐消失，录取与否已不再是重点，一心只想做更多的实情调查。

比如说，有谁知道在革命战争期间，炮弹曾经恰好落到哈佛学生宿舍窗外，在哈佛园的侧墙边上炸出大大的凹痕？还有，哈佛每年都举行两次叫作“原始的呼唤”的活动，这是一项传统的活动，在期末考试前一天的午夜举办。学生在校园集合起来，绕着校园裸跑至少一圈，哪怕是在冬天，以此来释放考试的压力。调查中最让人激动的时刻是我利用网络测量从哈佛到我门前台阶的距离，几乎有 320 公里！

这些天我在网上搜寻一些没用的信息，对我而言也是一种进步。我不能只是坐等结果出来，我必须感到自己做了些什么。即使是一遍又一遍地看同样的消息，也比傻坐着等要好受得多。

每天我都轻快地从贝德福德广场走向我的公寓大楼，然后急匆匆地把钥匙插进邮箱，热切地希望得到消息。但是近几个星期以来，我什么也没收到。每每这个时刻，我都会情不自禁地想起母亲查邮箱的日子，我非常急躁，放松不下来，于是快速地走进房子，似乎加快步伐会让邮件来得快些，好像我在纽约所做的每一件事都会影响到远在马萨诸塞州的哈佛招生委员会的决定。

我对自己身上的这种压力非常熟悉。我的整个生活似乎都充满了这样的压力：非常重要的事情处于危险之中，结果无法预测，这取决于我能否改变它。就像在学院大道的那些夜晚一样，父母处在危险之中，整晚不回家，我在窗前等着，准备拨打911。如果我拨打一个紧急电话，我父母的安危会有所不同吗？当我还是个孩子的时候，我就开始挨饿了。如果我没有找到工作又会是怎样的情形呢？如果我不自己养活自己，谁又会养活我呢？而现在，被列入哈佛大学的等候者名单上，面对着令人痛苦的不确定，同样的问题出现了：对此我该做些什么呢？

我每周五都非常准时地从预备学校给录取办公室打电话询问是否已做出决定，如果决定了，我的信是否已寄出。但是每周五我都得到同样的回答："委员会还没有做出最后的决定，欢迎再次致电询问。"当然，我还是要等我的信件才能得到答案，而且，很快了。

终于在一个星期五，情况有所不同了。尽管在电话里她不能给我确切的录取信息，但是办公室秘书告诉我最终结果已经决定了，而且给我的信也已经寄出了。如果信现在还没到我的邮箱，那从现在开始我随时都可能收到。我挂了电话，激动地绕着预备学校的办公室跳了起来。我奔跑着去找我的老师去。

几个月来我不断地打扰我的老师们，问他们有关哈佛的问题。他们在我面前表现出圣人般的耐心。凯莱布的父亲是哈佛的教授，所以他是被我烦得最多的一位老师。不止一次，在他下班后，我把他堵在他小小的办公室里，打断他的工作，从他那里挖掘信息：你父亲知道委员会怎么做决定吗？等待者名单上的人有被正式录取的吗？佩里是另外一位经常被我纠缠的老师。他总是很认真地聆听他人，从容地做决定，为人非常真诚，所以他对我无休止的谈话需求从不抗拒，几乎有求必应。现在回想起来，我不知道我的老师们是如何忍受我的，那时再多的谈话都无法减轻我的担忧。

那天下午，我到办公室寻找一个可以倾吐心声、分享我消息的人。老师们都很幸运，他们多数人在开会。只有佩里有时间。他在办公室里，那是大约2年前他面试我的办公室。那时，我判断他是"那些人"中的一个，那时我不能直视他或任何一个人的眼睛。我发现他坐在办公桌前。他抬头看到了我，眼里充满了友好的好奇。“你好！”他说着，放下了手中的笔转向了我。

“好消息，佩里！他们给我寄信了，我就要知道了……信有可能现在就到我的邮箱了。”

“嗯，好！”佩里应答到，然后他靠向他的椅子，开始对着我笑，他脸上划过一个很好笑的表情。“很好！”他补充道。之后他再没有说一个字，什么也没有了。我原本期望他能比现在更热情，哪怕就多一点儿。

“很令人激动，是不是？”我说。

“是的，莉丝，很令人激动。”他说着，笑了一下。他的表情更像是傻笑，而不是微笑。

“我的意思是，就这样了，”我说，好像要把我的激动和兴奋强加给他，“很快会知道结果啦。”

佩里的表情告诉我，我将会得到一些建议，我做了 2 年他的学生，这表情对我来说太熟悉了。

“看起来您有什么话要说吧？”我问道，有点紧张地对他笑着。

我尊重佩里的观点，如果他有自己的想法，我想知道这想法是怎样的。他向前倾了倾，耸了耸肩，然后说了一些我将永远铭记的话：“这的确令人激动，莉丝，但是，我希望你能够明白不管你去哪所学校，你将永远是你，也不管你去哪里，大学，工作面试，经历一段感情，所有的事……哈佛大学的回复仅仅是伴随你是谁而来的，所以，给自己放松一下……无论如何你都会很好的。”

如果我不敬爱、信任佩里，我可能会想他只是轻描淡写一些对我来说非常重要的东西，或者他只是太养尊处优了，无法理解为什么哈佛对于像我这样的人来说有多重要，因为我不会像他那样，可以如此随意地对待这件事。但是，我真的很敬爱，也很尊重佩里，我对他的信任告诉我要好好考虑一下他的话。我点点头说：“好的，佩里。”但是很明显，我非常不安。

“莉丝，是这样的，我的意思是不管你去哪里，你都会做到最好的，想想你的生活，你已经有了……这就是为什么我知道你一定会很好的……尽力放松自己，不要对自己太苛刻了，要学会怜悯自己。”

这些话阻止了我的疯狂。我有了“我值得”的想法或者“我有权利放松”的态度，还有了怜悯自己的意识……

那晚，乘地铁回家，看看邮箱，什么也没有，我就躺在床上反复咀嚼佩里的话，一遍又一遍地回想，试图体会那些话的真正含义。为了生存，我一直不停地努力奋斗，我甚至没有抽出一分钟来思考发生在我身上的事情的严重性，思考它们会对我产生什么影响。可是，我从哪儿抽时间呢？有一大堆事等着我去做呢。每天我都得处理一些要事，得完成功课，还得解决一些迫在眉睫的问题。然而那晚，躺在床上，佩里的话让我放慢了匆忙的生活节奏，什么也不做，仅仅去思考，去感受。我把自己独自锁在黑黑的小屋里，试图去挖掘、发现，但是很难。在我忙碌的生活和取得的一切成就的光环下，是一串令人心碎的失败经历：父亲坐在我身边，不知说些什么；那天妈妈躺在病房里，抽动着嘴唇，说不出话；我整夜地坐在楼梯旁，思索着如果我突然消失不见，大家要多久才能找到我。我裹着毯子，思绪万千。我品尝着自己咸苦的眼泪，让它们尽情地流淌，感受着心里最痛处。我就这样，哭着，抽泣着，直到睡着了。

面对自己的悲伤，我没有抵制，没有逃避。就在这时，另一种感觉油然而生。直面自己的伤痛，我渐渐地开始发现它的另一面。我生活中一些无形的收获引起了我的注意：对父母无尽的爱；从好朋友家里爬起来去上学的那些早晨；为了生计去兼职；冒着眼神碰撞的尴尬把脸旁的头发撩起；我可爱的友谊；每一天忙忙碌碌的生活，即使我不想要；面对失败，我承受住了悲伤，也肯定了自己的能力。

别的没有，只有这样的意识深入我的心底，正如佩里所说，实际上我过得很好。糟糕的事该发生的都发生了，它们不再重现。我再也不用睡在大街上了，而是乖乖地躺在被窝里。几个月来的第一个晚上，我不再想自己的录取通知书。我很踏实很安全，这种意识最终让我轻松入睡。

第二天，6 月的一个酷热的星期六，我拿了本书坐在门廊里，等着邮递员。时间一分一秒地过去了，装冰激凌的卡车也快来了。我看见母亲们穿着氨纶裤和塑料拖鞋，挂着一串钥匙链坐在门廊里，看着她们的孩子。楼上的音响里传来大声的拉丁音乐。我轻拍着自己的脚，晒着太阳，一页一页地翻着书。我盯着角落，试图寻找邮递员的身影。

好不容易，刚过中午不久，我抬起头，发现邮递员正站在离我四栋楼之隔的不远处。我合上书等着。可是有个人拦住他，他们在那儿聊了起来。

是大信封还是小信封呢？

装奶油的卡车靠边停下的时候，孩子们跑在家长前面，在窗户前吵吵闹闹。不知道谁打开了消防龙头放水来抵御炎热。不远处，一群青少年打着篮球。我看着邮递员，慢慢地，慢慢地，离我越来越近。我知道他的邮包里很可能就装着那封信。我一边满怀着期待，一边用佩里的话安慰自己："不管怎样我都会没事的。"我焦急和担心了几个月，就快等到答案了，它就在我面前。然而，我却没有感受到原以为会感受到的沮丧。事实很简单：该写的都已经写在信里了，我什么也改变不了。当时我意识到，该做的我都做了。

愿上帝赐予我平静，让我接受无法改变的事情；赐予我勇气，让我改变我能改变的事情；并赐予我智慧，让我能分辨这两者的不同……

发生了这么多事之后，我最终只关注我能改变的那几个为数不多的生活领域，不得不承认，还有一些事情是我无能为力的。

我不能把萨曼莎从她的家庭中拯救出来，但是我可以做她的朋友。我不能改变卡洛斯，但是我可以保留那份友谊，让自己好起来。我不能治愈我的家人，尽管我很想，但是我可以原谅他们，爱他们。

我还可以选择努力为自己创造一种生活，这种生活绝对不会被我的过去所束缚。

看着邮递员越来越近，我意识到这封信，这封来自哈佛的信，无论里面写了什么，都不会打破我现有的生活。而且，我渐渐明白，无论这儿会发生什么，将来会发生什么，我的生活绝对不会被外部条件所控制。如以往一样，我的意愿会决定我的生活一步一步向前。

后记

我没有想到事情会发展成这样。在《纽约时报》一篇关于我的文章刊登之后，其他媒体都纷纷转载。各大杂志争相报道，甚至还以我为原型拍摄了一部电影《风雨哈佛路》——关于莉丝·默里的故事。还有一堆纷繁复杂的事，一时半会儿也说不完。我要在这儿说的是我2009年从哈佛毕业，以前的日子给了我很多宝贵经历，这些经历教给了我人们精神的力量，教给了我这样的事实：社会各阶层的人都会遇到不幸，我们必须学会克服它。最重要的是，这些经历鼓舞我去建立发展能改变人们生活的工作室，这就是我的愿望，是我值得付出一生的事业。

这些年以来，我一边出差，一边兼职或全职学习，有年休的时候，我就把我的家扎在纽约。让我在那儿安家的最大的动力就是我跟朋友们的关系和照顾父亲。

父亲被诊断出是艾滋病毒阳性之后，便不再服药。他的逃避让他的疾病不断恶化。他的心脏需要大量的修补，他还患有丙型肝炎，而且他肝脏的3/4已经肝硬化，肿瘤就像块钙化海绵。

我大学生活前几个学期的一天下午，走在哈佛校园里，我接到了医生的电话，他着急地告诉我，我父亲的情况已经十分严重了，他说我最好趁来得及迅速赶回纽约。父亲突发心脏病，已经处在生死边缘。我急急忙忙搭上一辆车（就像以往回家一样）。我到达后不久，牧师就已经站在了父亲的床边，举行他最后的仪式。我紧紧握着父亲的手，想在他的脸上寻找到一丝生活的痕迹，可是他的眼睛紧闭，能够支撑他呼吸的管子压得他的胸脯一上一下，他的前额有很多皱纹，好像焦急得凝固了。

然而，不管怎样，我父亲竟然挺过了这关。我的朋友们帮着照顾他，经常逗他开心，让他保持高涨情绪，朋友们给他起了个外号“皮特无限”，因为他躲过了生命中的一场浩劫。拔了插管之后，父亲还在那儿偷笑。他觉得这个名字太有意思了。当护士签他的出院通知的时候，护士一再跟他说他比猫的命还多。我推着父亲出了医院，来到了阳光灿烂的大街上，从那一刻起，我决定要全心全意地照顾他。

由于父亲随时都有生命危险，我就叫他搬到纽约的公寓来跟我一起住。他自己则准备了一份有效的医疗保健养生的方案，让自己好好活着，方案包括重要医生的轮流拜访，持续的输血，定期的（疼痛难忍的）医疗检查，丙肝的化疗，还有抗逆转病毒治疗——控制艾滋病毒，也叫“鸡尾酒疗法”。母亲去世之后，药物治疗才开始对艾滋病人起作用，这满足了父亲的需要。而我除了照顾父亲、在大学里学习之外，还经常在全世界游走，发表我的演讲。这段时期有一些大起大落，幸亏有朋友们的爱和支持，我才得以顺利度过。

在我生活的每个转折点，我和我的朋友们都团结在一起，久而久之，我们就像一家人一样。我有很多至交，像鲍比、伊娃、詹姆斯、杰米、萨曼莎和乔希。还有一些新朋友也加入了我们，像鲁本和艾德文。我们一起过生日，过节日，在我们其中任何一家有困难的时候伸出援助之手，互相帮助。

每当我要出差或者去学校的时候，艾德文（经过伊娃介绍认识的）就会接管照顾我父亲的任务：买他需要的东西，保证他穿得干净，吃得热乎，而且他还成了父亲的朋友。在纽约，艾德文有意和我住得一直很近，每当我在家的时候，我们都会和我父亲一起吃饭，一起看电影，在那儿我们一起帮父亲藏不允许带进电影院的饼干和水壶。每当父亲在闪烁的银幕前嚼着零食，脸上还带着一丝满意的傻笑的时候，我跟艾德文都会不约而同地笑笑。那些日子，我相信我跟艾德文都见证了父亲重塑自我所感到的一丝骄傲。

莉莎和萨曼莎也安然脱离困境。如今，萨曼莎结婚了，和丈夫住在威斯康星州的麦迪逊。经过几年的拼搏和生活的起起落落，莉莎也顺利从纽约州的帕切斯学院毕业。如今，她已经成为自闭症孩子们的老师。杰米结婚了，有两个孩子，住在内华达。鲍比在学校学习怎么做一个护士，他也结婚了，有两个孩子。而我们仍然是彼此不可分割的部分。

在我父亲生命的最后几年，我离开学校，住在纽约一段时间，护理父亲，之后我又返回哈佛完成学业，父亲也跟着我。我们在哈佛大学附近租了一个5室的房子，我们5个人住：艾德文、鲁本、艾德文的弟弟、我父亲和我。父亲去世之前的一个月，我和艾德文带着他去旧金山长途旅行。父亲坚持要带我们看看在他青年时期对他来说意义重大的地方。我们没有问细节问题，他也没有提及。我和艾德文只是跟着父亲来到他最喜欢的几个地方：海特阿什伯里、阿尔卡特拉兹“恶魔岛”和他最爱的城市灯光书店。我们陪他一起坐在旧木头书架前面，他翻阅着艾伦·金斯堡和杰克·凯鲁亚克的书，看到熟悉的地方还露出微笑。那个周末，我们飞回波士顿，我独自待在自己的房间里的时候，突然发现一张卡片，是父亲偷偷放在我箱子里的，上面写着：

莉丝，很久之前我抛下了我的梦想，但是我现在知道它们很安全地跟你在一起。谢谢你又让我们成为一家人。

我把卡片高高地贴在我书桌的上方，因为我写文章、写作业也都是在书桌上，这样办公的时候我就可以看到它。每当我看到父亲那熟悉的刚劲的笔迹，心中就充满了对他的爱，我知道他就在我身边，很温暖很安全。

3周之后，父亲上楼睡觉，再也没有醒过来。父亲去世的时候64岁，但是他有8年是清醒的。在这8年里，为了让身体恢复过来，他领导了一个“复发抑制小组”，他跟这个组里的成员都是很亲密的朋友，他爱他们。他在我的公寓去世的那天晚上，我发现自己身边围绕着一大堆朋友——伊娃、鲁本、艾德文和其他一些朋友，他们搬了两个床垫到我屋里，这样我们就可以挨着睡在一起，躺在被窝里聊聊天。我们关紧门，这样艾德文和我就听不到警察的对讲机发出的撕裂的声音和把父亲移出家的医疗器械的声音。

按照父亲的要求，我们将他火化了。父亲节那天，莉莎、艾德文、鲁本、伊娃和我把他的骨灰撒在了格林威治村，我们停下分放了一些骨灰在几个他最喜欢的地方：他一个朋友家的门阶上，他的美沙酮诊所前，有孩子之前他第一次和母亲住的那条街。然后我们把剩下的骨灰和玫瑰花瓣混在一起，撒在炮台公园木桥边上的海里。粉色的花瓣在夕阳的余晖下渐渐漂远，莉莎、我的朋友们和我一个挨一个地坐在沙滩上，分享着父亲带给我们的美好回忆。不知不觉地，艾德文伤心起来，紧紧地捏着我的手，我知道我们都悲痛欲绝，但是我们很欣慰，父亲死得很幸福，因为爱他的人都围绕在他的身边。

我从大学毕业的时候，我的好朋友迪克和帕蒂邀请我去参加他们在马萨诸塞州的聚会。莉莎和我所有的朋友都去庆祝了。当他们把蛋糕拿出来的时候，我看到了支持和鼓励正围绕着我，我爱的那些脸庞，不管新的旧的，他们无处不在：莉莎、鲁本、安东尼、艾德文、伊娃、莎莉、鲍比、苏、菲利斯、迪克、帕蒂、玛丽和艾迪，他们唱着，祝贺着。我站在那儿，把他们纳为我这个残缺的家庭里的一分子，我爱他们中的每一个人。那时，我感觉到我的心被爱打开了，那种我第一次从父母亲那里懂得的爱。看着我的这些朋友们，我能感受到同样的爱——对家人无尽的爱。

我非常肯定一件事：不管是无家可归的流浪汉还是商务人员，不管是医生还是老师，不管你的背景如何，只有当我们赋予生命意义的时候，生命才有了意义。

致谢

我最要感谢的是亥伯龙强力团队的支持，他们凭着耐心和信念将这本书审阅完直到出版。我尤其要感谢我的编辑莱斯利·威尔斯，感谢她辛勤的工作和对这本书所倾注的热情。我同样要感谢艾伦·阿切和伊丽莎白·戴塞佳德，感谢他们对本书的支持和承诺。感谢你们陪着我一直坚持下来，感谢你们对我的大力支持，你们拥有圣人般的耐心。

感谢我的代理人阿伦·内文斯，从最开始她就一直陪着我。我该说点儿什么呢？从一开始，你就相信我的故事，而且把它付诸现实。我真的特别感激你。

我非常荣幸，能够感谢作家特拉维斯·蒙特兹，感谢他对本书的无价的编辑和辛勤工作。特拉维斯，感谢你整夜的辛勤工作，感谢你给我的帮助，感谢你在无数细节问题上花费的时间和无与伦比的才华。没有你，就没有现在的这本书。

感谢我的妹妹兼好朋友伊娃，感谢她为本书奠定了基础。伊娃，你独到的见解和编纂对于我故事的成型来说非常关键。这些年来，你的支持和爱一直鼓励我，使我能够把这个故事讲出来。我爱你。

感谢我的弟弟兼好朋友罗伯特·本德，从第一天起，他就给予我的梦想无尽地支持，还有这本书。罗伯特，谢谢你这些年来作为我的家人，一直给予我坚定不移的爱。还有很多年我们要一起走过。

我要特别感谢我的好朋友鲁本，有这本书和现在的我都是因为你。谢谢你一直以来对我不懈的支持和无条件的爱，谢谢你对我敞开你的心扉和你的家庭。没有语言能够形容你对我的意义。鲁本，我爱你。

我要感谢我的姐姐莉莎·默里，书中同样也出现了她的生活。莉莎，谢谢你这些年来对我的支持。是你对写作的热爱鼓舞我拿起自己的笔。由衷地感谢你，我爱你。

谢谢萨曼莎，她的生活在书中也有所体现。她陪我度过了我生命中最黑暗的时光。萨曼莎，我爱你。

由衷地感激“20/20”（美国电影协会）的阿伦·戈德伯格，把我的故事从众多报纸文章中挑选出来，让千万人所知，也许这会使他们的生活有所改变。阿伦，在这样一场充满波动的经历中，我要谢谢你的仁慈，你对我的家庭和善的回应给我留下了永不磨灭的印象。

我要感谢克里斯汀·法雷尔，华盛顿演讲协会的主席，谢谢她的爱和无条件的支持，谢谢她多年以来帮助我向世界各地的人传播我的信息。克里斯汀，每当照顾父亲和追求梦想的任务同时出现的时候，你毫不倦怠的工作和坚定的友谊使我振奋，使我有极佳的工作状态。任何方式都无法衡量或表达你在我生命中的意义。谢谢你。

我要感谢我的高中老师佩里，他也在书中出现了，因为他把他的一生都献给了教育事业。佩里，对于我们这些学生来说，还有比你的热情更大的礼物吗？谢谢你使人文预备学校成为任何人都可以来丰富思想、净化心灵的地方，让他们能够被一个团体接受和培养。

我还要感谢我预备学校的老师。没有你们的关照和对学生的承诺，我的生活也许就不是这样了。由衷地感谢文森特·布雷维特、杰西·克莱因、道格拉斯·内齐、凯莱布·帕金斯、伊莱贾·霍克斯、玛利亚·汉托波咯斯、乔治·科德罗、苏珊·皮特雷、克里斯蒂娜·肯普和马特·霍尔奇。

我要感谢伊丽莎白·加里森和他的儿子们，我波多黎各的兄弟们，里克、丹尼、约翰和肖恩。他们的名字都出现在了书中。他们把我当兄弟一样看待，照顾我，爱我。我爱你们，我想让你们知道你们赋予我的生活多大的意义。

我们永远都是一家人。

还有一群人，在我无家可归的时候收留我，给我饭吃，有时候还是他们仅剩的食物。感谢你们：伊丽莎白·加里森、保拉·斯马拉、茱莉亚·布里格罗尼、玛利亚·帕莱斯、玛莎·哈多克、玛格丽特·S、杰奇·比特、丹尼尔·拉齐卡和麦克·布朗。

我要特别感谢我的朋友和议长托尼·利斯特，感谢他慷慨的建议和审阅本书到天亮所花费的时间。谢谢你，托尼。

谢谢“纽约时报奖学金计划”，感谢他们承诺帮助那些想通过辛勤劳动改善生活的学生。我知道这个名单还不能够完全容纳《纽约时报》对我产生重大影响的人，但是我还是要特别感谢阿瑟·盖尔布、捷克·罗森萨尔、南希·夏奇、简·斯多洛维奇、达纳·卡内蒂、科里·迪恩、已故的格拉里德·博伊德、奇普·麦克格莱斯、鲍勃·哈里斯、谢拉·鲁尔、比尔·斯克米德和罗格·雷赫卡。无论如何，我还是目睹了你们帮助有为青年摆脱贫困，让他们拥有更广阔的天空所做出的贡献。我被你们深深感动了。谢谢你们所做的一切。

我要特别感谢我的一些朋友和家人，谢谢他们跟我风雨同舟，对我写这本书年复一年的支持。不管直接的还是间接的，你们的爱和鼓舞都在一定程度上推动了这本书的成型。谢谢你们：鲍比、鲁本、艾德文、伊娃、大卫、克里斯、詹姆斯、莎莉、莉莎、阿瑟、杰米、乔希、拉尼洛、菲利斯、菲夫、雷、梅尔文·米勒、迪克、帕蒂·西蒙、杰西·雷布赫、玛丽·高迪尔、艾迪·罗曼诺夫、特拉维斯·蒙特兹、罗宾·戴安娜·林、罗宾森·林、迪克·希尔伯曼、莉莎·莱恩和菲尔德。

最后但同样重要的是，我要感谢斯坦·柯蒂斯和“背包里的祝福”活动，因为你帮助美国的饥饿儿童，我成为了一个演讲者和一个不折不扣的倡导者。当我还是纽约州一个营养不良的孩子的时候，我要是能参加像“背包里的祝福”这样的活动该多好啊，那样我就不用饿着肚子睡觉了。谢谢你们的承诺，因为你们，美国上千万的孩子不会受冻挨饿。

来自莉丝·默里的邀请

亲爱的读者朋友们：

现在，我生活的目标和热情就是推广我的工作室和演讲，使别人过上最好的生活。没有什么能给我带来更大的快乐，除非我看到人们克服困难，到达成功的彼岸。所以，我创作了一些视频给我的读者朋友们，分享我的故事，思考并专门设计能够鼓舞你们的一切。这些视频就在我的网站上。如果想要加入开发你的活力、完成你的梦想的讨论，我很荣幸邀请你们到www.homelesstoharvard.com。

期待能在那儿与你们相识。祝福你们，愿你们开心快乐。

莉丝·默里